本书第 2 版获得"十二五"普通高等教育本科国家级规划教材

普通高等学校军事课教程

（第 3 版）

主　编　关娟茹
副主编　黄　昉　张晓蕾　黄希杰
参　编　魏文涛　邓秀梅　郭　强　易文安
　　　　宋殿义　张璧琳　张　琨　张成佳
　　　　陈静波　臧康华　贾婉茹　胡祎凡
　　　　梁文明　李昭阳　陈　墅　朱　敏

国防工业出版社

·北京·

内 容 简 介

本书第2版为"十二五"普通高等教育本科国家级规划教材。第3版严格按照2019年教育部、中央军委国防动员部印发的《普通高等学校军事课教学大纲》精神和要求进行编写。全书共分9章：第一章至第五章为军事理论部分，主要包括中国国防、国家安全、军事思想、现代战争、信息化装备等内容；第六章至第九章为军事技能部分，主要包括共同条令教育与训练、射击与战术训练、防卫技能与战时防护训练、战备基础与应用训练等内容。**本书已通过重大选题备案。**

图书在版编目（CIP）数据

普通高等学校军事课教程/关娟茹主编．—3 版
．—北京：国防工业出版社,2024.6（2024.8 重印）
ISBN 978 – 7 – 118 – 13300 – 4

Ⅰ.①普…　Ⅱ.①关…　Ⅲ.①军事科学—高等学校—教材　Ⅳ.①E

中国国家版本馆 CIP 数据核字（2024）第 071746 号

※

国防工业出版社出版发行
（北京市海淀区紫竹院南路23号　邮政编码100048）
长沙鸣翔印务有限公司
新华书店经售

*

开本 787×1092　1/16　印张 25　字数 417 千字
2024 年 8 月第 3 版第 2 次印刷　　印数 150001—500000 册　定价 48.00 元

（本书如有印装错误，我社负责调换）

国防书店：(010)88540777　　　书店传真：(010)88540776
发行业务：(010)88540717　　　发行传真：(010)88540762

"青年兴则国兴,青年强则国强"。在普通高等学校开展国防教育和军事训练,是我国国防建设的一项重要制度,是增强大学生国防观念、国家安全意识和忧患危机意识,实现中华民族伟大复兴的精神长城,是贯彻新时代立德树人、加强国防后备力量人才储备的战略要求。

新时代、新使命、新要求,在强烈的国防责任感和使命感的驱使下,为适应新时代普通高等学校军事课课程建设发展的需要,根据教育部《关于做好党的二十大精神进教材工作的通知》要求,依据教育部、中央军委国防动员部印发的《普通高等学校军事课教学大纲》(教体艺〔2019〕1号),我们对"十二五"普通高等教育本科国家级规划教材《普通高等学校军事课教程》(第2版)再次进行了修订,以期满足普通高等学校组织开展军事理论教学和军事技能训练所需。本教材特点和创新之处,一是突出铸魂育人培塑,及时将党的二十大精神编入教材,更新课程资料,丰富教材内容,使教材更好地发挥铸魂育人功能。二是内容体系更加完整。严格按照新大纲规定内容编写,全书共分九章:第一章至第五章为军事理论部分,主要包括中国国防、国家安全、军事思想、现代战争、信息化装备等内容;第六章至第九章为军事技能部分,主要包括共同条令教育与训练、射击与战术训练、防卫技能与战时防护训练、战备基础与应用训练等内容。涵盖大纲全部内容,能满足课堂教学和技能训练需求。三是内容知识新鲜。本教材编写,着眼军事理论及武器装备发展和信息化战争发展趋势,体现了时代特征,具有内容新、观念新的特点,便于大学生了解和掌握最新的军事理论和军事技能。四是可读性和操作性更强。本教材既突出基础理论,又注重战例分析和实践应用,图文并茂,便于增强受训者的学习兴趣。

修订版《普通高等学校军事课教程》(第3版),是由陆军指挥学院长期从事军事理论研究和军事课教学的专家教授,还有承训大学生军训任务部队的军官,以及国防科技大学从事军事基础理论研究和教学的专家等共同编写。我们特别向《普通高等学校军事课教程》(第2版)的两位主编——许金根教授和杨新教授致以诚挚的感谢。正是他们的辛勤工作和卓越贡献,为本书第3版的修订奠定了坚实的基础。同时,我们也感谢所有参与本书编写、审校以及提供宝贵意见和建议的专家学者和同行们,是你们的智慧和努力,使得本书得以更加完善。

  在编写过程中,尽管我们希望不留遗憾和疏漏,但教材中的不足在所难免,敬请广大教育工作者和读者不吝批评指正。

编 者
2024 年 4 月

第一章 中国国防 — 001

第一节 国防概述 — 001
一、国防的内涵 — 001
二、现代国防的基本类型 — 003
三、中国国防历史及启示 — 003
四、现代国防观 — 006

第二节 国防法规 — 008
一、国防法规体系 — 008
二、公民的国防义务和权利 — 009

第三节 国防建设 — 012
一、国防体制 — 012
二、国防政策 — 014
三、国防成就 — 016

第四节 武装力量 — 019
一、中国武装力量的性质、宗旨和使命 — 019
二、中国武装力量的构成 — 020
三、人民军队的发展历程 — 022

第五节 国防动员 — 024
一、国防动员的本质内涵 — 025
二、国防动员的类型 — 026
三、国防动员的领域 — 027

第二章 国家安全 — 030

第一节 国家安全概述 — 030

一、国家安全的内涵　　030
　　二、国家安全的原则　　031
　　三、总体国家安全观　　033
第二节　国家安全形势　　036
　　一、我国地缘环境概况　　036
　　二、我国地缘安全形势　　038
　　三、新形势下我国的国家安全　　041
　　四、新兴领域的国家安全　　045
第三节　国际战略形势　　050
　　一、国际战略形势现状与发展趋势　　050
　　二、世界主要国家军事力量及战略动向　　054

第三章　军事思想　　061

第一节　军事思想概述　　061
　　一、军事思想的内涵　　061
　　二、军事思想的形成和发展　　062
　　三、军事思想的地位作用　　068
第二节　外国军事思想　　069
　　一、外国军事思想的主要内容　　069
　　二、外国军事思想的主要特点　　073
　　三、外国军事思想代表性著作　　074
第三节　中国古代军事思想　　077
　　一、中国古代军事思想的主要内容　　078
　　二、《孙子兵法》简介　　081
第四节　当代中国军事思想　　085
　　一、毛泽东军事思想　　085
　　二、邓小平新时期军队建设思想　　089
　　三、江泽民国防和军队建设思想　　092
　　四、胡锦涛国防和军队建设思想　　096
　　五、习近平强军思想　　100

第四章　现代战争　　108

第一节　战争概述　　108
　　一、战争的概念内涵　　108
　　二、战争的目的及制胜因素　　109
　　三、战争形态的演变　　111
第二节　新军事革命　　114

一、新军事革命的基本内涵　　114
　　二、新军事革命的发展历程　　116
　　三、新军事革命的主要内容　　118
　　四、新军事革命的发展趋势　　119
第三节　机械化战争　　121
　　一、机械化战争的内涵　　121
　　二、机械化战争的发展演变　　122
　　三、机械化战争的典型战例　　123
第四节　信息化战争　　126
　　一、信息化战争概念内涵　　126
　　二、信息化战争的基本特征　　127
　　三、信息化战争的典型战例　　130
　　四、信息化战争与国防建设　　132

第五章　信息化装备　　136

第一节　信息化装备概述　　136
　　一、信息化装备的概念和特征　　136
　　二、信息化装备的发展历程　　138
　　三、信息化装备的分类及发展趋势　　141
第二节　信息化作战平台　　142
　　一、信息化陆战平台　　143
　　二、信息化海战平台　　144
　　三、信息化空战平台　　148
　　四、信息化作战平台发展趋势　　150
第三节　综合电子信息系统　　151
　　一、综合电子信息系统分类　　152
　　二、综合电子信息系统对作战的影响　　153
　　三、综合电子信息系统发展趋势　　154
第四节　信息化攻防武器　　156
　　一、精确制导武器　　156
　　二、核生化武器　　159
　　三、新概念武器　　162

第六章　共同条令教育与训练　　167

第一节　共同条令教育　　167
　　一、《中国人民解放军内务条令(试行)》　　167
　　二、《中国人民解放军纪律条令(试行)》　　169

三、《中国人民解放军队列条令(试行)》　　170
第二节　单个军人队列动作　　171
　　一、立正、稍息、跨立　　171
　　二、停止间转法　　173
　　三、行进与立定　　173
　　四、步法变换　　177
　　五、行进间转法　　177
　　六、敬礼与礼毕　　178
　　七、坐下、蹲下与起立　　179
　　八、脱帽、戴帽　　180
第三节　分队的队列动作　　180
　　一、班的队列动作　　180
　　二、排的队列动作　　184
　　三、连的队列动作　　186

第七章　射击与战术训练　　189

第一节　轻武器射击　　189
　　一、武器常识　　189
　　二、简易射击学理　　193
　　三、弹道形成及弹道要素　　194
　　四、瞄准具(镜)的作用和瞄准要素　　196
　　五、选定表尺(瞄准镜)分划和瞄准点　　197
　　六、外界条件对射击的影响及修正　　197
　　七、射击动作　　198
　　八、实弹射击的组织与实施　　201
第二节　战术　　204
　　一、单兵战术基础动作　　204
　　二、分队战术　　212

第八章　防卫技能与战时防护训练　　214

第一节　格斗基础　　214
　　一、格斗常识　　214
　　二、格斗基本功　　216
　　三、捕俘拳　　219
第二节　战场医疗救护　　226
　　一、意外伤的救护　　226
　　二、心肺复苏　　227

三、战场自救互救　　228
第三节　核生化防护　　230
　　一、核武器及其防护　　230
　　二、生物武器及其防护　　232
　　三、化学武器及其防护　　232

第九章　战备基础与应用训练　　234

第一节　战备规定　　234
　　一、日常战备　　234
　　二、战备等级规定　　235
　　三、战备规定的基本要求　　235
第二节　紧急集合　　235
　　一、着装与装具携带　　235
　　二、紧急集合　　236
第三节　行军拉练　　236
　　一、徒步行军　　236
　　二、宿营　　237
第四节　野外生存　　239
　　一、野外取水　　239
　　二、采（捕）食物　　241
　　三、野外取火　　244
第五节　识图用图　　246
　　一、地图与地形图　　246
　　二、现地用图　　257
　　三、按图行进　　260

参考文献　　262

第一章 中国国防

学习目标

理解国防内涵和国防历史,树立正确的国防观;了解我国国防体制、国防战略、国防政策以及国防成就,激发学生的爱国热情;熟悉国防法规、武装力量、国防动员的主要内容,增强学生的国防意识。关注国防、了解国防,增强国防观念,投身国防建设,是当代大学生义不容辞的责任。

第一节 国防概述

"国无防不立,民无兵不安",自古以来,有国就有防。国防是国家生存和发展的安全保障,维系着国家的安全、民族的兴衰。建立巩固的国防,是我国现代化建设的重要战略任务之一。有无巩固的国防,是关系国家与民族生死存亡、荣辱兴衰的根本大计。古往今来,国防虽依国家的性质、制度、国力及其推行的政策不同而具有不同的特征,但国防的共同实质都是以捍卫国家利益为核心来组织的。

一、国防的内涵

(一)国防的定义

"国防"可以拆分为"国"和"防"两个字。"国"的繁体字为"國",外边是一个方框,说明有一定的界定地域,内部结构中"口"代表"人口","口"下面的一横代表"土地",旁边的一个"戈"字,代表的是"武力和军队",说明国家里面有人口、有土地,还要靠武力守卫。"防",最原始的解释是"堤"。古时用作防水的堤坝,后来引申为更广义的边防、关防、塞防等。"防"是人类有预见性的社会活动,不管是针对自然界的洪水的"防",还是针对历史上不同时间段的敌人的"防",都是着眼于人类自身的安全和发展,带有很强的目的指向和利益归因。

"国"和"防"两个字连在一起,就构成了"国防",简单理解就是国家防务。《现代汉语词典》中对于"国防"的解释为"一个国家为了保卫自己的领土主权,防备外来侵略,而拥有的人力、物力,以及和军事有关的一切设施"。①《中华人民共和国国防法》第二条规定:"国家为防备和抵抗侵略,制止武装颠覆,保卫国家的主权、统一、领土完整、安全和发展利益所进行的军事活动,以及与军事有关的政治、经济、外交、科技、教育等方面的活动,适用本法。"基于国防法规定,所谓国防,就是国家为防备和抵抗侵略,制止武装颠覆,保卫国家的主权、统一、领土完整、安全和发展利益所进行的军事活动,以及与军事有关的政治、经济、外交、科技、教育等方面的活动。

(二)国防的基本要素

国防的基本要素主要包括国防的主体、国防的对象、国防的目的、国防的手段等。

国防的主体是国防活动的实行者,通常为国家。国防是国家的事业,是国家的固有职能。任何国家从诞生之日起,就要固国强边,防备和抵御各种外来侵略,保障国家安全,维系国家生存和发展。因此,国防必然随着国家的产生而产生,随着国家的发展而发展,最终也会随着国家的消亡而消亡。国家作为国防的主体,国防行为就是国家行为,加强国防建设,进行国防斗争,必须依靠国家各个方面的综合力量。

国防的对象是所要防备、抵抗和制止的行为。根据《中华人民共和国国防法》的界定,国防的对象主要是侵略和武装颠覆。侵略是指侵犯别国的领土、主权,掠夺财富和奴役别国人民。侵略的主要形式是武装入侵,有时也采用政治干涉、经济和文化渗透等方式。武装颠覆是指颠覆国家政权、推翻社会主义制度的武装叛乱或者武装暴乱,这些武装叛乱或者武装暴乱,对国家的主权、统一、领土完整和安全,对我们的社会主义制度都构成严重威胁,必须运用国防力量加以制止。

国防的目的主要是保卫国家主权、统一、领土完整、安全和发展利益。它包含四个方面的内容:一是捍卫国家主权。主权是一个国家存在的根本标志,捍卫国家主权,始终是国防中占第一位的、根本的目的和任务。二是维护国家统一。维护国家统一历来是国防的重要任务。当国外敌对势力插手我国内政、破坏我国民族团结、危及国家统一和完整时,国防力量必须予以坚决打击,发挥其维护国家统一和社会稳定的基本职能。三是保卫国家领土完整。领土是指位于国家主权管辖下的区域,包括领土疆界以内的领陆、领水及其底土和领空。国家主权与国家领土相存相依,领土既是国家行使其主权的空间,也是国家主权行使的对象。国家领土决不能丢失,决不允许被分裂、肢解和侵占。四是保护国家的安全和发展利益。一个国家如果没有和平、稳定的状态,不仅难以建设和发展,而且生

---

① 《现代汉语词典》第7版[M].北京:商务印书馆,2016:496.

第一章　中国国防

存也会受到威胁。因此,保持安全稳定的局势,也是国防的主要目的之一。

国防的手段是指为达到国防目的而采取的方法和措施,包括军事活动,以及与军事有关的政治、经济、外交、科技、教育等方面的活动。军事手段是国防的主要手段,是对付武装入侵和武装暴乱最根本和最有效的手段。与军事有关的政治、经济、外交、科技、教育等方面的建设与斗争具有"软杀伤"作用,也是满足安全防卫需要的重要手段。当今世界各国都高度重视综合运用与军事相关的政治、经济、外交、科技、文化、教育等各种手段,以达到国防的目的。因此,只有全面提高综合国力,才能真正建设强大的国防。

二、现代国防的基本类型

国家的国防政策决定国防的类型。不同国防政策的国家,其国防类型各不相同,但根本目的都是为了维护国家利益。目前,世界上的国防类型主要有扩张型、自卫型、联盟型和中立型四种。

扩张型国防是指奉行霸权主义侵略扩张政策的国家,为了维护本国在世界多个地区的利益,打着防卫的幌子,对别国进行侵略、颠覆和渗透,把国防作为侵犯别国主权和领土、干涉他国内政的代名词。自卫型国防是指主要依靠自身力量,维护国家的安全与发展。联盟型国防是指以结盟形式,联合一部分国家来弥补自身力量的不足。从联盟国之间的关系来看,联盟型国防可分为一元体联盟和多元体联盟。中立型国防是指采取和平中立的国防和外交政策,制定总体防御战略,建立相应国防体系,以保障本国的安全。

我国奉行防御性国防政策,独立自主、自力更生地建设和巩固国防,实行积极防御,坚持全民国防,属于自卫型国防。"中国绝不走'国强必霸'的道路,但中国也再不能重复鸦片战争以后在列强坚船利炮下被奴役被殖民的历史悲剧。我们必须有足以自卫防御的国防力量。"①

三、中国国防历史及启示

中国国防具有悠久的历史,经历古代、近代、现代等不同发展阶段,它充满着中华民族的勇敢和智慧,也有着沉痛的教训,记录了中华民族悲壮的过去、苦难的辉煌。

(一) 中国古代的国防

中国古代的国防,开始于公元前21世纪第一个奴隶制王朝夏王朝的建立,止于1840年的鸦片战争爆发,中国古代国防历经4000余年20多个朝代,呈现出兴衰交替和曲折发展的历程。

1. 古代兵制建设

兵制建设是中国古代国防建设的一个重要方面。所谓兵制,就是军事制度,现在一般称为军制。它包括武装力量体制、军事领导体制和兵役制度等方面的内容。在武装力量

---

① 习近平在德国发表重要演讲强调　中国坚定不移走和平发展道路[N].《解放军报》,2014 – 3 – 30.

体制上一般区分为中央军、地方军和边防军。在军事领导体制上,各朝代的做法虽然不尽一致,但皇权至上,军队的调拨使用大权始终掌握在皇帝手中。在兵役制度上,随着各个历史时期的政治、经济、人口状况和军事需要而发展变化。

2. 古代国防工程建设

我国古代为抵御外敌的侵犯,巩固边海防,修筑了数量众多、规模庞大的国防工程。在边防工程建设上,著名的有长城,中国历代长城总长度为21196.18千米,现存长城墙体、壕堑、单体建筑、关堡和相关设施等长城遗产43721处。在海防工程建设上,在沿海设置卫、所,建成炮台要塞式的防御体系,分为海岛要塞、海口要塞、海岸要塞和江防要塞等。

3. 古代国防思想

在古代国防漫长的历史长河中,中华民族经历了无数次血与火的洗礼,培育了民族的凝聚力和自强不息、卫国御侮的尚武精神,形成了丰富完备的国防思想。诸如"以民为体""居安思危"的国防指导思想,"寓兵于农""屯垦戍边"的国防建设思想,"以战止战""不战而胜"的国防斗争策略,"爱国教战""崇尚武德"的国防教育思想等。在这些思想和战略的指导下,中华民族抵御了无数次外敌入侵,甚至出现了"中国既安,四夷自服"的辉煌。

(二) 中国近代的国防

中国近代的国防,开始于1840年鸦片战争爆发,止于1949年新中国成立前夕。在这100多年间,腐败的统治阶级面对外国的入侵,奉行消极防御的国防政策,顽固守旧,软弱无力,致使有国无防。中国近代的国防历史,是一部中华民族惨遭欺凌的历史,也是中国人民奋起反抗、寻求民族独立与解放的历史。

1. 清朝后期的国防

1840年鸦片战争以前,我国是一个主权独立的封建国家,虽然社会生产力的发展落后于当时的欧美各主要资本主义国家,但国防上还是巩固的。1840年以后,中国国防每况愈下,中华民族屡遭外敌的侵略、欺侮。在对外反侵略战争中一次次失败,其中较大的战争有五次:

第一次鸦片战争。1840年,英帝国主义以清王朝禁烟为由,悍然对中国发动了第一次鸦片战争。战败的清政府被迫签订了我国历史上第一个丧权辱国的不平等条约,即中英《南京条约》。中国的领土和主权遭到破坏,开始沦为半殖民地半封建社会。

第二次鸦片战争。1856年至1860年,英国不满足它已获得的利益,联合法国,对中国发动了第二次鸦片战争。战败的清政府被迫与英国签订了中英《天津条约》,与法国签订了中法《北京条约》。此时的沙俄趁火打劫,强迫清政府签订了中俄《瑷珲条约》。中国的领土主权进一步遭到破坏,半殖民地程度加深。

中法战争。19世纪80年代初,法国殖民主义者在完全占领越南后,开始觊觎我国西南地区。1884年至1885年中法交战。爱国将领冯子材率领清军奋勇杀敌,取得了镇南关大捷。但是腐败的清政府却一味苟且偷安,认为法国船坚炮利,强大无敌,中国即使一时而胜,难保终久不败,不如趁胜而和。因此,签订了丧权辱国的《中法新约》,将广西和云南两省的部分权益出卖给了法国,使中国不败而败,法国不胜而胜。

第一章 中国国防

中日甲午战争。1894年日本以清朝出兵朝鲜为由发动了甲午战争,北洋水师全军覆没。第二年,清政府被迫与日本签订了《马关条约》,台湾和澎湖列岛被日本占领,中国被进一步肢解,半殖民地程度加深,民族危机加剧。

1900年,英、美、德、法、俄、日、意、奥八国以保护在华侨民的"利益"为借口,组成联军发动了侵华战争。战败的清政府被迫与八国签订了《辛丑条约》。这个条约从政治、经济、军事各方面都扩大和加深了帝国主义对中国的统治,并表明清政府已完全成为帝国主义统治中国的工具,中国从此完全沦为半殖民地半封建社会。

在清政府当权的70多年时间里,与外国列强签订了一系列的不平等条约,割让领土近160万平方千米,各种战争赔款达数10亿两白银,同时各帝国主义列强纷纷在我国划分势力范围,使中华民族美丽富饶的国土被蹂躏得支离破碎。

2. 民国时期的国防

1911年爆发的辛亥革命,推翻了清朝的统治,废除了封建帝制,建立了"中华民国",但并没有改变中国任人宰割的局面。辛亥革命后,帝国主义为维护其在华利益,纷纷扶植自己的代理人,先有袁世凯称帝,后有张勋复辟,各派军阀以帝国主义为靠山,割据称雄,军阀混战不休。直、皖、奉三大派系军阀先后窃取中央政权,贿选国会议员和总统,出卖国家和民族利益。"二十一条"的签订和"巴黎和会"上中国外交的失败,充分暴露出北洋政府的腐败无能,使中国面临被帝国主义列强进一步瓜分的命运,激起了中华民族同仇敌忾、共御外侮的决心和勇气。

1919年"五四运动"爆发,中国工人阶级及其政党成为民主革命的领导力量,中国人民的革命斗争进入新民主主义革命时期。1921年7月,中国共产党应运而生,从此,中国人民就有了前进的主心骨,在精神上由被动变为主动,中国革命的面貌焕然一新。党领导人民浴血奋战、百折不挠,经过北伐战争、土地革命战争、抗日战争、解放战争,以武装的革命反抗武装的反革命,推翻帝国主义、封建主义、官僚资本主义三座大山,建立了人民当家做主的中华人民共和国,实现了民族独立、人民解放。新民主主义革命的胜利,彻底结束了旧中国半殖民地半封建社会的历史,彻底废除了列强强加给中国的不平等条约和帝国主义在中国的一切特权,中华民族任人宰割、饱受欺凌,旧中国有国无防的时代一去不复返了,中国国防建设从此开启了新纪元。

(三)中国国防历史的启示

中国4000多年的国防历史,有过声威远播、天下归附的辉煌,有过引而不发、强虏驻足的平静,有过遍体鳞伤、不堪回首的屈辱,也有过抗敌卫国的巨大胜利。重温中国兴衰交替的国防历史,我们能够从中得到不少有益的启示。

1. 政治昌明是国防巩固的根本

纵观我国几千年的国防兴衰史,我们不难看出:当统治阶级处于上升阶段时,政治昌明,经济发展,民族团结,国家统一,国防就强盛;反之,当统治阶级处于没落阶段时,其政治腐败,经济凋敝,民族分裂,国内混乱,国防就衰弱。因此,国家政策的正确与否直接关系到国防的兴衰。只有政治的昌明,才о巩固的国防。

2. 经济发展是国防强大的基础

经济是国防的物质基础,国防强大依赖经济的发展。早在春秋战国时期,统治者就认识到国富才能兵强,自强方可自立,无不把发展经济作为巩固国防、争夺霸权的重要措施。唐朝在经历唐太宗"贞观之治"之后达到封建社会的鼎盛时期,就是当时统治者注重发展经济的结果。与此相反,各个朝代的衰落、灭亡,一个王朝被另一个新生的王朝所取代,遭受外敌入侵而不能自保,几乎毫无例外地都是由于这个王朝后期政治腐败、经济落后,动摇了国防的根基,才导致政权易手。由此可见,只有经济的强盛,才能有强大的国防,才能有政权的稳固和国家的安全。

3. 国家统一和民族团结是国防强大的关键

我国国防史告诉我们,在面临外敌入侵、国家危亡的紧要关头,只有国家统一、民族团结、共同抵抗,才能筑起一道坚不可摧的国防长城,取得反侵略战争的胜利。

近代西方列强对我国发动的一系列侵略战争,使中国逐渐沦为半殖民地半封建的国家,山河破碎,有国无防。一个重要的原因是,清朝统治者在侵略者面前,不仅不发动和依靠广大人民进行反侵略的正义战争,反而认为"患不在外而在内",甚至清朝统治者竟然企图借外国侵略者之手消灭奋起抗击八国联军的义和团。由于统治者害怕人民,采取与人民对立的立场,尽管广大人民奋起反抗侵略者,但由于多数处于自发、分散的状态,缺乏统一指挥,没有形成一致对外的合力,最终都没能改变战争的局面。

相反,在抗日战争时期,中国共产党主张全国军民团结起来,建立广泛的抗日民族统一战线,共同抵抗日寇的侵略。同时,坚持人民战争的战略指导方针,放手发动群众,团结一切可以团结的力量共同抗击敌人,开辟了广大的敌后抗日根据地,运用人民战争的战略战术,有效地打击了日本侵略者,最后取得了抗日战争的全面胜利。

历史证明,国家的统一、民族的团结、全国军民一致共同抵抗侵略的精神和意志,才是国防真正的"钢铁长城"。这是把一切侵略者淹没在人民战争的汪洋大海的基础,是让一切侵略者都望而生畏的真正的"铜墙铁壁",是民族自强的根本、国防力量的源泉。

4. 科技进步是国防强大的重要保证

回顾历史,自鸦片战争敲开清朝政府的大门后,中华民族就开始了用血泪写成的"百年屈辱史"。由于清朝政府的腐败无能、闭关自守、不注重发展科学技术,致使武器装备发展十分缓慢。西方资本主义国家在产业革命中后来居上,对当时的军事科技成果进行技术改造和创新发展,形成科技水平上的"代差",进而推动武器装备上形成"代差"。最终,洋枪洋炮打败了清军的大刀长矛和低劣的火炮等武器装备。

科技是核心战斗力。当前,新一轮科技革命和军事革命迅速发展,战略性高新技术群体迸发。我们要加快军事关键核心技术攻关,大力推进先进科技快速转化为战斗力,不断提高科技创新对国防现代化建设的贡献率。

四、现代国防观

现代国防观是指现代人民群众对国防的态度和观点。牢固的国防观是一个国家现代文明的标志之一,也是全国人民必备的素质。它不仅是保卫国家利益的思想基础,也是增强中华民族向心力、凝聚力的强大精神力量,在军事上能转化为战斗力,在经济上能转化为生产力,在总体上有利于增强综合国力和国防潜力、捍卫与发展国家和民族的利益。

(一)坚持国家利益高于一切

国防是伴随着国家的产生而产生的,是为国家利益服务的。古往今来,国防虽因国家的性质、制度、国力及其推行的政策不同而具有不同的特征,但其实质具有共性,都以捍卫国家利益为核心。习近平总书记指出,我们要坚决维护国家主权、安全、发展利益,任何外国不要指望我们会拿自己的核心利益做交易,不要指望我们会吞下损害我国主权、安全、发展利益的苦果。这一重要论述,深刻揭示了国家利益至上是国家安全的准则,明确了新时代国防观的核心内容,是现代国防观念的集中体现。坚持国家利益至上的国防观,既要坚定维护国家主权和领土完整,又要维护国家海洋权益,维护国家在太空、电磁、网络空间等领域的安全利益,维护国家海外利益,支撑国家可持续发展,以更宽广的战略视野谋划和加强国防建设。

(二)坚持居安思危

当今世界正经历百年未有之大变局,世界多极化、经济全球化、社会信息化、文化多样化深入发展,和平、发展、合作、共赢的时代潮流不可逆转,但国际安全面临的不稳定性不确定性更加突出,世界并不太平。从外部看,霸权主义、强权政治、单边主义时有抬头,地区冲突和局部战争持续不断,国际安全体系和秩序受到冲击,全球和地区性安全问题持续增多;从内部看,我国面临多元复杂的安全威胁和挑战,反分裂斗争形势更加严峻,陆地边界争议尚未彻底解决,岛屿领土问题和海洋划界争端依然存在,海外利益面临国际和地区动荡、恐怖主义、海盗活动等现实威胁。没有强大的国防就不会有长久的安宁。为人者信,为家者孝,为国者忠。作为新时代的大学生,我们应当以史为鉴,居安思危,强化国防观念,关心国防、热爱国防、建设国防。

(三)坚持富国和强军的统一

在我国富国强军的思想古已有之。战国时代著名的革新者商鞅就曾提出:"兵不强,不可以摧敌;国不富,不可以养兵。"中华民族数千年的文明史,就是富国和强军共同协调、相互促进的发展史。富国和强军,如车之两轮、鸟之双翼。富国是强军的物质基础,没有雄厚的国家实力,国防和军队现代化便无从谈起;强军是富国的坚强柱石,没有强大的国防力量,国家发展的安全环境就难以保障。坚持和发展中国特色社会主义,实现中华民族伟大复兴,必须统筹发展和安全、富国和强军,确保国防和军队现代化进程同国家现代化进程相适应,军事能力同国家战略需求相适应。

思 考 题

1. 国防的基本要素有哪些?
2. 现代国防有哪些基本类型?
3. 中国国防历史的启示有哪些?
4. 现代国防观的主要内容有哪些?

第二节 国防法规

国防法规是由国家立法机关制定并以国家强制力保证其实施的,用于调整国防和武装力量建设方面社会关系的法律规范的总称。它是国家国防政策的法律体现,是指导国防活动的行为准则,是国家法律体系的重要组成部分。

一、国防法规体系

国防法规体系是由各个层次、不同门类的国防法律规范构成的相互联系、相互制约和协调的有机整体。该体系以国家宪法为基础,由各类法律规范所组成,范围十分广泛,内容也十分丰富。主要包括以下各类法律制度:国防行政法、军事刑法、军事诉讼法、军事经济法、军事组织编制法、国防动员法、军事权益保障法、军人优抚安置法等。从纵向上基本可分为以下五个层级。

(一)全国人民代表大会及其常务委员会颁布的法规

我国宪法规定:"全国人民代表大会和全国人民代表大会常务委员会行使国家立法权。"这一规定明确了全国人大及其常委会,是唯一拥有国家立法权的机关。根据中国国防立法的实践,凡属基本军事法律和军事法规,均需经过全国人大或其常务委员会讨论制定。例如,《中华人民共和国国防法》《中华人民共和国国防教育法》《中华人民共和国兵役法》等。其主要特点:立法程序严格,通常要经过提案、审议、通过、公布等过程;法律调整的社会关系主体广泛,法律规范效力适用于国家管辖的整个疆界,或国家的整个武装力量;具有较强的稳定性,是制定其他有关国防和军事规范性文件的基本依据。

(二)国务院和中央军委制定的法规

国务院是中国最高行政机关,中央军委是中国最高军事机关。它们都是国家权力的执行机关。它们制定的有关国防和军事方面的法规,通常是在全国人民代表大会及常务委员会制定通过有关法规之前,就该项事务发布国防和军事法规;在有关法规通过之后,就该法规发布实施条例或有关问题的管理规定。如《军用标准化管理办法》《国防科学技术情报工作条例》等。国务院和中央军委制定的国防军事法规,在中国国防法规体系中占有重要地位。其主要特点是:以宪法和法律的有关规定为依据,如果没有相应的现行法律,则直接依据宪法的有关军事条款制定;通常以条令、条例、决定、规定的形式发布;依据法规的性质或内容,以国务院和中央军委的名义合署或单独发布。

(三)国务院各部委和中央军委各部门制定的法规

这类型的法规有以下三种情况:一是国务院各部委和中央军委各部门在各自的管理范围内,根据法律和国防法规,发布管理性规章;二是由国务院各部委和中央军委各部门起草,报国务院和中央军委批准,由国务院各部委和中央军委各部门发布的管理性规章;三是根据法律规定制定国防法规和军事法律的实施细则或管理规则。

(四)各军兵种、各战区制定的法规

中国人民解放军是一个诸军兵种合成的军队,各战略区、各军事部门都有其特殊情况,军事管理事务极其复杂。国防法规和军事法律往往只能制定一些基本原则。要贯彻执行这些原则性规定,需要有比较具体的实施细则和管理办法。由于这些管理细则和实施办法的业务性、技术性和时间性都很强,就必须由各军兵种、各战区分别制定。

(五)各省、自治区、直辖市人大和政府制定的地方性法规

地方性国防法规以国防法律和国防行政法规为依据,其内容是本地区国防建设的制度和行为规范,主要包括兵员征集、军人优抚及退役安置、国防教育、军事设施保护等方面。

二、公民的国防义务和权利

公民,通常是指具有一个国家国籍的人。我国宪法第三十三条"凡具有中华人民共和国国籍的人都是中华人民共和国公民。"我国宪法规定任何公民享有宪法和法律规定的权利,同时必须履行宪法和法律规定的义务。公民的国防义务和权利,是我国公民的基本权利和义务的重要内容。我国宪法和各种国防法规都对公民的有关国防义务、权利做了明确规定。自觉地履行国防义务、正确地行使有关国防权利是每一个公民应当具备的品德和责任。

(一)公民的国防义务

公民的国防义务,是指宪法和法规规定的公民在国防活动中对国家必须履行的某种责任,这种责任是根据国家和人民的根本利益确定的,并由国家运用法律的强制力来保证实现的。它要求负有国防义务的公民,在国防活动中必须依法做出或不做出某种行为。法律要求公民应该做出某种行为,如果公民拒绝做出,则要承担法律责任,受到相应的法律制裁。如宪法要求公民负有服兵役的义务,如果负有义务的公民拒绝、逃避兵役,就要受到法律的制裁。法律要求有义务的公民不做出某种行为,而公民做出了法律所禁止的行为,同样要承担法律责任。我国国防法规赋予公民的义务主要有以下几项。

1. 履行兵役的义务

《中华人民共和国国防法》第五十三条规定:"依照法律服兵役和参加民兵组织是中华人民共和国公民的光荣义务。"《中华人民共和国兵役法》第三条规定:"中华人民共和国公民不分民族、种族、职业、家庭出身、宗教信仰和教育程度,都有义务按照本法的规定服兵役。"

兵役分为现役和预备役。在中国人民解放军服现役的称现役军人;经过登记,预编到现役部队、编入预备役部队、编入民兵组织服预备役的或者以其他形式服预备役的,

称预备役人员。现役军人必须遵守军队的条令和条例,忠于职守,随时为保卫祖国而战斗。预备役人员必须按照规定参加军事训练、执行军事勤务,随时准备参军参战,保卫祖国。

公民依法服兵役和参加民兵组织是一项光荣的义务,是公民履行保卫祖国,抵抗侵略,捍卫国家的主权、统一、领土完整和安全的神圣职责的具体形式。当代大学生更应该积极履行兵役义务,应当依法服兵役和参加民兵组织。

2. 接受国防教育的义务

国防教育是国家为防备和抵抗侵略,制止武装颠覆,保卫国家的主权、统一和领土完整,对全体公民进行的具有特定目的和内容的普及性教育活动。我国国防教育贯彻全民参与、长期坚持、讲求实效的方针,实行经常教育与集中教育相结合、普及教育与重点教育相结合、理论教育与行为教育相结合的原则,针对不同对象确定相应的教育内容分类组织实施。中华人民共和国公民都有接受国防教育的权利和义务。

国防教育关系到一个国家的兴衰存亡,当今世界各国无不把国防教育摆在十分重要的位置,纳入国家发展战略的大系统,通过各种形式的国防教育,增强全民的国防观念,掌握基本的国防知识,学习必要的军事技能,激发爱国热情,自觉履行国防义务。

青年大学生群体是祖国的未来、民族的希望,肩负着建设祖国、保卫祖国的历史重任,更应当自觉接受国防教育,把学习文化知识和接受国防教育有机地结合起来,确立为全面建设社会主义现代化强国、全面推进中华民族伟大复兴的报国之志,为国防和国防建设事业多做贡献。

3. 保护国防设施的义务

国防设施是用于国防目的的工程建筑及设备的统称。包括各种军事设施,以及可用于军事行动的民用交通、通信、物资储备等设施。在战时,它是打击敌人、抵抗侵略的重要依托;在平时,它具有制约敌对力量的威慑作用。国防设施是构成部队战斗力的一个重要因素,是保存和发挥军队有生力量的重要物质条件。《中华人民共和国国防法》第五十五条规定:"公民和组织应当保护国防设施,不得破坏、危害国防设施。"我国为了保护军事设施的安全,保障军事设施的使用效能和军事活动的正常进行,加强国防现代化建设,巩固国防,抵御侵略,根据《中华人民共和国宪法》和《中华人民共和国国防法》,专门制定了《中华人民共和国军事设施保护法》,如划定军事禁区,设置军事管理区等。

4. 保守国防秘密的义务

国防秘密是指关系到国家防卫安全和利益,依照法定程序确定,在一定时间内或只限于一定范围的人员知悉的军事或与军事有关的政治、经济、外交、科技、文化等方面的事项。《中华人民共和国国防法》第五十五条规定:"公民和组织应当遵守保密规定,不得泄露国防方面的国家秘密,不得非法持有国防方面的秘密文件、资料和其他秘密物品。"国防秘密的重要性毋庸置疑。密之不保,国家存亡危在旦夕;密之不保,万马千军不堪一击。古人说,"兵机皆贵密。"毛泽东同志曾告诫全党全军,在战争中"可以因为仅仅一个消息的疏漏而使尔后的战斗失败"。这些话深刻揭示了保守军事秘密的极端重要性。网络信息时代,隐蔽战线斗争比强行占领更有效,软杀伤比硬杀伤更具有破坏力,当代大学生要牢固树立保守国防秘密的意识,增强保守国防秘密的观念,严格遵守保守国家秘密法规。

第一章　中国国防

5. 协助国防活动的义务

《中华人民共和国国防法》第五十六条规定："公民和组织应当支持国防建设,为武装力量的军事训练、战备勤务、防卫作战、非战争军事行动等活动提供便利条件或者其他协助。"国家和社会对在国防活动中做出贡献的组织和个人,给予表彰和奖励。公民和组织因国防建设和军事活动在经济上受到直接损失的,可以依规定取得补偿。

(二) 公民的国防权利

公民的国防权利,是指由国家宪法、法律赋予公民在国防活动中所享有的权利或权益。国家从法律和物质上保障公民享有这种权利的可能性。权利有鲜明的阶级性,权利是有限制的,而不是绝对的,权利除了要受法律限制外,它还要受产生它的经济基础的制约和限制,权利永远不能超出社会的经济结构以及由经济结构所制约的社会的文化发展。我国宪法和国防法所规定的公民的国防权利,具有社会主义性质,是为人民民主专政和社会主义制度服务的。义务与权利是一致的,上述公民的国防义务,同时也是其国防权利。公民除上述国防义务亦即国防权利外,还有以下三种相对独立的国防权利。

1. 提出建议权利

《中华人民共和国国防法》第五十七条规定："公民和组织有对国防建设提出建议的权利。"这一规定,是公民依宪法享有对国家事务的建议权在国防建设方面的体现。在国防领域,我国公民是国防建设的参加者和支持者,有权对国防建设提出意见和建议,包括提出批评性或者建设性的意见和建议。

2. 制止、检举权利

《中华人民共和国国防法》第五十七条同时规定："公民和组织有对危害国防的行为进行制止或者检举的权利。"制止危害国防利益行为,是指公民依法采取一定的方式、方法使危害国防的行为停止下来,从而维护国防利益。对于危害国防安全的行为,公民有权采取一切合法手段制止其发生、发展。检举危害国防利益的行为,是指危害国防的行为发生后,公民对违法行为进行揭发。制止和检举权,对及时发现和有效地制止、打击侵害国防利益的违法犯罪行为,维护国防利益,加强国防建设具有十分重要的意义和作用。

3. 经济补偿权利

《中华人民共和国国防法》第五十八条规定："公民和组织因国防建设和军事活动在经济上受到直接损失的,可以依据国家有关规定获得补偿。"这一规定,体现了我国一切为了人民利益的社会主义本质,既保护了公民和组织的经济权利,又有利于调动公民和组织依法积极参加国防建设和军事活动的热情。在战时和其他紧急状态下,有些补偿措施是事后落实的,不应把预先得到补偿作为接受征用的条件。同时"补偿"不同于"赔偿"。补偿是由国家机关工作人员或军事人员的合法行为引起的,是国家对公民因国防活动受到损失所采取的补救措施,仅限于直接经济损失,不包括间接经济损失和精神损失。因此,必须实事求是地进行申请与核实。

(三) 国防权利与国防义务的关系

权利和义务是辩证统一的。《中华人民共和国宪法》第三十三条规定："任何公民享有宪法和法律规定的权利,同时必须履行宪法和法律规定的义务。"没有无义务的权利,也没有无权利的义务。任何人都不会只尽义务不享有权利,也不能只享有权利而不尽义务。公民只有认真履行法定的国防义务,才能享有相应的国防权利;不履行国防义务的公民,就没有资格享有相应的国防权利。国防义务与权利的一致性,体现了国家与公民之间一种平等的法律关系。一方面,国家赋予公民各项国防权利,并保证其权利的行使;另一方面,公民应当自觉维护国家的安全与利益,严格履行各种国防义务。

权利和义务相互促进、相互转化。公民履行国防义务的自觉性越高、能力越强,越有利于国防建设事业的发展,也就越有利于公民国防权利的实现;而公民真正享有了相应的国防权利,有了更强烈的获得感和安全感,就更能激发其"天下兴亡,匹夫有责"的使命感,提高其履行国防义务的积极性和创造性。在很多情况下,权利与义务融为一体、和谐统一。例如,接受国防教育、依法服兵役等,这些既是公民的国防权利,又是公民的国防义务。

思 考 题

1. 我国国防法规体系的主要内容有哪些?
2. 公民的国防义务和权利有哪些?
3. 大学生如何在履行国防义务中发挥作用?

第三节　国防建设

国防建设指为国家安全利益需要,提高国防能力而进行的各方面的建设,是国家建设的重要组成部分。国防建设主要包括武装力量建设,边防、海防、空防、人防及战场建设,国防科技与国防工业建设,国防动员建设,国防法规建设,国防教育,以及与国防相关的交通运输、邮电、能源、水利、气象、航天等方面的建设等。

一、国防体制

国防体制是国家的国防组织形式、机构设置、领导隶属关系和管理权限划分等方面制度的总称。作为国家体制的组成部分,国防体制通常由国家最高领导机构决定,受国家政治、经济、军事、外交等方面制度和政策的制约。国防体制通常包括:国防最高决策机构,武装力量统帅机构,国防建设领导管理机构,武装力量的编成,常备军的编成及其编制等。世界各国的国防体制没有统一的模式,但存在普遍性规律。一般都要求以宪法、法律、政策有关规定为依据,保证权力机关、最高军事机关和上级的集中统一领导。中国国防体制坚持中国共产党的领导,贯彻民主集中制原则。根据《中华人民共和国宪法》和《中华人民共和国国防法》,中华人民共和国国防领导体制由中共中央、全国人大及其常务委员会、国家主席、国务院、中央军委行使。

第一章　中国国防

(一)中共中央的国防领导职权

中共中央在国家生活包括国防事务中发挥决定性的领导作用。中国共产党中央军事委员会和中华人民共和国中央军事委员会(简称"中央军委"),是中国共产党和中华人民共和国领导全国武装力量的最高军事机构。党的中央军事委员会和国家的中央军事委员会的组成人员对国防和军队的领导职能完全一致。《中国人民解放军政治工作条例》规定:"中国人民解放军必须置于中国共产党的绝对领导之下,其最高领导权和指挥权属于中国共产党中央委员会和中央军事委员会。"

(二)全国人民代表大会的国防职权

全国人民代表大会是最高国家权力机关,全国人民代表大会依照宪法规定,决定战争和和平的问题,并行使宪法规定的国防方面的其他职权。全国人民代表大会常务委员会依照宪法规定,决定战争状态的宣布,决定全国总动员或者局部动员,并行使宪法规定的国防方面的其他职权。主要包括:制定国防方面的法律;在全国人民代表大会闭会期间,审查和批准包括国防建设计划在内的国民经济和社会发展计划,包括国防经费预算在内的国家预算在执行过程中所必须做的部分调整方案;监督中央军事委员会的工作;在全国人民代表大会闭会期间,根据中央军事委员会主席的提名,决定中央军事委员会其他组成人员的人选;根据最高人民法院院长和最高人民检察院检察长的提请,任免军事法院院长和军事检察院检察长;决定同外国缔结的有关国防方面的条约和重要协定的批准、废除;规定军人的衔级制度;规定和决定授予在国防方面国家的勋章、荣誉称号;全国人民代表大会授予的国防方面的其他职权。

(三)国家主席的国防职权

中华人民共和国主席根据全国人民代表大会的决定和全国人民代表大会常务委员会的决定,宣布战争状态,发布动员令,并行使宪法规定的国防方面的其他职权。

(四)国务院的国防职权

国务院是最高国家权力机关的执行机关,是最高国家行政机关。它行使国防领导和管理职权,具体包括:编制国防建设发展规划和计划;制定国防建设方面的有关政策和行政法规;领导和管理国防科研生产;管理国防经费和国防资产;领导和管理国民经济动员工作,以及人民防空、国防交通等方面的建设和组织实施工作;领导和管理拥军优属工作,以及退役军人保障工作;与中央军事委员会共同领导民兵的建设,征兵工作,边防、海防、空防和其他重大安全领域防卫的管理工作;法律规定的与国防建设事业有关的其他职权。

(五)中央军事委员会的国防职权

中央军事委员会是最高国家军事机关,实行主席负责制。中央军事委员会领导全国武装力量,行使下列职权:统一指挥全国武装力量;决定军事战略和武装力量的作战方针;领导和管理中国人民解放军的建设,制订规划、计划并组织实施;向全国人民代表大会或者全国人民代表大会常务委员会提出议案;根据宪法和法律,制定军事法规,发布决定和命令;决定中国人民解放军的体制和编制;依照法律、军事法规的规定,任免、培训、考核和奖惩武装力量成员;决定武装力量的武器装备体制,制订武器装备发展规划、计划,协同国务院领导和管理国防科研生产;会同国务院管理国防经费和国防资产;领导和管理人民武装动员、预备役工作;组织开展国际军事交流与合作;法律规定的其他职权。

二、国防政策

国防政策,是国家制定的一定时期内指导国家防务的基本行动准则,是国家政策的组成部分。中国的国防政策是由中国的国家利益、社会制度、对外政策和历史文化传统等因素决定的。2019年7月24日,我国发表的《新时代的中国国防》白皮书中,再次重申:中国的社会主义国家性质,走和平发展道路的战略抉择,独立自主的和平外交政策,"和为贵"的中华文化传统,决定了中国始终不渝奉行防御性国防政策。同时,首次提出构建新时代中国防御性国防政策体系的思路,首次指出坚持永不称霸、永不扩张、永不谋求势力范围,是新时代中国国防的鲜明特征。中国奉行防御性的国防政策,其目的是巩固国防,抵御侵略,捍卫国家主权和领土完整,确保国家安全。

(一)坚决捍卫国家主权、安全、发展利益

慑止和抵抗侵略,保卫国家政治安全、人民安全和社会稳定,反对和遏制"台独",打击"藏独""东突"等分裂势力,保卫国家主权、统一、领土完整和安全。维护国家海洋权益,维护国家在太空、电磁、网络空间等安全利益,维护国家海外利益,支撑国家可持续发展。

中国坚定维护国家主权和领土完整。南海诸岛、钓鱼岛及其附属岛屿是中国固有领土。中国在南海岛礁进行基础设施建设,部署必要的防御性力量,在东海钓鱼岛海域进行巡航,是依法行使国家主权。中国致力于同直接有关的当事国在尊重历史事实和国际法的基础上,通过谈判协商解决有关争议。中国坚持同地区国家一道维护和平稳定,坚定维护各国依据国际法所享有的航行和飞越自由,维护海上通道安全。

解决台湾问题,实现国家完全统一,是中华民族的根本利益,是实现中华民族伟大复兴的必然要求。中国坚持"和平统一、一国两制"方针,推动两岸关系和平发展,推进中国和平统一进程,坚决反对一切分裂中国的图谋和行径,坚决反对任何外国势力干涉。中国必须统一,也必然统一。中国有坚定决心和强大能力维护国家主权和领土完整,决不允许任何人、任何组织、任何政党,在任何时候、以任何形式,把任何一块中国领土从中国分裂出去。我们不承诺放弃使用武力,保留采取一切必要措施的选项,针对的是外部势力干涉和极少数"台独"分裂分子及其分裂活动,绝非针对台湾同胞。如果有人要把台湾从中国分裂出去,中国军队将不惜一切代价,坚决予以挫败,捍卫国家统一。

(二)坚持永不称霸、永不扩张、永不谋求势力范围

国虽大,好战必亡。中华民族历来爱好和平。近代以来,中国人民饱受侵略和战乱之苦,深感和平之珍贵、发展之迫切,决不会把自己经受过的悲惨遭遇强加于人。新中国成

立以来,中国没有主动挑起过任何一场战争和冲突。改革开放以来,中国致力于促进世界和平,大幅度裁减军队员额。中国由积贫积弱发展成为世界第二大经济体,靠的不是别人的施舍,不是军事扩张和殖民掠夺,而是人民勤劳、维护和平。中国既通过维护世界和平为自身发展创造有利条件,又通过自身发展促进世界和平,真诚希望所有国家都选择和平发展道路,共同防范冲突和战争。

中国坚持在和平共处五项原则基础上发展同各国的友好合作,尊重各国人民自主选择发展道路的权利,主张通过平等对话和谈判协商解决国际争端,反对干涉别国内政,反对恃强凌弱,反对把自己的意志强加于人。中国坚持结伴不结盟,不参加任何军事集团,反对侵略扩张,反对动辄使用武力或以武力相威胁。中国的国防建设和发展,始终着眼于满足自身安全的正当需要,始终致力于世界和平力量的增长。历史已经并将继续证明,中国决不走追逐霸权、"国强必霸"的道路。无论将来发展到哪一步,中国都不会威胁谁,都不会谋求建立势力范围。

(三)贯彻新时代军事战略方针

新时代军事战略方针,坚持防御、自卫、后发制人原则,实行积极防御,坚持"人不犯我、我不犯人,人若犯我、我必犯人",强调遏制战争与打赢战争相统一,强调战略上防御与战役战斗上进攻相统一。贯彻落实新时代军事战略方针,服从服务党和国家战略全局,落实总体国家安全观,强化忧患意识、危机意识、打仗意识,积极适应战略竞争新格局、国家安全新需求、现代战争新形态,有效履行新时代军队使命任务。根据国家面临的安全威胁,扎实做好军事斗争准备,全面提高新时代备战打仗能力,构建立足防御、多域统筹、均衡稳定的新时代军事战略布局。坚持全民国防,创新人民战争的战略战术和内容方法,充分发挥人民战争整体威力。

(四)坚持自卫防御的核战略

中国始终奉行在任何时候和任何情况下都不首先使用核武器、无条件不对无核武器国家和无核武器区使用或威胁使用核武器的核政策,主张最终全面禁止和彻底销毁核武器,不会与任何国家进行核军备竞赛,始终把自身核力量维持在国家安全需要的最低水平。中国坚持自卫防御核战略,目的是遏制他国对中国使用或威胁使用核武器,确保国家战略安全。

(五)坚持走中国特色的强军之路

中国的国防现代化建设,必须从中国的实际情况出发,走有中国特色的国防现代化发展道路。新时代中国国防和军队建设,深入贯彻习近平强军思想,坚持政治建军、改革强军、科技强军、人才强军、依法治军,聚焦能打仗、打胜仗,推动机械化、信息化融合发展,加快军事智能化发展,构建中国特色现代军事力量体系,完善和发展中国特色社会主义军事制度,不断提高履行新时代使命任务的能力。新时代中国国防和军队建设的战略目标是,到2020年基本实现机械化、信息化建设取得重大进展,战略能力有大的提升;到2027年,如期实现建军一百年奋斗目标。同国家现代化进程相一致,全面推进军事理论现代化、军队组织形态现代化、军事人员现代化、武器装备现代化,力争到2035年基本实现国防和军队现代化,到本世纪中叶把人民军队全面建成世界一流军队。

(六)服务构建人类命运共同体

中国人民的梦想与世界人民的梦想息息相通。一个和平稳定繁荣的中国,是世界的机遇和福祉。一支强大的中国军队,是维护世界和平稳定、服务构建人类命运共同体的坚定力量。中国军队坚持共同、综合、合作、可持续的安全观,秉持正确义利观,积极参与全球安全治理体系改革,深化双边和多边安全合作,促进不同安全机制间协调包容、互补合作,营造平等互信、公平正义、共建共享的安全格局。中国军队坚持履行国际责任和义务,始终高举合作共赢的旗帜,在力所能及的范围内向国际社会提供更多公共安全产品,积极参加国际维和、海上护航、人道主义救援等行动,加强国际军控和防扩散合作,建设性参与热点问题的政治解决,共同维护国际通道安全,合力应对恐怖主义、网络安全、重大自然灾害等全球性挑战,积极为构建人类命运共同体贡献力量。

三、国防成就

新中国成立以来,在党中央、中央军委的领导下,全面推进国防和军队现代化建设,全面深化国防和军队改革,国防建设取得了举世瞩目的巨大成就,逐步建立起了有中国特色的现代化国防体系。

(一)建立和完善了有中国特色的武装力量领导体制

我国的武装力量领导体制是在长期的革命战争中形成和发展起来的。中华人民共和国成立以来,为使国防领导体制适应国家政治、经济和社会发展,特别是适应军事斗争和保障国家安全的需要,进行了多次调整,使其不断发展和完善。

中华人民共和国成立初期,成立了中央人民政府人民革命军事委员会,作为全国武装力量的最高统帅机关。1954年9月,第一届全国人民代表大会第一次会议通过的宪法规定,中华人民共和国主席统帅全国武装力量,并决定设立国防委员会和国防部,由国家主席担任国防委员会主席。与此同时,取消了中央人民政府人民革命军事委员会,在中共中央政治局和书记处之下成立中共中央军事委员会(简称"中央军委"),领导中国人民解放军和其他武装力量。1958年7月,中央军委恢复三总部体制,中央军委下设总参谋部、总政治部、总后勤部,作为中央军委的工作机关。

1982年起,党和国家共同设立中央军事委员会,统一领导全国的武装力量。为避免机构重叠,中共中央决定,党的军委与国家军委是"一个机构,两个牌子",其组成人员完全相同。中共中央军委与国家中央军委,同时向中共中央和全国人大及人大常委会负责。这种体制,既贯彻了党对军队绝对领导的根本原则,又适应我军已成为国家主要成分的实际,进一步完善了国家武装力量的领导体制,体现了党领导军队与国家领导军队的一致性。为加强我军武器装备建设,1998年,中央军委增设了总装备部,中央军委工作机关由总参谋部、总政治部、总后勤部、总装备部组成。

2015年11月,中央军委改革工作会议拉开了中国新一轮国防和军队改革的大幕。以领导管理体制、联合作战指挥体制改革为重点,协调推进规模结构、政策制度深度发展

第一章　中国国防

改革。努力构建能够打赢信息化战争、有效履行使命任务的中国特色现代军事力量体系。改革之后，中央军委机关由原来的总参谋部、总政治部、总后勤部、总装备部 4 个总部，改为中央军委办公厅、联合参谋部、政治工作部、后勤保障部、装备发展部、训练管理部、国防动员部、纪律检查委员会、政法委员会、科学技术委员会、战略规划办公室、改革和编制办公室、国际军事合作办公室、审计署、机关事务管理总局 15 个职能部门。

（二）铸造了一支向现代化迈进的人民军队

新中国成立以后，中国人民解放军实现了由单一陆军向诸军兵种合成军队的发展。陆军在步兵的基础上，相继建立了装甲兵、炮兵、防空兵、航空兵、工程兵、通信兵、防化兵、电子对抗兵和勤务保障部队，发展成为多兵种高度合成的现代陆军，成为既能独立遂行作战任务，又能与海军、空军和火箭军实施联合作战的强大军种。海军从江苏泰州的白马庙的那支小小舰队到亚丁湾护航编队，从一江山岛作战到也门撤侨，从小渔船到南海大阅兵，从小舰到航空母舰，人民海军从无到有、从弱到强，建立起由潜艇部队、水面舰艇部队、航空兵、陆战队、岸防部队等兵种组成的一支多兵种合成的现代海上作战力量。空军从无到有，从弱到强，从阅兵飞机不够需要飞两遍，到如今歼–20、运–20、轰–6K 等先进装备列装蓝天，建立起由航空兵、空降兵、地面防空兵、雷达兵、电子对抗部队、信息通信部队等兵种组成的一支多兵种组成的战略军种，具备了较强的防空和空中作战能力、远程精确打击能力和战略投送能力。中国战略导弹部队从组建之日起的兵种发展成军种，建立起由核导弹部队、常规导弹部队、保障部队等组成的一支精干有效、核常兼备的战略力量，战略导弹部队经过几十年的建设成为一支具有双重威慑和双重打击能力的整体作战力量。

党的十八大以来，人民解放军着眼有效履行新时代的使命任务，加快推进中国特色军事变革，全面提高捍卫国家主权、安全、发展利益战略能力。重构人民军队领导指挥体制，成立陆军领导机构，将第二炮兵更名火箭军，组建战略支援部队、联勤保障部队，建立了完备的军兵种领导管理体制和新型作战力量领导体制，形成了"军委管总、战区主战、军种主建"的新格局。重构现代军事力量体系，人民军队压减数量规模、优化编成结构、发展新型力量，构建以精锐作战力量为主体的联合作战力量体系，人民军队由数量规模型向质量效能型、人力密集型向科技密集型转变，中国特色现代军事力量体系初步构建。重构军事政策制度，坚持战斗力标准，整体设计和推进军事政策制度改革，制定修订《中华人民共和国国防交通法》《中华人民共和国军事设施保护法》《中国人民解放军文职人员条例》等法规制度，颁布实施新军事训练条例和军事训练大纲，建立军官职业化制度，优化军人待遇保障，健全军人荣誉体系，完善军事训练、装备发展、后勤建设、军事科研、国防动员等方面政策制度，加快推进军官法、兵役法等立法进程，一大批配套政策制度的发布实施，军队战斗力和官兵活力进一步释放。新时代人民军队在党中央、中央军委领导下，沿着中国特色强军之路阔步前进。

（三）建立了全面完整的国防科技工业体系

国防科技工业是国家战略性高技术产业，国防科技是衡量一个国家综合国力的重要标志之一，也是国防现代化建设的一个重要方面。我国的国防科技工业从无到有、从小到大、从落后到先进，建立起了包括电子、船舶、兵器、航空、航天和核能等门类齐全、综合配

017

套的科研实验生产体系,取得了一大批具有国内或国际先进水平的科研成果,为我军现代化建设、增强我国的综合国力做出了重要贡献。

军用电子建设,逐步发展成为具有相当规模、门类齐全的新兴工业部门,特别是在指挥自动化、情报侦察、预警探测、电子对抗和通信方面,为我军提供了各种新式装备和产品,如"北斗"全球卫星导航系统的运用,进一步增强了我军部队侦察、通信、指挥和作战能力。

船舶工业建设,先后自行研制建造了核动力潜艇、常规潜艇、导弹驱逐舰、导弹护卫舰、导弹快艇、航空母舰等作战舰艇,以及各种辅助船舶和新型鱼雷、水雷、反水雷等新装备。2012年,我国新一代052D型导弹驱逐舰下水和首艘航空母舰"辽宁舰"正式入列。2017年4月26日,我国第一艘自主建造的国产航空母舰"山东舰"正式下水、2019年12月17日正式入列,标志着我国船舶工业跨入世界先进行列。航空母舰是人民海军实现战略转型的标志性战舰。

兵器工业建设,研制生产了一大批具有先进性能的坦克、装甲车辆、火炮、弹药、轻武器、军用光电器材和综合火控、指挥系统等新型武器装备,为我军现代化做出了重要贡献。

航空工业建设,能自主生产歼击机、歼击轰炸机、轰炸机、直升机、运输机、教练机等,基本满足了海空军作战和飞行训练的需要。2012年,新型飞翼式无人攻击机、歼-20、歼-31、直-10武装直升机纷纷亮相。2013年1月26日,新一代军用大型运输机运-20首飞成功,充分展现了我国航空工业的发展水平。

在航天工业方面,已拥有地地、地空、海空和空空导弹武器系统,运载火箭、载人飞船、各种应用卫星的研制和实验能力以及各种应用卫星的发射能力。在争夺太空控制权方面,北斗卫星导航系统的建立、神舟系列飞船的成功发射,成就显著,令世人瞩目。在核工业方面,不仅可以制造生产原子弹、氢弹,还掌握了核潜艇技术,形成了我国的核威慑力量。

(四)国防动员和后备力量建设取得了长足的发展

国防动员和后备力量建设是我国战略威慑力量体系建设的重要组成部分。回望过去,国防动员和后备力量一直是我们从胜利走向胜利的坚强后盾。新中国成立后,国防动员和后备力量得到进一步的发展和完善。

1985年,中共中央、国务院、中央军委明确提出"精干的常备军和强大的后备力量相结合,是建设现代化国防的必由之路"这一基本指导方针,并在全国范围内形成了一个各级地方党政领导关心后备力量建设,各级军事机关狠抓后备力量建设,社会各界和广大人民群众积极支持后备力量建设的可喜局面。1985年开始,我国有组织、有计划地在部分高等院校和高级中学开展学生军训工作试点。初步形成了中国特色国防后备力量体系,后备力量建设质量有了明显的提高。

1994年11月29日成立国家国防动员委员会,国家国防动员委员会在国务院和中央军委领导下,主管全国的国防动员工作,协调国防动员工作中经济与军事、军队与政府、人力与物力之间的关系,将人民武装、国民经济、人民防空、国防交通等方面的动员准备纳入国家总体发展规划和计划,通过优化动员机制提高后备力量的快速动员能力和平战转换能力,极大地增强了国防实力。

第一章　中国国防

2010年2月26日,第十一届全国人民代表大会常务委员会第十三次会议,通过并颁发了《中华人民共和国国防动员法》,科学规范了各级政府、军事机关、公民和组织在国防活动中的责任、权利和义务。《中华人民共和国国防动员法》的颁布实施,对依法加强国防动员建设,增强国防潜力,对于提升综合国力,维护国家安全和发展,具有十分重要的意义。

2001年4月28日,《中华人民共和国国防教育法》正式公布实施,使国防教育逐步走上经常化、多样化、规范化轨道。党的十八大以来,以习近平同志为核心的党中央作出一系列重要决策部署,把全民国防教育作为建设巩固国防和强大军队的重要内容和基础性工程。党和国家采取有力措施,不断加强全民国防教育。健全完善法规体系,修订了我国的国防法、国防教育法、兵役法、军事设施保护法;加强改善全民国防教育领导体制,成立中央全民国防教育领导小组指导和组织全民国防教育工作;2022年9月1日,中共中央、国务院、中央军委印发《关于加强和改进新时代全民国防教育工作的意见》,把全民国防教育作为党的宣传思想工作的重要组成部分;设立烈士纪念日、国家公祭日,建立党和国家功勋表彰制度,全民国防意识不断增强,形成了全民关心支持国防和军队建设的浓厚社会氛围。

思 考 题

1. 中国国防体制的突出特点是什么?
2. 新时代中国国防政策的基本内容是什么?
3. 新中国成立以来国防建设取得哪些巨大成就?

第四节　武装力量

武装力量是国家或政治集团所拥有的各种武装组织的总称①。按照马克思主义的观点,任何武装力量都是国家或者政治集团推行其内外政策、实行阶级统治的工具。一个国家的武装力量,是国家政权的主要组成部分,是国防建设的核心,是国家军事实力的主体。中国武装力量自1927年8月1日诞生以来,先后经历了从无到有,从小到大,从弱到强,从体系不完整到完整的发展历程,逐步形成了有中国特色的武装力量体系。

一、中国武装力量的性质、宗旨和使命

《中华人民共和国国防法》第二十条规定:"中华人民共和国的武装力量属于人民。它的任务是巩固国防,抵抗侵略,保卫祖国,保卫人民的和平劳动,参加国家建设事业,全心全意为人民服务。"这些规定以宪法为依据,准确地表述了我国武装力量的性质、宗旨和使命。

---

① 《中国人民解放军军语》(全本)[M].北京:军事科学出版社,2011:19.

(一)中国武装力量的性质

中国武装力量是中国共产党缔造和领导的,坚持以用马克思主义、毛泽东思想、邓小平理论、"三个代表"重要思想、科学发展观、习近平新时代中国特色社会主义思想为指导思想,是中华人民共和国的武装力量,是人民民主专政的坚强柱石。

(二)中国武装力量的宗旨

中国武装力量忠实践行全心全意为人民服务的宗旨,积极参加和支援国家经济社会建设,依法维护国家安全和社会稳定。

(三)中国武装力量的使命

中国武装力量的根本任务,是巩固国防、抵抗侵略、保卫祖国。进入新时代,依据国家安全和发展战略要求,中国武装力量坚决履行党和人民赋予的使命任务,为巩固中国共产党领导和社会主义制度提供战略支撑,为捍卫国家主权、统一、领土完整提供战略支撑,为维护国家海外利益提供战略支撑,为促进世界和平与发展提供战略支撑。

二、中国武装力量的构成

中华人民共和国武装力量,由中国人民解放军现役部队和预备役部队、中国人民武装警察部队、民兵组成。

(一)中国人民解放军现役部队

中国人民解放军由四大军种陆军、海军、空军、火箭军,四大兵种军事航天部队、网络空间部队、信息支援部队、联勤保障部队组成,主要担负防卫作战任务,必要时按照规定执行非战争军事行动任务。

1)四大军种

1. 陆军

陆军对维护国家主权、安全、发展利益具有不可替代的作用。它包括机动作战部队、边海防部队、警卫警备部队等,下辖五个战区的陆军、新疆军区、西藏军区等,主要作战部队实行"军-旅-营"体制。主要在陆地遂行作战任务的军种,可与其他军兵种联合作战,也可单独作战。按照机动作战、立体攻防的战略要求,加快实现区域防卫型向全域作战型转变,提高精确作战、立体作战、全域作战、多能作战、持续作战能力,努力建设一支强大的现代化新型陆军。

2. 海军

海军在国家安全和发展全局中具有十分重要的地位。包括潜艇部队、水面舰艇部队、航空兵、陆战队、岸防部队等,下辖东部战区海军(东海舰队)、南部战区海军(南海舰队)、北部战区海军(北海舰队)、海军陆战队等。战区海军下辖基地、潜艇支队、水面舰艇支队、航空兵旅等部队。主要在海洋遂行作战任务的军种,可与其他军兵种联合作战,也可单独作战。按照近海防御、远海防卫的战略要求,加快推进近海防御型向远海防卫型转变,提高战略威慑与反击、海上机动作战、海上联合作战、综合防御作战和综合保障能力,努力建设一支强大的现代化海军。

3. 空军

空军在国家安全和军事战略全局中具有举足轻重的地位和作用。包括航空兵、空降兵、地面防空兵、雷达兵、电子对抗部队、信息通信部队等,下辖五个战区空军、一个空降兵军等。战区空军下辖基地、航空兵旅(师)、地空导弹兵旅(师)、雷达兵旅等部队。主要是在空中遂行作战任务的军种,可与其他军兵种联合作战,也可单独作战。按照空天一体、攻防兼备的战略要求,加快实现国土防空型向攻防兼备型转变,提高战略预警、空中打击、防空反导、信息对抗、空降作战、战略投送和综合保障能力,努力建设一支强大的现代化空军。

4. 火箭军

火箭军在维护国家主权、安全中具有至关重要的地位和作用。包括核导弹部队、常规导弹部队、保障部队等,下辖导弹基地等。以陆基战略核导弹和常规导弹为基本装备,主要遂行战略威慑、核反击和常规导弹打击任务。可与其他军种联合作战,也可单独作战。按照核常兼备、全域慑战的战略要求,增强可信可靠的核威慑和核反击能力,加强中远程精确打击力量建设,增强战略制衡能力,努力建设一支强大的现代化火箭军。

2)四大兵种

1. 军事航天部队

负责太空战略支援任务,提高我军太空态势感知、太空目标监视和太空信息传输能力。

2. 网络空间部队

负责网络空间战略支援任务,提高我军网络空间态势感知、网络攻击防御和网络空间作战能力。

3. 信息支援部队

统筹网络信息体系建设运用,提升我军信息获取、传输、处理和利用能力。增强态势感知、指挥控制和协同作战能力,使我军具备信息化作战优势。加强信息防护,确保信息安全,提高我军对抗网络攻击的能力。

4. 联勤保障部队

负责后勤保障任务,提高我军后勤保障能力和战时后勤支援能力。加强物资供应、医疗救护、工程保障等方面的能力,确保我军能打胜仗。

(二)中国人民解放军预备役部队

中国人民解放军预备役部队组建于1983年,是国防后备力量的重要组成部分,以少数现役军人为骨干,以预备役军官和士兵为基础,按规定的体制编制组成。预备役部队实行统一编制,师、旅、团授予番号、军旗,执行中国人民解放军条令、条例,列入解放军序列,纳入军队领导指挥体系,由党中央、中央军委集中统一领导。

(三)中国人民武装警察部队

中国人民武装警察部队,是中华人民共和国武装力量的重要组成部分。由党中央、中央军委集中统一领导,实行"中央军委-武警部队-部队"领导指挥体制。由武警内卫部队、武警机动部队、武警海警部队等力量组成,主要担负执勤、处置突发社会事件、防范和处置恐怖活动、海上维权和行政执法、抢险救援等任务。

(四)民兵

民兵是中国共产党领导的在长期革命战争中逐步发展起来的不脱离生产的群众武装组织,是中华人民共和国武装力量的组成部分,是中国人民解放军的助手和后备力量。民兵在历次革命战争中都发挥了重要作用,在中国人民解放事业中做出了重大贡献。中华人民共和国成立后,民兵制度已成为国家的一项军事制度,也是预备役的基本组织形式。

民兵是进行现代条件下人民战争的基础。民兵在军事机关的指挥下,战时担负配合常备军作战、独立作战、为常备军作战提供战斗勤务保障以及补充兵员等任务,平时担负战备执勤、抢险救灾和维护社会秩序等任务。

三、人民军队的发展历程

中国人民解放军的历史,是一部为民族和人民利益不懈奋斗的历史,是一部为保卫祖国、建设祖国、维护世界和平建立不朽功勋的历史。

(一)在土地革命战争中诞生

1927年4月,国民党反动派勾结帝国主义,血腥屠杀共产党人和革命人民,全国处在白色恐怖之中。中国共产党从血的教训中深刻认识到独立武装斗争和组织革命军队的极端重要性,决心武装反抗国民党反动派的屠杀政策和反动统治。1927年8月1日,根据党中央的决定,周恩来、贺龙、叶挺、朱德、刘伯承等领导国民革命军两万余人,在南昌举行起义,打响了武装反抗国民党反动派的第一枪,标志着人民军队的诞生,开始了中国共产党独立领导武装斗争的新时期。

继南昌起义之后,9月9日,以毛泽东为书记的中共湖南省委前敌委员会领导由农民、工人和革命官兵组成的工农革命军第1军第1师,在湖南、江西两省边界地区举行秋收起义,随后率领部队向井冈山进军,开创了农村包围城市、武装夺取政权的革命道路。12月11日,张太雷、叶挺、叶剑英等领导工人赤卫队和革命士兵在广州举行起义,向国民党反动派的屠杀政策进行了又一次英勇反击。

南昌起义、秋收起义、广州起义和党领导的海陆丰、黄麻、平江、百色等数百次武装起义,使我们党有了独立领导的革命武装,中国人民有了自己可以信赖的军队,当时统称为中国工农红军。红军在频繁战斗中逐渐形成了体现人民军队本质的建军原则,制定了相应的制度,组建了红一、红二、红四方面军,全国红军达到30万人。先后粉碎了蒋介石向中央革命根据地发动的四次反革命"围剿",举行了举世闻名的两万五千里长征,推动了抗日民族统一战线的形成,为取得抗日民族战争的胜利奠定了基础。

（二）在抗日战争中成长

1931年9月18日,日本帝国主义蓄意制造并发动了"九一八事变",开启了对中国的侵略战争。1937年7月7日,日本侵略者制造卢沟桥事变,抗日战争全面爆发。在民族危亡的紧急关头,我们党以民族大义为重,积极倡导和促成了以国共两党合作为基础的抗日民族统一战线。根据中央军委命令,中国工农红军主力部队改编为第八路军,开赴华北抗日前线。南方各省的红军和游击队改编为新四军,开赴华中前线抗日。在党的领导下,八路军、新四军及其他革命武装,深入敌后开展游击战争,创建敌后抗日根据地,开辟了广阔的敌后战场,成为抗日的中坚力量。

八路军第115师首战平型关,歼灭日军精锐部队1000余人,缴获了大批装备物资,取得了抗战开始后中国军队的第一次大捷,打破了日军不可战胜的神话;1940年夏秋,八路军以105个团约20万人的兵力,对华北日军占领的交通线和据点发动了大规模的进攻战役,歼敌4万余人,沉重打击了日军的嚣张气焰,坚定了全国人民的抗战信心;在抗日的战场上,破袭战、地雷战、地道战等作战形式,令侵略者心惊胆寒。从卢沟桥事变爆发到抗日战争结束,我军对敌作战12.5万余次,以伤亡60余万人的重大代价,歼敌170余万人,收复国土104.8万余平方千米,解放人口1.255亿。中国抗日战争的胜利是中华民族百余年来反抗帝国主义侵略所取得的第一次完全的胜利,为世界反法西斯战争的胜利做出了不可磨灭的历史贡献,在中华民族历史上书写下光辉的篇章。人民军队由抗战初期的5万余人发展到127万余人,为中国共产党夺取新民主主义革命的胜利,奠定了坚实的基础。

（三）在解放战争中发展壮大

抗日战争胜利后,国民党反动派在美帝国主义支持下,悍然发动反革命内战,企图把中国重新引向黑暗。中国共产党领导的解放区军民奋起自卫,解放战争全面展开,人民军队正式改称为中国人民解放军。中国人民解放军在毛泽东军事思想指引下,实行人民战争的战略战术,敢于斗争,善于斗争,集中优势兵力,各个歼灭敌人。

1947年6月,刘伯承、邓小平指挥的晋冀鲁豫野战军千里跃进大别山,揭开了战略反攻的序幕。在战略形势发生重大变化的情况下,党中央、中央军委审时度势,毅然决定与国民党反动派进行战略决战。

1948年9月以后的4个多月时间里,我军先后发动了气势磅礴的辽沈、平津、淮海三大战役,歼敌154余万人,基本摧毁了国民党赖以维持其反动统治的主要军事力量。1949年4月,人民解放军百万雄师横渡长江,以摧枯拉朽之势向全国大进军,用胜利的捷报迎来了新中国的诞生。解放战争中,我军共歼灭国民党军807万人,解放了除台湾等少数岛屿以外的广大国土。中国人民解放军总兵力由战争初期的120万人发展到530万人。

（四）在社会主义革命和建设中不断前进

新中国成立后,中国人民解放军继承和发扬优良传统,为巩固和捍卫新生的人民政权,为粉碎帝国主义的侵略和一切反动势力的颠覆活动,为保卫国防和人民的和平劳动,做出了积极的贡献。

1950年10月，当美帝国主义把战火烧到鸭绿江边、新中国面临严重威胁时，中国人民志愿军雄赳赳、气昂昂跨过鸭绿江，抗美援朝，保家卫国，同朝鲜人民并肩作战，粉碎了美帝国主义在朝鲜扩大侵略的计划，保卫了我国的安全，维护了亚洲和世界和平。

20世纪60年代以后，当祖国的边疆安全受到多次威胁时，我军胜利地进行了中印边境、中苏边境、中越边境，以及西沙、南沙群岛自卫还击作战，用鲜血和忠诚捍卫了国家主权和领土完整。

为了祖国的繁荣富强，人民解放军积极参加和支援社会主义建设，发扬既是战斗队又是工作队、生产队的优良传统，服从国家大局，肩挑保卫祖国、建设祖国两副重担。在屯垦新疆，开发大庆、胜利油田，治理淮河、黄河、海河，修建成昆、京九铁路，建设川藏、青藏、新藏公路和三峡大坝等国家重点工程中，以及扶贫攻坚战役中，到处洒下子弟兵的辛勤汗水。在国家和人民生命财产受到严重自然灾害和疫情威胁时，哪里有险情，哪里就有指战员的铮铮铁骨、闪闪红星；哪里有呼唤，哪里就有子弟兵气壮山河的回答。祖国960多万平方千米的辽阔土地上，处处镌刻着人民子弟兵改造山河、为民造福的英雄业绩。

党的十一届三中全会以后，中国人民解放军在新时期军队建设思想的指引下，坚决贯彻执行党的路线、方针、政策，锐意改革，开拓前进，使自身的建设又有了新的进步，为国家的改革开放和经济建设提供了坚强有力的安全保证。中国人民解放军由中华人民共和国成立初期的单一军种，发展成为一支军兵种比较齐全的合成军队，军队革命化、正规化、现代化、信息化水平得到显著提高。

（五）在新时代强军兴军新征程中接续奋斗

党的十八大以来，人民解放军在习近平强军思想的指引下，坚持政治建军、改革强军、科技强军、人才强军、依法治军，全面加强练兵备战，新时代强军事业取得历史性成就，发生历史性变革，人民军队体制一新、结构一新、格局一新、面貌一新。90多年的历史表明，人民解放军无愧是一支人民的军队，是中国革命的中坚力量，是保卫祖国的钢铁长城，是人民民主专政的坚强柱石，是维护世界和平的重要力量。

思 考 题

1. 中国武装力量的组成部分有哪些？
2. 中国武装力量的性质和宗旨是什么？
3. 中国武装力量的使命是什么？
4. 简述人民军队的发展历程。

第五节　国防动员

国防动员是国防活动的重要组成部分。它直接影响到战争的进程和结局，关系到国家的安危。无论是古代战争，还是现代战争；全面战争，还是局部战争；常规战争，还是非常规战争,都离不开动员。特别是在现代战争中,动员工作的地位越来越突出,作用越来越明显。没有充分的动员准备,就难以掌握战争的主动权、夺取战争的最后胜利。

一、国防动员的本质内涵

国防动员,是国家为应对战争或其他军事威胁,采取非常措施将社会诸领域全部或部分由平时状态转入战时状态,使国防潜力转化为国防实力而进行的准备、实施及其相关活动。[①] 对国防动员的本质内涵从以下几个方面理解:

第一,动员的主体是国家。动员是一种高度体现国家意志,维护国家利益,在国家的授权下以国家的名义实施的行为,是国家履行职能的特殊表现。无论实行何种社会制度的国家,所进行的战争动员活动都反映着国家统治阶级的政治目的。

第二,动员的对象是一切能够为战争服务的"人力、物力、财力"。动员涉及与战争相关的所有因素。首先,动员的主要对象是人。人是进行战争的主体,人的素质和条件、状态,直接影响到动员的质量。在人力动员中,武装力量的动员又是核心,并且是全部战争动员活动的重点。动员的初始涵义,原本是使军队由平时状态转为战时状态,使后备役人员转为现役,后来随着"动员"涵义的扩展,不再仅限于武装力量,但兵员动员仍然是整个动员的中心。因为武装力量是战争的直接参加者,武装力量动员之外的其他动员,基本上都是围绕武装力量进行并为其服务的,最终也要通过武装力量才能对战争发生影响。其次,是物力的动员。武器、装备和物资的生产、储备、筹措,早已成为战争动员的重要内容。现代战争特别是信息化战争,对物力的依赖更强,对物力的要求越来越高。再次,是财力的动员。战争是经济实力的竞争,要靠强大的财力支撑,财力是战争赖以进行的重要物质基础。在现代战争特别是信息化战争条件下,财力的巨大消耗,使战争对财力的依赖性大大加强。一个国家财力的强弱,对于国民经济动员能力的高低及其动员程度的消长,以及能否坚持战争、夺取战争的胜利有重大影响。

第三,动员的手段是国家"采取紧急措施",通过转变体制而形成的动员机制。由于战争具有突然性、紧迫性、危险性等特征,因而动员必须采取紧急、特殊、非常的手段。由于战争与和平是两个不同条件下的特定状态,为适应战争要求,动员必须将平时体制转变为战时体制,以保障战争机器的运转。具体而言,就是要将法制措施、行政命令、政治发动、教育宣传等各种手段有机地结合起来,实施高度集中的领导与指挥,周密而严格地计划和部署。统一掌握、调动全国的人力、物力和财力,充分发挥其效能。动员的手段中,既有发动、调动、调整、发掘的一面,又有统制、管制、限制的一面,前者为主,后者为辅,二者相辅相成。

第四,动员的实质是将战争潜力转化为战争实力。在动员之前,国家在政治、经济、文化、外交等各个方面的力量,虽然具有影响战争的能力,但这种能力毕竟是潜在的,不是现实的。动员的目的,就是要通过采取特定的手段将其转换为战争实力,一切为了战争,一切服务于战争。在有些情况下,动员也可能不是为了直接参战。比如为了威慑敌对国家而进行"引而不发"的动员,为了防止意外而进行"备而不战"的动员。但它们并未改变战

---

① 《中华人民共和国动员法释义》[M]. 北京:中国法制出版社,2010:1.

争动员的实质,因为它们同样进行了从战争潜力向战争实力的转换。可以说,它们是战争动员的特殊表现形式。

第五,动员的作用在于夺取战略主动权,全力保障战争的实施。这种作用主要表现在:①动员是确定战略目标的依据之一。制定战略目标,必须考虑国家的动员能力。只有加强平时的动员准备,重视开发和积蓄战争潜力,增强战争实力,才能制定切实可行的战略目标,驾驭战争全局。②动员是国家迅速实现平战转换的关键。通过动员,军队才能由平时状态转为战时体制,实施战略展开,政治、经济、文化、科技等各个领域才能迅速转入战时轨道,形成强大的战争实力。③动员是夺取战争主动权的重要条件。战争是双方实力的对抗,也是双方综合国力的较量。夺取战争主动权,不仅与军事战略直接相关,而且与综合国力的消长也有很大关系。通过动员,才能及时形成战争所需要的各种力量,为夺取战争的主动权提供基本条件。④动员是保障战时军需民用的根本措施。通过动员,才能重新分配与合理使用人力、物力、财力,统筹安排军需民用,重点保障军队所需要的兵员,保障扩大军工生产所需要的劳动力和原材料等。

第六,动员的过程分为平时的动员准备和战时的动员实施。动员准备是动员实施的基础。平时做好动员准备,积蓄强大的经济实力和后备力量,不仅对战时实施快速动员、夺取战争胜利具有重要意义,还可以起到遏制战争、威慑敌人的作用。动员的实施是依据国家发布的动员令和动员计划组织实施的过程。在大规模战争中,动员不是一次性行为,而可能贯穿于战争的全过程,根据战争的需要反复进行。能否有效而持续地实施动员,不仅取决于一国的领土、人口、资源和工农业生产、科学技术发展水平等方面的条件,取决于社会制度和战争性质、民族精神和文化传统,还取决于组织动员的能力和动员准备的程度等。

二、国防动员的类型

国防动员,按规模可以分为总动员和局部动员,按方式可以分为公开动员和秘密动员,按战争进程可分为初期动员和持续动员。

(一)总动员和局部动员

总动员是国家在全国范围内所进行的全面动员,即将全国军事、政治、经济、科技、文化以及社会生活的各个方面转入战时轨道。在战争动员中,总动员由于涉及面广泛,组织实施复杂,因而最能体现动员的一般规律和原则。局部动员是国家在部分地区或部门进行的动员。通常是动员部分武装力量和人力、物力、财力进行战争。局部动员主要是根据战争的规模和国家的战略意图决定的。第二次世界大战以来,在世界上发生的多次局部战争和武装冲突中,许多国家进行过局部动员。

(二)公开动员和秘密动员

公开动员是公开发布动员令,宣布进入战争状态实施的动员;秘密动员是在各种伪装措施掩护下隐蔽实施的动员。国防动员依其战略运用的需要,可能秘而不宣,也可能公然实施。秘密动员,可隐蔽战争企图,出敌不意;公开动员,政治号召力强,能在较短的时间内获取最大的动员效益,有时也可作为一种姿态,宣而不战,达成威慑的效果。无论秘密动员还是公开动员,都是一种与敌斗争的方式或手段。

秘密动员的目的,军事上在于出敌不意,向敌发起突然攻击或避免暴露己方的行动企图;政治上是为了避免给敌人以发动战争的口实。实行防御战略的国家,国防动员多在反对敌人入侵的严重局势下被动实施,尽管有时可采取秘密动员的方式,但是,现代战争爆发突然和战争进程短促的特点,将把国防动员更多地引向公开的方式。

(三)初期动员和持续动员

战争初期动员是在战争爆发前后较短时间内所进行的动员,持续动员是在战争初期动员后所进行的动员。战争是双方运用力量对抗的过程。在这一过程中,战争力量的形成、分配和使用直接影响战争的结局。及时转化战争潜力形成初期作战力量和战中的新锐作战力量,在战争的各个阶段合理分配使用战争潜力,以保证战争力量的优势,这是国防动员的基本功能。现代战争,不仅战争初期,而且战争的中、后期都需要投入与战争相适应的人力、物力、财力,只有梯次有序地转化战争潜力,合理分配使用战争资源,才能顺利地进行战争。

三、国防动员的领域

(一)政治动员

政治动员是指国家从政治上、组织上、思想上发动人民和军队参加战争所采取的措施。它是国防动员的重要组成部分,目的在于激发全体军民的爱国热情,动员军队英勇作战,动员人民踊跃参军参战、努力增加生产、厉行节约、全力支持战争。政治动员还包括各种外交活动和对外宣传,争取世界人民与友好国家的同情和支援。政治动员在国防动员中占有十分重要的地位,政治动员的好坏,往往关系到一个国家政治精神潜力在战时发挥的程度,对战争的进程和结局会产生重要的影响。

(二)武装力量动员

武装力量动员是国家将军队及其他武装组织由平时体制转为战时体制所采取的措施。通常包括现役部队、武装警察部队、预备役部队、民兵和预备役人员,以及相应的武器装备和物资等的动员。它是战争动员的核心。搞好武装力量动员,对于军队的迅速扩编和展开、掩护国家转入战时体制、争取战略主动,具有特别重要的意义。

(三)国民经济动员

国民经济动员,是国家将经济部门及其相应的体制有组织、有计划地从平时状态转入战时状态所采取的措施。目的在于调动国家经济能力,提高生产水平,扩大军品生产,保障战争需要。通常包括工业、农业、物资、交通运输、邮电通信、财政金融、医疗卫生等方面的动员。在市场经济条件下,无论哪一个方面的动员,都必须通过法治的手段,建立权威的动员机构,制订周密的动员计划。除此之外,各个领域还应根据自身特点制定相应的动员制度。

（四）科学技术动员

科学技术动员是国家统一组织调整科学研究部门和专家、学者、工程技术人员，根据战争需要从事科学技术的研究开发而采取的措施。其主要任务是：开发应用新兴科学技术，利用科研设施和成果，研制先进的武器装备，为武装力量培养、输送专业技术人才，使武装力量在战争中占有科学技术和武器装备方面的优势。现代战争动员的特点之一，就是科学技术动员的地位日益突出。许多国家特别是一些军事大国，十分重视新兴科技的开发研究，力求建立完整的军事科研体系。他们筹集巨额资金，集中大批科研人员，从事先进武器装备系统的研制。各国为了保障国家安全，都在大力发展科学技术，不断提高科技动员能力。

（五）人民防空动员

人民防空动员简称人防动员，是国家战时组织人民群众防备敌人空袭、消除空袭后果所采取的措施和行动。主要任务是：依据国家有关法律法令，动员社会力量进行防空设施建设，组建防空专业队伍，普及防空知识教育，组织隐蔽疏散，配合防空作战，消除空袭后果。目的是保护居民、经济设施及其他重要目标的安全，减少国家及人民群众生命财产的损失，保存战争潜力。现代战争条件下，空袭与反空袭已成为重要的作战样式之一，人防动员对赢得战争的胜利具有极为重要的地位和作用。

现代战争中，人防动员的地位显著提高。首先，人防动员是国家总体防御战略的组成部分。我国贯彻积极防御的战略方针，实行全民整体防御，人防动员是对积极防御力量的必要补充，是构成军民联防、实行全民总体作战和防卫的基本保证。未来战争中，敌人很可能凭借技术上的优势，对我国实施大规模的战略空袭，我们能否抵御敌人突袭的初步攻势，顺利地实施平战转换，保持国家整个防御体系的稳定性，都与人防动员的准备与实施有直接关系。其次，人防动员是保存战争潜力的重要措施。它不仅可以最大限度地减少敌人战略空袭所造成的损失，有效地保存有生力量和军事、经济潜力，而且能保持国家战时经济的持续发展，支持持久作战。再次，人防动员是战时维持社会稳定的重要因素。通过积极组织动员群众，能够使举国上下同仇敌忾地开展反空袭斗争，即使是在遭受损失的情况下，也能保持人心不散、秩序不乱，保证社会的生产、生活、交通等正常进行，为防空作战和反侵略战争创造有利条件。

（六）支援前线动员

支援前线动员简称支前动员，是指国家为了适应战争需要，动员和组织人民群众，以各种方式支援前线部队作战所采取的措施。支前动员的主要任务是：动员人民群众为军队运送弹药、给养和其他物资；救护、运送伤病员；修筑工事、道路、仓库、机场、码头等军事设施；筹措和提供生活物资、运输工具；在后方参加为战争服务的其他各种勤务等。现代战争条件下，战争的物资消耗量十分巨大，使战争对后方保障的依赖性增大。因此，支前动员在现代战争中具有重要的作用。

思 考 题

1. 国防动员的内涵是什么?
2. 什么是总动员和局部动员?
3. 什么是秘密动员和公开动员?
4. 人民防空动员的任务有哪些?
5. 支前动员的任务有哪些?

第二章

国家安全

学习目标

安全是国家赖以生存的根基,是国家建设和发展的"盾牌"。尤其在国际社会大发展、大变革、大调整的全球化时代,国家安全越来越成为影响国家发展的重大问题。通过本章学习,要求大学生准确把握国家安全的基本内涵,理解我国总体国家安全观,深刻认识当前我国面临的错综复杂的安全形势,全面了解世界主要国家军事力量及战略动向,增强忧患意识,树立正确的国家安全观。

第一节 国家安全概述

一、国家安全的内涵

国家安全既指国家的一种安全状态,也包含维持这种状态的能力,是国家生存和发展最基本、最重要的前提。2015年7月1日,第十二届全国人民代表大会常务委员会第十五次会议通过了新的《中华人民共和国国家安全法》,该法对国家安全的定义是:国家安全是指国家政权、主权、统一和领土完整、人民福祉、经济社会可持续发展和国家其他重大利益相对处于没有危险和不受内外威胁的状态,以及保障持续安全状态的能力。① 这个定义,从国家法律层面界定了我国国家安全的内涵和外延,明确了维护国家安全的任务范畴,建立健全了国家安全制度和国家安全保障措施,为构建国家安全体系、走出一条中国特色国家安全道路奠定了坚实的法律基础。依据定义,国家安全的基本内涵如下:

第一,国家安全的主体是国家。安全有不同的主体,不同的主体有不同的安全问题。当安全的主体是国家时,便构成了国家安全。

第二,国家安全的客体可以是任何现实的物体、系统及其组成部分。这些安全客体需要得到安全保护,使其免受损害或破坏。我国国家安全的客体,既包括国家系统中的个人与全体公民、社会组织和国家机构,也包括国家领土、主权、统一和其他国家利益领域组成的不同系统。

第三,国家安全概念本身虽然非常抽象、非常概括,但它全面反映了国家安全现实。国家安全是一个国家既没有外部威胁和侵害又没有内部混乱和疾患的客观状态,包括外部安全和内部安全两个方面,既重视外部安全,又重视内部安全,才是符合国家安全概念的、全面的国家安全观。

第四,国家安全是一种国家利益,但不是一般利益,而是国家的基本利益。其构成要素既包括传统国家安全利益维护问题,也包括非传统国家安全利益维护问题。

第五,国家安全不仅指没有威胁和危害的客观状态和心理感受,也包括保障国家持续安全状态的能力。如果没有保障国家持续安全状态的能力,国家安全必然受到威胁与危害。

二、国家安全的原则

《中华人民共和国国家安全法》明确规定了国家安全的一系列基本原则。

(一)法治原则

在维护国家安全工作中,坚持法治原则,除了遵循一般意义上的法治原则外,还要重点强调依法维护国家安全,坚持人民主体地位,坚持法律面前人人平等,坚持从中国实际出发等。

第一,依法维护国家安全。依法维护国家安全,首先,要充分发挥法治的引领和推动作用,确保维护国家安全在法治轨道上运行;其次,要严格执法和公正司法,防范、制止和依法惩治一切危害国家安全的行为;再次,要推进全民守法,增强全民国家安全法治观念。

第二,坚持人民主体地位。人民是国家和社会的主人,是依法维护国家安全的主体。坚持维护国家安全为了人民、依靠人民,就要把体现人民利益、反映人民愿望、维护人民权益、增进人民福祉落实到依法维护国家安全的各个方面、各个环节,使国家安全法律充分体现人民意志。

第三,坚持法律面前人人平等。法律面前人人平等要求任何组织和个人都必须维护宪法法律权威,依法维护国家安全,不得有超越宪法法律的特权。

---

① 《中华人民共和国国家安全法》[M].北京:中国法制出版社,2015:4.

第四,坚持从中国实际出发。选择何种方式维护国家安全由一个国家的基本国情决定,这一思想,对于维护国家安全来说尤其重要。作为主权国家,维护什么样的国家安全、怎样维护国家安全,应当根据国情、由全国人民共同决定。

(二)尊重和保障人权原则

人权是指作为人都应该享有的权利,是现代社会对人的主体地位、尊严、自由和利益最低限度的确认。人权主要包括生存权、平等权、社会保障权、环境权、自决权、发展权、知情权、接受公正审判权、安全权、基本自由、接受教育权以及和平权。尊重和保障人权是社会主义法治的基本原则。

坚持尊重和保障人权原则体现了现代法治精神。一方面,有利于在维护国家安全工作中实现和保障人权,有效提升国家安全法治化水平;另一方面,有助于树立我国民主、开放的大国形象,合理合法回应国际舆论质疑。

(三)统筹兼顾原则

统筹兼顾原则是贯彻落实总体国家安全观必须遵循的重要原则。当前我国社会生产力水平总体上显著提高,综合国力不断增强,我们具备过去难以想象的良好发展条件,但也面临着许多困难和挑战,对统筹兼顾的要求也更高。

在国家安全工作中,坚持统筹兼顾原则需要统筹好五对关系:一是发展和安全的关系;二是内部安全和外部安全的关系;三是国土安全和国民安全的关系;四是传统安全和非传统安全的关系;五是自身安全和共同安全的关系。只有真正统筹兼顾好上述五对关系,才能更好地统筹国内国际两个大局,以自身发展维护和促进世界和平,通过争取和平国际环境发展自己,从而实现中华民族伟大复兴的中国梦。

(四)标本兼治原则

标本兼治原则可概括为:预防为主,标本兼治。一方面,要及时发现影响国家安全的苗头、隐患,及早采取有效措施;另一方面,在解决问题表象病症的同时,要根除病源、病因。

坚持标本兼治原则,一要谋事在先,防范在前,把危害国家安全的风险预警、危害评估、应急预案、紧急处置作为维护国家安全工作的首要任务;二要防患于未然,千方百计采取有效的预防控制措施,将国家安全风险和危机消灭在萌芽状态;三要深入研究危害国家安全活动的规律,挖掘幕后的、深层次的背景与动机等要素,采取针对性措施,做到标本兼治,斩草除根,把对国家安全的危害降到最低程度。

(五)专群结合原则

专群结合包含专门工作与群众路线相结合、专门机关与有关部门相结合两层含义。坚持专群结合原则即坚持专门工作与群众路线相结合、专门机关与有关部门相结合。

第一,专门工作与群众路线相结合。专门工作指专门机关依照职权开展的有关专业工作,包括依法搜集涉及国家安全的情报信息,依法对危害国家安全的活动开展有关侦查、调查工作等。专门工作与群众路线相结合是国家安全工作的政治优势和重要原则,没有人民群众的积极参加和大力支持,国家安全工作就成为"无源之水、无本之木",也就失去了胜利的保障。坚持专门工作与群众路线相结合要坚持以民为本、以人为本,一切为了人民、一切依靠人民,夯实国家安全的群众基础,建立起稳固的群众性防线,真正形成维护国家安全的"铜墙铁壁"。

第二,专门机关与有关部门相结合。维护国家安全的专门机关主要指国家安全机关、公安机关,以及有关军事机关等。坚持专门机关与有关部门相结合,要求专门机关和其他有关机关充分发挥职能作用,有关部门和地方切实履行安全职责,支持和配合专门机关开展专门工作,共同形成维护国家安全的整体合力,做到维护国家安全全国一盘棋。

(六)共同安全原则

促进共同安全,是《中华人民共和国国家安全法》所规定的、维护国家安全工作的内容之一。习近平总书记在莫斯科国际关系学院演讲时明确指出促进共同安全的重要性:"我们主张,各国和各国人民应该共同享受安全保障。各国要同心协力,妥善应对各种问题和挑战。越是面临全球性挑战,越要合作应对,共同变压力为动力、化危机为生机。面对错综复杂的国际安全威胁,单打独斗不行,迷信武力更不行,合作安全、集体安全、共同安全才是解决问题的正确选择。"

坚持共同安全原则要求我国在拓展国家利益的同时,积极同外国政府和国际组织开展安全交流合作,促进共同安全,维护世界和平。一方面,要坚持互信、互利、平等、协作原则,通过多边合作维护共同安全,协力防止冲突和战争,充分发挥联合国在维护世界和平与安全方面的作用,建立公平有效的共同安全机制;另一方面,要积极开展安全交流合作,以合作谋和平,以合作保安全,以合作化干戈,以合作促和谐。在此基础上,认真履行国际安全义务,积极参与国际体系变革和国际准则的制定,参与全球性问题治理,成为国际体系的参与者、建设者和贡献者。

三、总体国家安全观

总体国家安全观是对以往国家安全观内涵和外延的丰富与深化。2014 年 4 月 15 日,习近平总书记在中央国家安全委员会第一次会议上,首次提出了总体国家安全观的概念,指出:"当前我国国家安全内涵和外延比历史上任何时候都要丰富,时空领域比历史上任何时候都要宽广,内外因素比历史上任何时候都要复杂,必须坚持总体国家安全观。"

(一)总体国家安全观的内涵

总体国家安全观是以人民安全为宗旨,以政治安全为根本,以经济安全为基础,以军事、文化、社会安全为保障,以促进国际安全为依托,维护各领域国家安全,构建国家安全体系,走中国特色国家安全道路。总体国家安全观突出了"大安全"理念,既强调综合性又注重立体性,既有布局又有方法,"总体"是其最鲜明的特征。

一是国家安全概念具有全面性。国家安全随着时代变化而不断发展,我国国家安全是集政治安全、国土安全、军事安全、经济安全、文化安全、社会安全、科技安全、信息安全、生态安全、资源安全、核安全,以及维护海外利益安全、维护国家外部安全、维护新兴领域国家安全和生物安全等于一体的国家安全体系。国家利益拓展到哪里,国家安全边界就跟进到哪里。

二是国家安全布局具有系统性。国家安全不是多个领域安全的简单叠加,而是环环相扣的大网,任何一个环节都会影响、波及整个国家安全。维护国家安全,不但要维护各个领域的安全,也要维护整体和系统的安全。

三是国家安全效果具有可持续性。总体国家安全观思考的是长远战略、长远布局,维护国家安全是一个动态的过程,不仅要着眼当前,立足于现实,更要考虑未来,科学构建全方位的、动态发展的国家安全体系。

(二)总体国家安全观的内容

进入新时代,我国总体国家安全观的内容有了新的发展。党的二十大报告指出:"我们要坚持以人民安全为宗旨、以政治安全为根本、以经济安全为基础、以军事科技文化社会安全为保障、以促进国际安全为依托,统筹外部安全和内部安全、国土安全和国民安全、传统安全和非传统安全、自身安全和共同安全,统筹维护和塑造国家安全,夯实国家安全和社会稳定基层基础,完善参与全球安全治理机制,建设更高水平的平安中国,以新安全格局保障新发展格局。"这一论述在指明推进国家安全体系建设方向的同时,也进一步明确了总体国家安全观的内容。

1. 以人民安全为宗旨

以人民安全为宗旨,既是总体国家安全观的精髓所在,也是总体国家安全观的根本目的。习近平总书记强调指出:"江山就是人民,人民就是江山。中国共产党领导人民打江山、守江山,守的是人民的心。"人民是维护国家安全的基础性力量,以人民安全为宗旨是我们党性质宗旨和初心使命的具体体现,国家安全只有坚持以民为本、人民至上,一切为了人民、一切依靠人民,始终把人民安全放在最重要的位置,才能赢得人民信任,共同构筑起维护国家安全的"铜墙铁壁"。

2. 以政治安全为根本

政治安全是最高的国家安全,关系我们党和国家安危,是国家安全之根本。维护政治安全,最根本的就是维护中国共产党的领导和执政地位、维护中国特色社会主义制度。回顾历史,中华民族能够迎来并推进从站起来、富起来到强起来的伟大飞跃,归根到底是中国共产党领导人民不懈奋斗,确立了社会主义基本制度,开创、坚持和发展了中国特色社会主义道路。苏联解体、东欧剧变的教训也充分证明,执政党削弱甚至放弃对国家安全工作的领导,是政权垮台的重要原因。政治安全的核心是政权安全和制度安全。推进国家安全体系建设,要坚持把政治安全放在首要位置,提高防范化解政治安全风险的能力和水平,实现政治安全、人民安全、国家利益的有机统一。

3. 以经济安全为基础

发展是我们党执政兴国的第一要务,只有健康发展经济,才能筑牢人民安居乐业、社会安定有序、国家长治久安的物质基础。以经济安全为基础,就是要加强经济安全风险预警、防控机制和能力建设,确保国家经济发展不受侵害。冷战结束后,随着经济全球化,经济竞争成为大国竞争的主战场,经济安全在国家安全体系中的重要地位越来越凸显。在今后较长一段时间里,以经济建设为中心是兴国之要,发展仍是解决我国所有问题的关键。

4. 以军事、科技、文化、社会安全为保障

这四者之中,军事手段始终是维护国家安全的保底手段,军事安全居于极其重要、不可替代的地位;科技是国家强盛之基,科技安全是支撑和保障其他领域安全的力量源泉,是塑造中国特色国家安全的物质技术基础;文化是我们民族和国家的灵魂,文化安全是确保国家独立和尊严的重要精神支撑;社会安全是国家改革发展的重要保障,是国家安全的"晴雨表",直接反映人民群众的幸福感和满意度。国家安全需要整体布局、协调发展,这四个保障要素也有着不同的建设和发展模式。其中,军事安全不仅要求坚持党对军队的绝对领导、坚持人民军队根本宗旨,使军队真正担当起党和人民赋予的历史重任,还要紧跟世界新军事革命发展潮流,积极构建中国特色军事力量体系,提高打赢信息化条件下局部战争的能力。科技安全要求快速提升自主创新能力,牢牢掌握核心技术,彻底突破各种技术"封锁",真正把握发展主动权,为保障国家主权、安全和发展利益提供强大的支撑。文化安全要求坚持中国特色社会主义文化的方向和道路,培育和践行社会主义核心价值观,巩固马克思主义在意识形态领域的指导地位,加强爱国主义、集体主义、社会主义教育,提升中国文化软实力,加大对中华民族优秀文化的宣传力度,讲好中国故事,传播好中国声音。社会安全要求加快形成科学有效的社会治理体制机制,改进社会治理方式,健全公共安全体系,提高社会治理水平,确保社会安定有序。同时,积极适应和面对军事、科技、文化、社会领域面临的新情况新问题,遵循不同领域的特点规律,制定强基固本的对策措施,为维护国家安全提供硬实力和软实力保障。

5. 以促进国际安全为依托

经济全球化时代,国家与国家之间相互关联、彼此影响,促进国际安全的实质就是实现共同安全。共同安全指尊重和保障每一个国家的安全,意味着安全是双向的,自己安全也要保证其他国家安全。国际社会中,各国实力强弱不同,政治制度各异,利益诉求存在差别,但都是平等的成员,是相互依赖、利益相关、休戚与共的关系。2014年5月,在亚洲相互协作与信任措施会议第四次峰会上,习近平总书记明确指出:"应该积极倡导共同、综合、合作、可持续的亚洲安全观,创新安全理念,搭建地区安全和合作新架构,努力走出一条共建、共享、共赢的亚洲安全之路。"这种远远超越"你输我赢,你兴我衰"零和思维的共同安全理念,对我国国家安全工作具有重要的指导意义,要求我国努力营造和谐稳定的国际和地区安全环境,搭建国际和地区安全合作新框架,做到既重视自身安全,又重视共同安全,通过促进国际安全增强自身安全,打造人类命运共同体,推动各方朝着互利互惠、共同安全的目标相向而行,为世界和平与发展做出应有贡献。

(三)总体国家安全观的思想方法

总体国家安全观需要运用科学的思想方法观察形势、分析和解决安全问题,不断增强国家安全工作的科学性、预见性、主动性和创造性,常用的思想方法主要有战略思维、系统思维、底线思维和创新思维。

战略思维指能够高瞻远瞩、统揽全局,把握事物发展总体趋势和方向的思想方法。总体国家安全观体现了党中央的政治清醒和战略稳健。面对诡谲多变、复杂敏感的国际形势,始终具有大局意识,善于从总体上把握安全形势。既临危不乱,又善于把握机遇,不断发展壮大自己。

系统思维指能够全面地、普遍联系地观察事物,妥善处理好各种重大关系的思想方法。国家安全的不同领域相互联系、不可分割,维护安全就要统筹兼顾。因此,思考和处理国家安全问题时,要通盘考虑基本国情、发展阶段、综合实力水平及大国博弈关系。

底线思维指能够客观地设定最低目标,立足最低点,争取最大期望值的思想方法。提高底线思维能力就是要始终保持头脑清醒,客观审视现实威胁,抓住关键问题研究思考,增强忧患意识,做好应对最坏局面的准备。

创新思维指善于审时度势、因时制宜、迎难而上,运用新理念新方法破解安全难题的思想方法。当前,我国面临对外维护国家主权、安全、发展利益,对内维护政治安全和社会稳定的双重压力,必须树立维护国家综合安全和战略利益拓展的观念,不断创新维护国家安全的方法和手段。

思 考 题

1. 国家安全的内涵是什么?
2. 国家安全的原则有哪些?
3. 总体国家安全观的核心要义有哪些?

第二节　国家安全形势

国家安全形势,指国家在周边安全环境中所处的情形,或者一定时间内国家安全的相对或综合状况①。当前,我国所面临的周边安全环境十分复杂,存在着许多不稳定和不确定因素,对我国的安全利益和发展利益提出了新的挑战。

一、我国地缘环境概况

地缘环境,是指影响国家安全的地理位置、地理特征,以及与地理密切相关的国家关系等因素②。同世界其他大国相比,我国有着极其复杂的地缘环境。

(一)邻国众多,强邻环伺

我国是世界上邻国最多、最复杂的大国,陆地边界22000多千米,海岸线18000多千米,陆上直接接壤邻国有朝鲜、俄罗斯、蒙古国、哈萨克斯斯坦、吉尔吉斯斯坦、塔吉克斯坦、阿富汗、巴基斯坦、印度、尼泊尔、不丹、缅甸、老挝、越南,海上邻国有日本、韩国、菲律宾、文莱、马来西亚、印度尼西亚。其中,越南、朝鲜在海、陆两方面与中国互为邻国。俄罗斯、印度、朝鲜所拥有的军队人数均超过100万,俄罗斯为核大国,印度、巴基斯坦、朝鲜公开宣称拥有核武器。

---

① 徐华炳.《危机与治理——中国非传统安全问题与战略选择》[M].上海:三联书店,2016:15.
② 孟天财,王文军.《军事理论》[M].西安:电子科技大学出版社,2018:56.

当前,世界主要战略力量中,除了欧盟外,美国、日本、俄罗斯、印度、东盟都在我国周边进行了军事部署。俄罗斯、日本和印度是中国的海陆强邻,它们在军事和经济方面均拥有较强的实力或潜力,且在过去一个多世纪里先后与中国发生过战争或武装冲突。美国在中国周边也有强大的军事力量存在和战略影响。众多强邻的存在导致我国面临着多重现实和潜在的安全隐患,给我国国家安全带来了极其严峻的安全挑战。

(二)战略区位重要,大国利益交汇

中国位于欧亚大陆东部和太平洋西岸,地处东亚的中心位置,四周分别邻接东北亚、东南亚、南亚、中亚四大区域。其中,东北亚、东南亚、南亚均位于欧亚大陆边缘地带,扼控海上交通要道,是陆权与海权势力竞逐的前沿;中亚是欧亚大陆心脏地带,油气资源丰富,四周分别与俄罗斯、中国和南亚、西亚相连。中国周边地带汇聚着诸多重要海域与战略通道,比如,处于东南亚中心的中国南海海域常年海运量仅次于欧洲地中海,每年往返船舶超过4万艘,全球一半以上的大型油轮及商船途经该水域。马六甲海峡更是连接太平洋和印度洋的海上交通咽喉,作为扼控两洋航线的枢纽,是亚太各国经贸发展的"生命阀"。由于拥有重要的战略位置和战略资源,中国周边地区自近代以来一直是大国利益的交会区和大国力量的角逐场。

(三)领海和领土争端仍未全部解决

在海上,我国与日本、韩国、菲律宾、越南等国家存在领海、岛礁之争;在陆上,我国与印度在边界划分上的争端至今未能解决。诸多争端中,南海岛礁之争风云迭起,周边一些国家作为利益攸关者,为了获取更多利益,在世界大国的怂恿和支持下,在南海问题上动作不断,导致南海问题暗流涌动,武装冲突爆发的可能性长期存在。与此同时,朝鲜半岛错综复杂的矛盾和冲突交织呈现,战争阴云始终笼罩和环绕在我国周边。

(四)新兴经济体和西方发达国家并存

我国周边国家中,除俄罗斯外,印度经济也呈现上升趋势,成为世界新兴经济体,步入金砖国家行列;韩国、新加坡的经济实力不容小觑;东盟在注重发展自身经济的同时,不断加强与其他经济体横向联系。对任何一个国家而言,这种高速增长的经济无疑能够造福于民,但同时也容易诱发战争。一方面,一国的经济增长可能挤占他国的经济利益,对他国经济造成巨大的冲击和影响。当有限资源的争夺、有限市场的占领、国际资金的竞争等现象交织出现时,不可避免地存在发动经济战争的可能性。另一方面,原本处于强盛的一方,在不经意中被对手赶超时极易形成心理负面影响,有可能将经济领域的竞争、争夺,延伸扩大至政治纷争甚至军事领域的战争。

(五)安全问题多发,热点矛盾集中

我国周边各国社会制度不同,发展水平不等,文化和宗教信仰各异。从政治角度分析,国体和政体的多样性在周边各国体现无余。既有资本主义性质的国家,也有社会主义性质的国家;既有共和制、总统制、议会制的国家,也有君主制的国家。从经济角度分析,既有世界经济大国日本,新兴工业化国家如韩国、马来西亚、新加坡等,也有世界不发达国

家排行榜上的缅甸、老挝、柬埔寨、孟加拉国、蒙古国等。国家与国家之间经济发展水平的巨大差距,给地区经济合作和安全合作带来相当大的困难。

一是民族问题此起彼伏。我国周边散布和环绕着众多的民族,冷战终结之后,原先被意识形态分野所掩盖的民族主体意识与本位观念逐步觉醒,并在全球民主化浪潮推动下,以现实民族问题为突破口,滋生衍变为剧烈的民族分立与分离运动。从巴尔干到外高加索,沿着中西亚蔓延到我国西部边陲,并一直延伸到南亚、东南亚,极端民族主义分裂逆流不断挑起一轮又一轮的动荡与骚乱。

二是宗教问题交互作用。佛教、基督教、伊斯兰教、印度教等有着世界性或区域性影响的宗教在我国周边地区不同程度地传播和发展着,且逐渐与不同的民族实体结合,形成了足以改变地区秩序的巨大社会能量。各民族不同的理想抱负与宗教价值追求的迥异交互影响,使我国周边宗教信仰矛盾呈现出令人担忧的复杂化、尖锐化动向。

三是热点矛盾集中呈现。当今世界五大热点地区:中东波斯湾、中亚、南亚次大陆、台湾海峡、朝鲜半岛,几乎都在我国周边,形成了复杂的、交互的、多样化的国家安全问题。

二、我国地缘安全形势

近年来,我国坚持与邻为善、以邻为伴,坚持睦邻、安邻、富邻,用"一带一路"构想统筹周边关系,用底线思维管控周边突发事件。努力建设政治关系更加友好、经济纽带更加牢固、安全合作更加深化、人文联系更加紧密的地缘安全环境。但是,中国由"走向世界"向"走遍世界"仍存在各种现实挑战和潜在危机,中国和平崛起之路受到诸多外部因素,尤其是大国因素的制约。与此同时,历史原因和现实因素交互影响,导致我国周边始终存在错综复杂的矛盾和争端。

(一)中美关系跌宕起伏,斗争与反斗争交织存在

2017年,美国《国家安全战略报告》中,明确把中国列为"战略竞争者",这标志着美国的对华遏制上升到战略层面。2018年3月,美国前总统特朗普签署了301调查行政命令,正式对中国挑起经贸战。中美摩擦的一个重要焦点是美国阻挠中国产业升级和科技进步,采取了一系列措施打压中兴和华为。例如,2018年4月,美国国会举行了制裁中兴和华为的听证会,与会100多名代表均举手表示同意,无一人反对;2019年3月25日,美国成立了"应对中国当前危险委员会",这是一个专门针对中国的组织机构。2022年5月26日,美国国务卿布林肯代表拜登政府发表对华政策演讲,除了老调重弹地指责和污蔑中国,将中国列为对美国主导的世界秩序"最严重"挑战,渲染"中国威胁"之外,还将对华措施概括为"投资、调整、竞争",企图拉拢盟友,全方位地遏制和打压中国。美国目标很明确,就是遏制中国的崛起。

中美摩擦的另一个焦点是舆论战。在遏制和打压中国方面,美国国会两院、两党和美国总统高度一致,美国媒体也冲锋在前,在香港问题、台湾问题、西藏问题、新疆问题上,进行歪曲宣传,意图分裂中国;污蔑"一带一路"倡议给发展中国家尤其是非洲套上债务陷阱;污蔑华为产品存在严重安全隐患,煽动盟国不要跟华为做生意;将新冠病毒称为"中国病毒";等等。美国的目的很明确,就是要破坏中国的国家形象,达到分裂中国、阻挠中国

发展的目的。

贸易战也是近几年中美摩擦的焦点之一。2020年1月15日,中美签署了第一阶段经贸协议,但中美贸易纠纷并没有根本解决。2021年,拜登政府执政后,分10次将中国114个实体纳入出口管制"实体清单",涉及的产业包括航空航天、信息通信与精密制造、能源材料等领域。2023年3月2日,美国商务部以涉及国家安全为由,再度将28家中国实体企业列入"实体清单",涉及的产业主要包括人工智能、芯片、生物科技等领域。至此,中美贸易战已经持续5年,尽管中美进出口贸易额与之前仍基本持平,但双方均增加了与世界其他地区的贸易往来。在这个过程中,中美关系逐步降温,中国科技产业也从全球化分工逐渐走向独立自主。

中美双方的矛盾和斗争,是一个守成大国和新兴大国的结构性矛盾。对此,我们要有长期斗争的思想准备,坚持以斗争求合作,在斗争中维护国家利益,在斗争中寻找新的战略平衡点。

(二)大国博弈与地区秩序重组深化

党的二十大报告指出:中国坚持在和平共处五项原则基础上同各国发展友好合作,推动构建新型国际关系,深化拓展平等、开放、合作的全球伙伴关系,致力于扩大同各国利益的汇合点。促进大国协调和良性互动,推动构建和平共处、总体稳定、均衡发展的大国关系格局。而美国提出的"美国优先"理念,即政治上,有选择地放弃部分全球领导责任和非关键领域的国际承诺,先后退出跨太平洋伙伴关系协定(TPP)①、致力于全球气候治理的《巴黎协定》、联合国教科文组织和联合国移民问题协议;经济上,以保护主义取代自由主义,着眼于解决贸易赤字问题。美国亚太政策的变化促使中国周邻国家纷纷调整外交政策,自谋出路,大国博弈与地区秩序重组程度进一步加深。

日本,一方面试图通过解禁"集体自卫权"和修宪,强化自身防卫力量;另一方面,进一步强化美日同盟,以海洋问题为依托,构建全球性海洋国家联盟,进而遏制中国海上力量。

印度作为发展中大国,一方面,重点构建对美关系,强化印日关系,巩固印俄关系;另一方面,对我国防范与疑虑程度加深,在中印边境地区不断挑起事端,对中印两国关系产生不良影响。

俄罗斯积极发展亚太外交,一方面希望通过重塑地区均势,使俄罗斯成为亚太新秩序中的重要力量;另一方面,不断深化中俄战略协作和经济合作,稳定发展中俄全面战略协作伙伴关系。

除此之外,有些国家开始加强相互间的合作与对话,如日印、越印、澳印等国;有些国家则调整政策,支持和参与中国的"一带一路"倡议。

(三)新旧热点并存,安全形势复杂

近年来,我国周边安全形势错综复杂,南海问题、朝核问题、中印洞朗对峙和罗兴亚人问

---

① TTP:Trans – Pacific Partnership Agreement,跨太平洋伙伴关系协定。它是重要的国际多边经济谈判组织,前身是跨太平洋战略经济伙伴关系协定(Trans – Pacific Strategic Economic Partner – ship Agreement)。

题此消彼长,恐怖主义的挑战在周边地区长期存在,新老热点问题相互交织,大国博弈的影子无处不在,进一步加剧了安全局势的复杂性和不确定性。

一是朝核问题升级,存在失控危险。近年来,朝鲜加快了核开发和导弹武器发展的步伐,核能力大幅提升。面对具备一定打击能力、更加自信的朝鲜,美国政府采取极限施压政策,不仅加大了制裁力度,还辅之以战争恐吓与威胁,导致美朝对话难以启动,美朝关系陷入前所未有的僵局。随着矛盾进一步升级,日韩国内出现拥核声音,东北亚核扩散风险加剧。

二是南海局势仍暗含危机。近年来,我国致力于与南海相关争议国家寻找共同开发与合作的契机,进一步加强了政治互信。中国—东盟外长会议通过了"南海行为准则",为下一步的实质性磋商指明了方向,也起到了稳定南海局势的积极作用。但是,南海局势稳定的基础仍然脆弱。在我国积极对话合作的同时,各争议国始终在扩充军备,加紧实力建设以维护各自既得利益,采取多种方式强化对既占岛礁的主权主张,如岛礁建设、油气开采、海域命名等。另外,美军加大了在南海进行航行自由行动的频率,在南海的抵近侦察、军事演习和例行行动也不断增加;日本、澳大利亚、印度等域外大国加大干预南海事务的力度,同样成为搅动南海局势不可忽视的因素。

三是中印双边关系面临诸多不确定因素。近年来,自中印"洞朗对峙事件"后,印军在中印边境屡屡挑事,冲突不断。2020 年 6 月 15 日,在中印边境加勒万河谷地区,印军违背承诺,在中印边境西段再次越过实控线非法活动,蓄意发动挑衅攻击,引发双方肢体冲突,造成人员伤亡。当前,中印边境冷对峙仍在持续,并可能长期存在。印度公开化其实施多年的"进攻性防御"政策,在边境地区不断增加部署军队和先进的武器装备,企图通过军事对峙谋求利益最大化。中印两国能否回归"构建更加紧密的发展伙伴关系"轨道,仍然具有相当的不确定性。

四是我国周边的恐怖主义威胁更趋严重。随着恐怖主义向全球蔓延,我国周边面临的安全威胁更趋严重。一方面,南亚、东南亚和中亚地区安全面临"伊斯兰国"残余力量的冲击;另一方面,南亚、东南亚和中亚等地本身也是恐怖势力生存的土壤。此外,缅甸罗兴亚人问题中也不乏恐怖主义的身影。恐怖形势的恶化不仅对周边国家的安全局势形成冲击,也威胁到我国在这些国家的投资安全。

(四)重构地缘政治秩序,提出中国方案

金融危机之后,欧美民粹主义、反全球化兴起,世界不确定性增加。美国秉持保守主义和双边主义,有选择性地从国际事务中退出,给现有国际秩序带来冲击和挑战。与此同时,我国高举全球化大旗,倡导建设开放、互利共赢的区域自由贸易安排,旗帜鲜明地反对贸易保护主义。大国力量新一轮分化组合,竞争激烈。亚太地区作为世界经济增长最快的地区,不可避免地成为全球博弈中心,其秩序的重建,将取决于包括中美在内的多种力量之间的博弈。

一是大国角逐和博弈关系推动地区秩序重构。大国关系对地区秩序重构影响极大。一方面,中美关系趋向复杂,博弈与竞争的局面更加复杂。经贸摩擦、价值观和意识形态冲突、地缘政治竞争三个方面的结构性矛盾持续升温,美国试图将亚太博弈扩展到"印太"博弈,通过强化美、日、印、澳四国的互动塑造地区海上安全秩序。另一方面,中俄在全球战略稳定相关的重大问题上紧密协作,战略协作关系发展良好。俄罗斯希望建立一个

有欧亚经济联盟、印度、中国、独联体各国与其他国家和地区组织参加的"大欧亚伙伴关系",并以此为载体,构建新的国际秩序。可以预见,随着亚太多种力量加快分化组合,我国周边地区的秩序调整仍将持续。

二是中国方案促进地区秩序重构。2017年习近平主席在达沃斯世界经济论坛上提出了推动世界经济增长和全球化再平衡的中国方案,呼吁联手打造创新驱动的增长模式、开放共赢的合作模式、公正合理的治理模式、平衡普惠的发展模式。党的十九大报告中,习近平总书记进一步提出高举和平、发展、合作、共赢的旗帜,推动构建新型国际关系,推动构建人类命运共同体,这是中国对困扰世界重大问题提出的中国方案,具有重要的历史意义。中国方案为世界和平发展贡献了中国智慧。

三、新形势下我国的国家安全

国家安全是民族复兴的根基,国务院新闻办公室2019年7月发布的《新时代的中国国防》白皮书中,对新形势下我国国家安全进行了客观分析和明确定位。党的二十大也要求我们:坚定维护国家政权安全、制度安全、意识形态安全,加强重点领域安全能力建设,确保粮食、能源资源、重要产业链供应链安全,加强海外安全保障能力建设,维护我国公民、法人在海外的合法权益,维护海洋权益,坚定捍卫国家主权、安全、发展利益。

(一)国家安全形势总体趋稳向好

新形势下,我国国家安全形势总体向好。一方面,我国继续保持政治安定、民族团结、社会稳定的良好局面,综合国力、国际影响力、抵御风险能力明显增强,社会生产力水平总体上显著提高,社会生产能力在很多方面进入世界前列,国家处于发展的重要战略机遇期。另一方面,在与周边国家的关系上,我国积极作为、主动调整。不仅继续推动"一带一路"倡议在周边国家"落地开花",中朝、中印、中日、中国与东盟的关系明显改善,在周边多个方向的热点普遍降温的同时,带动中国周边安全形势明显趋稳向好。

(二)国家安全面临多元复杂的威胁和挑战

在总体趋稳向好的同时,国家安全也面临着极其复杂的局面和严峻挑战。

1. 反分裂斗争形势更加严峻

我国反分裂斗争主要面对"台独"分裂势力、境外"藏独"和"东突"等分裂势力。其中,台湾问题事关祖国完全统一和国家核心利益。民进党当局顽固坚持"台独"分裂立场,拒不承认体现一个中国原则的"九二共识",加紧推行"去中国化""渐进台独",图谋推动"法理台独",强化敌意对抗,挟洋自重,在分裂道路上越走越远。"台独"分裂势力及其活动始终是台海和平稳定的最大现实威胁,是祖国和平统一的最大障碍。"藏独""东突"等分裂势力活动频繁,对国家安全和社会稳定构成威胁。与此同时,外部反华势力不愿意看到中国的崛起和强大,经常利用台湾问题大做文章,视台湾为"棋子",企图"以台制华",干涉中国内政,遏制中国和平发展。但是,无论"台独"分裂分子和外部势力怎么折腾,都改变不了台湾是中国的一部分这一国际社会普遍共识,改变不了两岸同属一个中国的历史和法理事实。《新时代的中国国防》白皮书指出:"中国必须统一,也必然统一"。无论反分裂斗争面临的挑战如何严峻,也绝不允许任何一块中国领土从中国分裂出去,这是全体中华儿女的共同愿望,也是中华民族根本利益所在。

2. 国土安全面临多重现实威胁

当前,我国对外处于利益拓展期和摩擦上升期,国土安全面临的风险和挑战更具多样性、复合性、突发性。特别是随着海洋世纪的到来,一些海上邻国纷纷提升海洋在其国家发展和国家安全战略中的地位,在东海、黄海、南海等海域与我国展开了激烈的争夺和较量。陆地边界争议尚未彻底解决,海洋安全又逐渐成为国家安全的主要战略方向。

一是陆地边界争议尚未彻底解决。新中国成立之后,我国逐步与大部分国家签订了陆上边界协定。尚未对边界划界的目前只有印度和不丹,其中中印边界争议较为突出。中印边界全长约1700千米,分为东段、中段和西段,争议面积约12.55万平方千米①。目前,西段由我国实际控制,东段由印度实际控制。20世纪80年代以来,中印双方就边界问题多次展开谈判,始终没有取得实质性进展。边界争议问题悬而未决,导致中印双方边界地区摩擦事件频发,对我国陆上安全造成严重威胁。

二是海洋国土安全威胁持续加大。我国是一个海洋大国,大陆海岸线长约18000千米,海域总面积约473万平方千米。目前,我国海洋国土安全威胁主要来自三个方面:①我国海域内的许多岛屿、岛礁被周边国家侵占。东海方向,中日两国之间围绕钓鱼岛的斗争与博弈始终尖锐复杂;南海方向,越南、菲律宾、马来西亚等国相继侵占了我国南沙海域的40多个岛屿,不仅在非法"占据"的我国岛礁上加强军事存在,还运用外交、舆论、法律等手段,频繁与我对抗,将南海问题复杂化、扩大化、国际化、长期化,导致我海上维权斗争尖锐激烈;黄海方向,朝韩对话与对抗交织,关系冷热不定,朝鲜绝不弃核与美半岛无核化目标难以调和,呈现周期性紧张的总体态势,朝核问题风险逐步升级,势必带动黄海方向威胁升温。②周边国家与我国在海洋划界问题上存在严重分歧,至今尚未达成海域划界协定。其中,东海方向,中国与日本的纠纷既包括200海里②的海上专属经济区划界问题,也包含历史遗留下来的东海大陆架划界纠纷;南海海洋划界的问题更为复杂,涉及六国七方③。③我国海洋资源遭到相关国家的掠夺。与我国存在海洋争端的周边国家多为小国,他们既想占有我国的海洋国土,掠夺我国的海洋资源,又因自身实力不足,因而联合西方强国共同开发争议地区的资源,抱团对抗我国,企图获取更大的利益。

3. 国家海外利益面临风险与日俱增

随着中国经济逐步融入世界经济体系之中,国家海外利益全面拓展,与世界的联系更为紧密,风险也与日俱增。不仅要面对国际和地区动荡、恐怖主义、海盗活动等现实威胁,还需要应对驻外机构、海外企业及人员频繁遭到袭击的突发状况。

现阶段,我国海外利益的根本风险与问题是,经济与权力困境、安全困境、制度困境、文化困境。其中:经济与权力困境主要表现为,日益激烈的经济竞争与大国博弈权力困境、发展中国家经济民族主义等各种因素的挑战;安全困境是美国亚太战略调整、朝鲜半岛问题、南海争端、缅甸局势、中东剧变等诸多问题交织影响,形成不确定性压力共同挤压

---

① 李延荃.《普通高等学校军事理论课讲义》[M].北京:国防大学出版社,2009:168.
② 1海里=1.852千米。
③ 六国七方:指涉及南海问题的争端方,包括中国、越南、菲律宾、马来西亚、印度尼西亚、文莱和中国台湾。

所致;制度困境表现为,维护国家海外利益既要以国际制度为合法框架、战略平台,又要应对国际制度的合法性、有效性不足对国家海外利益发展的限制;文化困境表现为,西方在价值观念、政治制度、发展模式上损毁我国国家形象和国际认同,影响了他国对中国的了解和认知,一定程度上阻碍了国家海外利益的发展和维护。

4. 非传统安全威胁的挑战明显加大

非传统安全指由军事、政治和外交以外的其他因素所引发的,直接影响甚至威胁本国和别国乃至地区与全球生存、稳定、发展和安全的跨国性问题及其状态,以及与此相应的一种新安全观和新的安全研究领域。我国安全体系中,除政治安全、国土安全、军事安全等传统安全外,其他相关安全均为非传统安全。

1) 经济安全

现代国家安全体系中,经济安全问题日益重要,已成为国家安全的基础。我国是对世界经济贡献最大的国家之一,也是世界最大的制造国、最大的贸易国和最大的外汇储备国。我国进出口总额占经济总量比重高达一半左右,每年向全球提供大量物美价廉的商品,确立了"中国制造"的国际分工地位,在全球经济中的地位逐步上升,对国家经济安全建设也起着积极的影响。

但是,总体来看,我国只是一个经济总量较高的大国,还不是经济实力雄厚的大国。我们创造了经济增长速度意义上的"中国奇迹",还没有真正成长为像战后德国或日本那样占领世界高端的工业强国,在技术形态上还需要真正实现"超越",真正建立起知识经济时代的核心竞争力。与此同时,国家经济安全也面临着诸多挑战。如近年来我国劳动力等要素资源的低成本优势逐步弱化、环境保护及社会保障等成本显性化、产业全球竞争力下降的问题,经济结构不合理、经济质量不高、技术创新能力较弱等问题。在国际经济环境从国际收支平衡到国际金融不稳定加剧、从贸易自由化到贸易保护主义抬头、从倡导国际合作到地缘政治问题复杂化的背景下,我国承受着较大的外来压力和竞争,需要客观评估自身所面临的各项挑战,积极研究解决措施,构建起安全的国家经济体系。

2) 生态环境安全

就生态环境而言,我国主要面临以下几个方面的威胁:一是森林覆盖率低,土地荒漠化加剧(见图 2-1),土壤质量变差,耕地面积减少。我国是世界上荒漠面积较大、分布地区较广、危害程度较为严重的国家之一。二是空气污染严重。我国被认为是世界上空气污染最严重的地区之一,以煤为主的能源结构和落后的煤炭利用方式、急剧增长的机动车尾气排放和局部地区工业废气大量超标排放,是造成污染的主要原因。同时,我国酸雨也呈蔓延之势,已成为欧洲、北美之后的世界第三大重酸雨区。三是水资源安全问题日益突出。一方面,人均水资源量极少,我国人均拥有的水资源量约为世界人均水资源量的四分之一,北方地区的人均水资源量更少;另一方面,水资源分布严重失衡,南多北少、东多西少。同时,降雨量极不均匀,南方洪涝灾害频繁,北方干旱缺水,且水资源污染严重,七大水系①普遍受到污染,水质令人担忧。

---

① 七大水系:指中国境内从北到南依次分布的七大"江河水系",分别为松花江水系、辽河水系、海河水系、黄河水系、淮河水系、长江水系、珠江水系,均属太平洋水系。

图 2-1　荒漠化

3）信息安全

国家安全诸要素中，信息安全是一切安全的重中之重。无论是政治领域、经济领域，还是军事领域，信息安全与其之间的互动都会带来一系列的安全问题。

（1）信息安全与政治。政治活动与政治较量特别是意识形态的斗争，越来越集中地体现在信息网络系统中。各种敌对势力利用网络进行制度渗透和反动宣传，发布煽动性和破坏性言论、鼓吹动乱等。同时，由于我们还没有充分认识到互联网在意识形态斗争中的重要作用，因此信息安全意识淡薄，投入不足，现有的信息平台没有充分利用，网络安全威胁一直存在。

（2）信息安全与经济。以信息网络为手段的经济活动逐步深入到经济生活的方方面面，企业之间、银行之间、国家之间每天都有巨额资金需要通过网络流通。在这种情况下，经济安全所依赖的计算机系统、计算机芯片、操作系统和数据库管理系统，以及大量的应用软件等，都可能是我国信息安全的"最大隐患"。

（3）信息安全与军事。信息技术的飞速发展引发了战争形态由机械化战争向信息化战争的飞跃。信息战是信息时代军事安全的最大威胁，信息安全对军事活动的核心作用和决定性意义前所未有地突显出来，尤其是军事泄密，直接影响军事安全。

4）恐怖主义威胁

中国与恐怖事件频发、恐怖势力聚集的阿富汗、印度、巴基斯坦、泰国等为邻，处于国际恐怖势力猖獗的高危弧形地带。国际恐怖势力在中国周边的频繁滋事，对国家安全和地区稳定的影响日益严重，直接危害着我国国家安全。

中国作为一个人口众多的多民族国家，由于历史和现实的原因，在一定程度上也存在着不稳定因素。以"疆独""藏独"为代表的民族分裂势力、恐怖势力和宗教极端势力三股恶势力打着所谓"民族自决""宗教自由"的招牌，频繁活动，严重威胁着我国的国家安全与地区稳定。尤其是境内的恐怖势力与境外"三股恶势力"遥相呼应，在反华势力的支持下不断进行干扰破坏活动，暴力化趋势日益增强。一方面，导致中国周边国家的民族分裂主义、宗教极端主义和国际恐怖主义活动猖獗，对我国边境相关地区的稳定和民族团结构成了威胁；另一方面，我国境内的民族分裂活动，有着深远的国际背景。一些国家在中国打击"东突"恐怖主义的问题上不仅采取双重标准，而且纵容、唆使乃至暗中支持他们在我国境内继续搞恐怖活动,极大增加了中国反恐斗争的难度。

5)公共卫生安全

在全球化国际环境下,高发多发的慢性病、传染病已成为严重的公共卫生问题。一些新型流行疾病的传播和蔓延,造成严重的社会恐慌、巨大的经济损失和人员伤亡,对国家安全、国际安全构成严重威胁和危害。以艾滋病的传播与防治为例,自1985年首次报告艾滋病病例以来,艾滋病在我国流行呈快速上升趋势。此外,2003年春季在全球特别是亚太地区肆虐的非典型肺炎、2020年爆发的新冠疫情,因其传染能力过于强大,不可避免地引起国内民众和国际社会的严重恐慌。作为世界第一人口大国,中国防治传染病的任务极其重大,需要投入的政治资源和经济资源远远超过大部分发展中国家。

四、新兴领域的国家安全

新兴领域主要指太空、网络、深海、极地、人工智能、生物等领域。新技术的迅猛发展,使得国家安全的范畴由传统国家安全的领域向新兴国家安全领域拓展延伸。为了占据新兴领域战略高地,赢得未来战争主动权,以美国为代表的发达国家在新兴领域展开博弈和角逐。

(一)太空领域的国家安全

太空领域安全涉及国家政治、经济、军事、外交等多种力量要素,是维护国家安全的新兴战略领域。从国家安全视角分析,太空领域安全包括三层涵义:一是维护国家太空权益;二是保护国家太空资产;三是抵御来自太空的威胁与侵略。

当前,太空已经成为实现和维护国家利益新的战略竞争制高点,太空安全也成为国家建设和社会发展的战略保障。世界主要国家围绕太空展开激烈的军事竞争,竞相抢占这一战略制高点,引发了新一轮范围更加广泛、对抗更加激烈的空间竞赛。其中,美国已经明确了控制太空的战略目标,并在建立导弹防御系统和军事转型的推动下,积极发展包括太空武器在内的太空军事力量;俄罗斯积极发挥航天优势,一方面大力开展各种军用卫星和空间攻防武器的研制与开发,另一方面积极推动军事体制改革,加快空间力量的整合步伐,组建了世界上第一支独立的天军部队;以印度、日本为代表的地区大国也纷纷加快航天发展步伐,抢占太空资源,争夺军事优势。太空领域旧的力量平衡和秩序正在逐步被打破,新的力量平衡和秩序正在重组和形成。

(二)网络领域的国家安全

当今世界正在进入以信息产业为主导的经济发展时期。在数字经济大潮下,新型网络攻击、隐私泄露、虚假新闻等各类安全问题更加突出,网络安全成为事关全球各国和地区安全的重要问题,围绕网络领域的竞争博弈更趋复杂激烈。

我国在网络领域经历30余年持续快速发展,逐步实现了国内互联网产业从无到有、从小到大的快速发展,取得了令世界瞩目的成果。随着我国数字经济的快速发展,网络空间安全日益成为我国国家安全战略乃至国际合作的重要内容。与此同时,人工智能、区块链、物联网等新兴技术快速兴起,网络空间安全的内涵和外延比以往任何时候都要丰富,内外因素比以往任何时候都要复杂,种种威胁和挑战的联动、交织、共振、转化效应比以往任何时候都要突出。一是网络攻击呈现全新特征,基础设施面临严峻威胁。当前全球范围的网络攻击日益呈现武器化、融合化、智能化的新特征。针对公共卫生、电信网络、交通设施等重点民生领域的全球性网络安全事件频发。网络攻击背后无法忽视的国家行为,以及网络安全的政治化、军事化日益将全球网络空间推入更加危险的境地。二是网络安全国际规则推进艰难,治理平台博弈日趋复杂。随着网络空间国际治理步入深水区,在联合国治理框架下,网络空间治理进程从原则性规范转向具体条款适用的新阶段,一些主要国家围绕网络空间利益的争夺日趋激烈,国际规则制定举步维艰。三是网络空间国际阵营持续分化,国家之间对抗程度加深。美国《国家安全战略》,进一步明确将俄罗斯、中国、朝鲜和伊朗视为美国网络空间领域的主要对手,并提出要与盟友一道提高对主要对手恶意活动的警惕,实行区域化的网络安全战略。美欧等西方国家积极推进网络攻防能力建设,并进一步收紧与俄罗斯等新兴网络国家的网络关系,国家间的网络关系呈现日益对抗态势。四是国际网络内容治理大幅增强,平台成为关键责任主体。随着美欧等西方国家步入了以具体治理实践为主的体制机制建设新阶段,大型网络平台作为各类网络信息汇聚分发的主要节点,日益成为信息内容治理的核心主体,各国纷纷把明确网络平台企业责任作为信息内容治理工作的首要内容。

(三)深海领域的国家安全

深海孕育着人类生存发展所需要的丰富资源,具有重要的经济价值和军事价值。自从人类发明潜艇、水雷等水下武器装备以来,军事斗争空间由陆地、海上拓展到了水下,世界各国围绕利用深海资源、抢夺深海主导权的斗争日益激烈。

近年来,我国探索和利用深海的科研活动如画卷般徐徐展开,不断取得新成绩。首台自主设计、自主集成研制的作业型深海载人潜水器"蛟龙"号下水,成为我国深海探测的重要里程碑;第二台深海载人4500米级的"深海勇士"号潜水器,国产化率达95%;用来探索马里亚纳海沟底部的万米级载人潜水器投入应用;在我国南海深海区开展的"南海深部计划"也取得了重大科学进展。

军事上的深海通常指的是海面之下有一定深度的海洋空间,其军事斗争有着三个鲜明特点:一是战场环境特殊,易攻难防。深海战场通透性差,水文条件时刻会发生变化,能够保持行动的隐蔽性,并发挥自身巨大突击力的优势,对敌方目标发起突然猛烈的毁灭性打击。二是斗争重点向近海聚焦。海洋占地球表面比例高、连通性强,加之深海军事斗争涉及领域多、参战力量多元,使得深海军事斗争的空间非常广阔。冷战结束后,美国提出了由海到岸的海军战略,将深海斗争的主要区域由远海大洋向近海海域转移;相关濒海国家出于保护自身利益的需要,则由近海走向远海。三是斗争力量多元。深海军事斗争以信息化系统为支撑,多军种、各种海洋军事力量如太空侦测、航空侦察、水下预警系统等共同参与。这些参与力量,不仅有军事力量,还有国家海洋执法力量和海洋科技力量;不仅有本国力量,还可能有他国力量。不同力量、多种手段高度融合的深海军事对抗将成为深海军事斗争的常态。

由于深海战场在未来战争中有着不可低估的优势,各国已将深海军事斗争作为夺取战略主动权的重要领域。自2012年美国实行"亚太再平衡战略"以来,逐渐将注意力从中东地区转移至亚太地区。为此,美国海军依据《美国海洋行动计划》《21世纪海洋蓝图》等法规重新修订了关于深海军事行动和作战的相关条令,进一步明确了海军战略中深海作战的地位和作用。日本海上自卫队按照政府"海洋立国"的新战略,制定了重在夺取并控制利用海洋资源的深海军事行动和作战措施。英国、法国、德国、意大利、荷兰、挪威、瑞典、加拿大等欧盟和北约国家也根据欧盟委员会的《21世纪海洋开发科技发展战略规划》等法律文件,纷纷制定了本国海军迎接未来挑战的深海军事战略。这种战略背景要求我国必须加紧研发深海高新技术和装备,采取行之有效的手段防范来自深海的严峻挑战,维护国家深海安全。

(四)极地区域的国家安全

极地在地球的南北两端,包括南极与北极及其周围的海域。极地终年白雪覆盖,气温非常低,以至于几乎没有植物生长。许多国家都把研究与开发极地作为国家重要战略。

根据《联合国海洋法公约》以及与相关国家在海洋渔业、资源开发等领域签订的多个双边或多边合作协议,我国在极地享有航行、资源开发管理、科学考察研究等权利以及相应的利益。虽然我国距南极、北极区域甚远,但基于极地领域重要的政治、经济、军事等战略地位,以及国际法赋予我国在极地区域的诸多权益,维护极地权益将直接关系国家的根本利益:一是维护极地权益直接关系国家的政治利益。坚决维护极地权益,努力解决极地权益争端,是构建极地区域新秩序、推进和谐世界建设的迫切需要。二是维护极地权益与国家经济利益息息相关。一方面,极地丰富的自然资源是缓解资源危机的新基地。南极洲蕴含的矿产达220余种,包括煤、铁、铜、铅、锌、铝、金、银、镍、石墨和石油等;是世界上产鲸最多的地区和最大的磷虾蛋白库;也是世界上最重要的淡水储藏地。北极地区拥有世界上最大的锌矿开采基地、世界级的铁矿、贵金属和煤炭资源、丰富的渔业资源和林业资源、储量巨大的石油和天然气资源。另一方面,极地航线开通将形成新的国际战略通道,有助于缓解国际海运需求矛盾。三是维护极地权益直接关系国家的安全利益。首先,直接关系国家的军事安全利益。当今世界主要大国围绕北极区域呈环形分布,北冰洋恰好位于中央位置,成为国际战略地理上的"地中海",一些国家在北冰洋海域的军事存在或有助其对我国实施战略威慑、进行远程打击,或可能对我国海洋交通线安全构成威胁。因此,维护极地权益,将有助于增强我国有效应对外部军事威胁。其次,直接关系国家的环境安全利益。我国地处北半球,气候环境深受极地影响。积极与有关国家合作开展极地环境保护、极地灾害性气候预防、北冰洋航道利用等方面的考察研究,预测未来可能出现的环境改变,可以为国家制定社会经济发展战略提供科学依据,为营造环境安全做出重要贡献。

但是,受地缘环境等因素影响,我国维护极地权益行动面临着重大挑战:一是某些国家主权诉求给维护极地权益带来极大困扰。极地本不属于任何国家,但随着探险和考察活动的开展,一些国家依据不同理由对南极、北极提出领土要求。迄今,正式宣布对南极地区拥有领土主权的国家有7个,即英国、新西兰、澳大利亚、法国、挪威、智利、阿根廷。上述国家的领土要求相互重叠,时有争议。北冰洋沿岸国家,如美国、加拿大、冰岛、挪威、丹麦、芬兰和俄罗斯等已经分别占据北极地区周围的陆地(包括岛屿)。这些占有极地的国家对主权的诉求极大妨碍了极地权益的维护。二是极地权益相关法律规范不完善。南极是开放式大陆,历史上并无原住民,也无任何国家对其进行有效统治。北极为环北极国家的陆地或岛屿所环绕,处于"封闭"状态,相关国际法在北极难以明确约定,导致北极权益争端不断,难以有效管理。三是极地权益斗争形势错综复杂。我国维护极地利益的挑战,很大一部分来自所享有的航行权,即对于北极航道的开发利用。世界各国在北极航道上有着不同的利益诉求,随着航道开通可能性的增加,各国关于北极航道法律属性以及相关权益的斗争也愈发激烈。除此之外,在科学考察和资源开发权益方面,一些国家通过种种限制,试图损害、削弱或剥夺其他国家的科学考察权益和资源开发权益。四是极地权益开发自然环境恶劣。南极洲年平均气温为零下25℃,极端最低气温达零下89.2℃,为世界最冷的陆地;北极地区气候寒冷,东北航道1年之中全线的通航期只有2~3个月,西北航道1年只有3个月的时间可以通航,且有一半水道全年被浮冰阻塞。五是极地权益维护需科学技术支撑。极地权益的开发与维护,必须以通信、导航、监测、水文等各类技术数据为基础,以各类技术力量、航运装备和平台等为保障。近年来,我国极地考察事业突飞猛进,国家海洋局已组织开展多次极地考察,建成"五站一船二基地";在南极建成长城、中山、昆仑、泰山4个科考站,在北极建成黄河站;拥有世界先进技术装备的"雪龙"号极地考察船;建成国内极地考察基地和训练基地。但与国际极地强国相比,软件和硬件仍有较大差距。

(五)人工智能领域的国家安全

人工智能主要指通过输入文字或图像信息,进行感知、分析和学习,进而选择恰当的方式解决问题。我国2017年发布的《新一代人工智能发展规划》是第一部明确将人工智能上升为国家级发展规划的战略文件,"十四五"规划也将人工智能列为"优先发展领域"之一,指出要瞄准人工智能等前沿领域实施一系列具有前瞻性、战略性的国家重大科技项目,以此来强化国家战略科技力量。

人工智能的实质是信息处理系统,其信息属性决定了信息安全问题始终贯穿其全部应用,也决定了人工智能必将面对诸多的安全挑战。一是伦理安全问题。随着越来越多智能化、自动化设备进入我们的日常生活,这些设备就必然要面对现有法律、社会规范以及伦理道德的挑战。比如,当世界围棋大师与人工智能机器人对决时,人不免会担心未来人工智能会不会取代人类,会不会对人类造成伤害等。同时,当人工智能逐渐取代人类从事大量重复性工作时,必然导致相关从业人员担心失业而引起心理恐慌等。二是社会秩序安全问题。人工智能技术往往有自己的"大脑",具备一些自主行为,可以进行一定程度的自我控制。这种智能机器一旦失控,极易造成极大的破坏。同时,还会给同一系统的人员带来诸多的干扰和麻烦,致使现有秩序混乱。三是隐私安全问题。人工智能催生了大数据时代,实现了人、事、物的综合管理。大数据作用下,任何人都不可避免地与周围的人、事、物产生联系,个人的所有信息都可以通过智能设备获取,一旦被曝光,个人隐私安全将会受到极大威胁。四是系统整体性安全问题。人工智能系统中的大部分数据都被保存在云端,在信息处理过程中,一旦系统受到攻击或设备故障,将引发整个系统的危机,即使局部安全风险,也会在短时间内迅速扩散,形成大的安全威胁。

作为国家安全的重要内容,人工智能在给国家和社会带来发展和进步的同时,也带来了巨大的安全威胁,需要在国家层面统筹规划,科学治理。一是顶层设计、系统规划和全局性考虑。一方面,立足顶层战略,加紧推进国家层面人工智能治理准则的出台,分层次、分轻重缓急地思考人工智能带来的问题,探索更具包容性和开放性的中国特色治理模式和工作路径。另一方面,结合新兴技术特征发展人工智能。人工智能技术具有复合性和多样性,要结合数学、心理学、神经科学等学科发展,形成符合科学与技术发展规律的人工智能发展路线。二是建立人工智能安全与治理的协调机制和决策咨询机制。通过建立国家层面人工智能治理与安全的统筹协调机制,统筹政府各职能方立场,汇聚多领域资源,形成群策群力、安全发展的人工智能治理模式。三是构建通用性治理准则与产业落地相结合的规范框架。准则不仅应当包括阐述国际性共识原则、我方在国家战略和社会治理等领域立场,还应当与产业推进政策和监管框架充分对接。四是积极推进人工智能安全与治理领域的国际交流。要具备国际视野,在人工智能安全和治理方面积极搭建各类平台,加强与国际组织、国外企业的合作交流。五是推动我国人工智能产业安全、融合发展。人工智能的发展需要由学术界和产业界共同驱动,实现产学研融合发展,协同创新。六是大力培养人工智能安全与治理复合型人才,加强对人工智能一线研究、开发人员的安全与治理培训,提高人工智能工作人员的安全意识。

(六)生物领域的国家安全

生物安全指防范现代生物技术的开发和应用所产生的负面影响,以及对生物多样性、生态环境及人体健康可能造成的风险。其具体内容包括重大新突发传染病、动植物疫情、外来生物入侵、生物遗传资源和人类遗传资源的流失、实验室生物安全、微生物耐药性、生物恐怖袭击、生物武器威胁等。近年来,随着面对挑战的不断出现,生物安全在国家安全中的地位越来越重要。2020年2月14日,在新冠疫情特殊背景下召开的中央全面深化改革委员会会议上,习近平总书记指出:要把生物安全纳入国家安全体系,系统规划国家生物安全风险防控和治理体系建设,全面提高国家生物安全治理能力。至此,生物安全正式被纳入国家安全体系。

生物安全在总体国家安全中具有重要地位。一方面,就生物安全领域本身而言,生物安全涉及部门众多,几乎涉及所有与生物体、生物制品关联的实践领域。许多传统的生物安全问题依然存在的情况下,外来生物入侵、突发传染病疫情等,在经济全球化背景下,波及面更广、传播速度更快、危害性更大。此外,基因组学、基因编辑、合成生物技术等的误用、滥用都可能给社会带来极其复杂的新型生物风险。另一方面,就生物安全的社会影响而言,生物安全负面影响范围广、持续时间长、伤亡人数多、经济损失大、防控难度大,当生物安全引发的各类风险渗入经济、政治、文化、社会、生态等领域时,将会严重影响公民健康、社会秩序、经济运行、国家安全和政局稳定,势必对国家核心利益产生重大影响。生物安全的社会治理旨在弱化或消除生物风险,维护总体国家安全。加强生物安全治理,有利于维护人民群众生命健康和公共卫生安全、维护生物多样性和生态安全、维护社会稳定和国防安全。

作为快速发展的新兴经济体和生物多样性大国,我国面临的生物安全形势十分严峻。一是突发传染病造成难以估量的生命、财产损失。例如,2003年的SARS在极短的时间内传播到全球30多个国家和地区,造成900余人死亡。2020年的新型冠状病毒疫情肆虐,给人体健康与生命安全造成巨大威胁,导致社会经济发展损失难以估量。二是外来入侵生物危害不断加剧。随着我国对外经济贸易的不断发展,进境口岸截获的外来有害生物种类批次增多、蔓延范围扩大、危害加剧,对生态环境、农林生产和人体健康造成巨大危害。目前,我国有 667 种外来入侵生物,每年造成的经济损失高达数千亿元。三是生物遗传资源流失严重,国家利益遭受巨大损失。我国生物遗传资源特别丰富,世界上很多珍贵、稀有的生物遗传资源源于我国。为了掠夺生物遗传资源,有的国家通过市场、经济和技术等手段,不断从我国搜集、掠夺生物遗传资源,导致我国生物遗传资源严重流失。四是生物战威胁长期存在,生物恐怖袭击不容忽视。目前,全世界至少有 25 个国家具有生产大规模杀伤性生物武器的能力,一些恐怖组织也具备利用生物战剂发动恐怖袭击的能力,敌对势力和恐怖组织有可能把我国列为生物恐怖袭击的对象,我国面临生物恐怖袭击的威胁。五是转基因生物具有极大的潜在风险。我国批准种植的转基因作物主要是抗虫棉和抗病番木瓜。2019 年底,我国共培育成转基因抗虫棉新品种 176 个,累计推广 4.7 亿亩①,减少农药使用 70% 以上。2020 年 1 月,我国自主研发的转基因玉米和大豆获得生产应用的安全证书,标志着我国转基因产业发展进入新阶段。但是,转基因生物的大规模应用可能造成病虫抗性增加、杂草化加剧、基因污染和生物多样性降低等问题,蕴含着极大的潜在风险。六是我国在生物安全管理方面存在短板。这些短板主要包括生物安全法律法规体系不完善,生物安全预警与保障能力不足,公众生物安全意识薄弱等问题。

思 考 题

1. 我国地缘环境的特点有哪些?
2. 简述我国地缘安全形势?
3. 分析新形势下我国国家安全状况?
4. 我国新兴领域国家安全内容有哪些?

第三节 国际战略形势

国际战略形势是国际战略环境的动态表现,它从本质上反映了世界各主要国家的政治集团建立在一定军事、经济实力基础上的政治关系基本状况和总体趋势,其核心是世界范围内的战争与和平问题。

一、国际战略形势现状与发展趋势

当今世界正经历百年未有之大变局,世界多极化、经济全球化、社会信息化、文化多样化深入发展,和平、发展、合作、共赢的时代潮流不可逆转。与此同时,国际安全面临的不稳定性和不确定性更加突出,世界并不太平。

---

① 1 亩 ≈ 666.67 米²。

（一）国际战略形势现状

当前，国际安全问题持续增多，战略形势错综复杂，国际社会再度处于何去何从的重大关口。

1. 国际政治舞台呈现百年未有之大变局

当前，国际战略环境错综复杂，大国关系、国际秩序、地区安全、社会思潮、全球治理正在经历深刻的调整和变革。

大国战略博弈再度凸显。面对世界大变局，各主要大国加紧战略调整，力争在博弈中占据优势。发达国家试图继续维持国际关系主导权，美国前政府坚持的"美国优先"引发欧日强烈不满，美欧以及美日矛盾明显增加，欧盟提出建立"多边主义联盟"，以保持对美国的制衡。新兴大国面临的发展阻力不断增大的同时，寻求求同存异、加强彼此协调。如中印积极化解"洞朗事件"后双边分歧，中国、俄罗斯、印度、巴西、南非五国建立"新工业革命伙伴关系"，力图在引领全球治理、促进世界发展与合作上发挥积极作用，推动新兴国家共同发展。美国明确以中俄为主要"战略竞争对手"，对外释放掀起大国竞争、加剧大国对抗的信号，致使大国博弈与竞争重回国际政治舞台中心。

单边、多边之争极其激烈复杂。美国推行单边主义，试图以此减轻其战略负担并主导国际秩序调整。绝大多数国家坚持多边主义，欧盟、日本加紧在区域合作、经贸规则、安全体系建设上合纵连横，试图构筑新的阵营和抢占战略高地。新兴大国亦不断调整内外政策，努力寻找新的发展空间。国际经贸与安全秩序渐成博弈焦点，国际规则、机制与秩序面临重大考验。

地区安全主导权竞争加剧。为了应对中国崛起，美国加紧推进"印太战略"，冲击亚太区域稳定，极力制衡中国的地缘影响力。朝鲜困中思变，主动向韩国伸出橄榄枝，积极与中俄接触，试图缓解东北亚紧张形势，改变外交孤立和经济困局；美国既维持对朝制裁不放松，又利用和谈促使朝鲜弃核，导致各方分歧未解，讨价还价激烈。此外，围绕叙利亚、也门内战，美、俄等域外大国在中东博弈持续，美伊矛盾、巴以矛盾明显激化。

民粹主义呈现泛滥之势。民粹主义加剧泛滥，并向新兴经济体扩散。一方面，当美欧民粹势力从社会政治边缘走向中心时，欧洲成为民粹主义泛滥的"重灾区"，法国、德国、意大利、匈牙利、瑞士、奥地利、拉脱维亚、挪威、保加利亚、斯洛伐克、希腊等国民粹势力抬头。拉美民粹思潮也明显回潮，导致这些新兴国家政治经济困境加剧。另一方面，自金融危机以来，贫富差距造成的社会不平等持续加剧，由此引发民众极大不满。而民粹主义的激进改革方案恰好迎合了"新的希望和愿景"，成为普通民众难以抵御的"诱惑"，导致多国社会思潮乱象纷呈。

供需矛盾突出，全球治理陷入困境。各种全球性挑战的不断出现导致治理需求倍增，与此同时，"美国优先"又使治理供给减少。一方面，美国将其自身利益凌驾于世界各国共同利益之上，严重干扰了全球治理进程，破坏了稳定的世界贸易格局，导致全球治理失序，赤字凸显，动力严重缺乏。另一方面，世界经济不确定性和不稳定性上升，新兴经济体普遍面临增长乏力问题，G20影响力不断走低。其成员国发展走势的分化程度加深，部分国家国内矛盾凸显，全球经济治理的均衡化与民主化趋势停滞不前。

2. 世界经济持续承压，治理机制滞后

美国逆势而动所引发的单边主义和贸易保护主义，使得第二次世界大战后的全球贸易自由化进程面临重大调整，国际经济关系加快重塑，全球经济治理机制滞后，发生局部金融风险概率明显上升。

随着全球贸易和金融紧张局势蔓延，世界经济增长不确定性上升，增长放缓迹象明显，贸易投资增速显著下降，主要经济体增长分化明显，如欧洲风险事件、意大利预算争端等不断发酵，不仅增大了世界经济的不确定性，而且面临着日益加剧的风险。

新兴经济体增速减缓。新兴经济体指经济蓬勃发展，成为新兴经济实体的某一国家或地区。在经济全球化时代，新兴经济体对世界经济增长的贡献率不断上升，世界经济重心开始向新兴经济体转移。但是，在金融危机的不断冲击下，全球贸易保护主义政策与行动、债务风险、大宗商品价格走势等外部因素直接影响新兴经济体和平稳定的发展环境，使其经济发展增速减缓。

全球贸易放缓，投资萎缩。世界贸易组织以贸易和金融局势紧张为由大幅下调对全球商品贸易增速预期，G20 国家采取加征关税等贸易限制措施。受出口清单大幅下降影响，全球贸易增长趋势进一步放缓。

3. 全球军事竞争加剧，且日趋激烈

世界各主要国家纷纷调整安全战略、军事战略，调整军队组织形态，发展新型作战力量，抢占军事竞争战略制高点。美国进行军事技术和体制创新，谋求绝对军事优势。俄罗斯深入推进"新面貌"军事改革，英国、法国、德国、日本、印度等国都在调整优化军事力量体系。

随着新一轮科技革命和产业变革的发展，人工智能、量子信息、大数据、云计算、物联网等前沿科技广泛应用于军事领域，国际军事竞争格局也随之发生历史性变革。以信息技术为核心的军事高新技术日新月异，武器装备远程精确化、智能化、隐身化、无人化趋势更加明显，战争形态加速向信息化战争演变，智能化战争初现端倪。

4. 国际金融市场大幅波动下行，风险凸显

随着世界经济由全面扩张转向不平衡增长，国际金融市场大幅波动下行，结构性和长期性问题开始显现，全球金融治理赤字增大，风险凸显。

从 2018 年开始，国际金融市场遭遇"逆风"，全球资产价格均出现大幅震荡，下降趋势明显。金融市场的全面下行，虽暂未对实体经济造成伤筋动骨的影响，但已使世界经济承压下行。这不仅是市场长期积聚风险的短期释放，也预示了国际金融市场中长期发展将面对全球流动性进一步收紧、全球债务规模进一步膨胀的风险和趋势。

5. 全球贸易在大国博弈中艰难前行

当前，各国围绕世界贸易组织改革对国际贸易规则的博弈加剧，新方案、新动向不断涌现，中美贸易摩擦走向将对全球贸易流向产生重大影响。

美国单边保护主义不断引发全球贸易紧张，贸易环境恶化，增长动能趋弱。一方面，主要大国货币政策加快收缩，引发国际间汇率和资本流异动，导致全球贸易增速持续放缓，下行风险继续增大；另一方面，世界主要地区货物贸易量增速有快有慢，各地区间贸易表现出分化态势。受全球主要经济体贸易局势紧张、中国经济供给侧结构性改革、美联储货币政策调整、新兴市场财政危机等因素影响，大宗商品市场起伏不定，总体较为低迷。

美国单边施压、四面出击,各方随之反制,构成了国际经贸关系的主线。一是美国政府在国际经贸领域采取了诸多施压行为,如退出进行中的谈判、毁约原有贸易安排、挥舞大棒强行制裁等。二是美国优先策略频频破坏现有国际规则,给国际贸易带来较大的负面影响。三是国际产业链或将被动改变,现存贸易产业链面临破坏性重组。上述世界经济政治格局的深刻调整,使得国际战略形势更加错综复杂。

(二)国际战略形势发展趋势

当今世界正在发生复杂而深刻的变化。纵观国际形势发展趋势,制约战争的因素不断增加,国际力量对比正朝着有利于维护世界和平的方向发展,和平与发展仍是时代主题。同时,世界仍然不安宁,和平与发展面临诸多难题和挑战。一方面,国际体系变迁表现出种种不确定因素,大国战略博弈出现加剧迹象;另一方面,国际关系日趋错综复杂,系统效应日益突出,对加强全球治理提出了日益迫切的需求。

1. 和平与发展的时代主题更加突出

尽管世界乱象有增无减,发展难题日益紧迫、局部动荡和危机此起彼伏、地区冲突和局部战争持续不断。但是,随着国际力量的分化组合,新兴市场国家和发展中国家力量持续上升,战略力量对比此消彼长、更趋均衡。促和平、求稳定、谋发展已成为国际社会的普遍诉求,和平力量的上升远远超过战争因素的增长。对任何国家而言,发展都是第一要务,尤其在遭受多重挫折的情况下,发展任务更加突出,发展难题更加棘手,世界各国人民期盼美好生活的愿望也更加强烈。要和平不要战争,要发展不要贫困,要合作不要对抗,越来越成为各国人民的共同愿望,也成为维持国际战略形势总体稳定的重要条件。实现各国人民和平愿望要求国际社会凝聚共识,聚焦共同的发展难题,积极推进全球治理,从根本上找到化解矛盾、消除战乱和冲突的方法途径,以便更好地整合全球资源、正向积极地构筑和平。

2. 经济全球化亟需注入新的动力

经济全球化是生产力水平提高的必然要求,也是科技进步的客观结果。随着世界总体财富不断积累扩大,各国人民联系日益紧密。与此同时,区域发展不平衡、全球经济治理滞后、增长动力不足等问题日益凸显,经济全球化原有的、以自由主义主导的增长方式的负面效应也随之显露出来,红利几乎饱和,世界经济普遍低迷,甚至难以为继。这种发展背景下,形形色色的保护主义、民粹主义、极端民族主义开始抬头,各种去全球化杂音高涨。但是,经济全球化大势难以逆转,采取去全球化、逆全球化、或以邻为壑的办法无疑是饮鸩止渴。最科学的解决思路是国际社会群策群力,针对世界经济增长、治理、发展模式中的根本缺陷,找到新的增长途径和方法,为经济全球化注入新的发展活力。

3. 政治格局持续多极化、多元化发展势头

当前,国际格局进入加速调整和演变期。一是以美国为首的西方发达国家陷入发展危机,其控制世界的能力和意愿都在下降。二是非西方国家群体性崛起,新兴市场国家和发展中大国力量明显上升,引起国际力量重新分化组合。三是某些中小国家掌握了越来越多的威慑手段,形成了针对强权的反制能力,其国家自主性在逐步增强。四是非国家行为体大量涌现,并发挥重要作用,形成了足以抗衡国家的能力。这些因素共同促成了霸权结构逐步将走向解体,权力发生历史性转移,并趋于分散。面对这样一个多极、多元的世

界,只有努力构建开放包容的全球共同体,才能担负起世界责任、掌握住人类命运。

4. 国际秩序的变革和发展具有不确定性

随着国际形势急剧变化,原来由西方所主导的国际秩序越来越难以为全球提供公共安全的有效供给和繁荣稳定的增长空间。然而,新的时代条件下,世界秩序转换不可能通过战争方式在短时期内急剧完成,必然要经历一个旧秩序逐步退出、新秩序逐步形成的漫长过程。在此期间,各国实力、地位、角色、分工不断变化,新老秩序交织、多种规则并存、双重标准盛行成为常态,世界面临更多的不确定性,大国权力及利益再分配的斗争将十分激烈,围绕国际规则及制度的斗争和博弈将趋于激烈。

5. 大国关系以非零和博弈为主

随着全球化程度的进一步加深,大国关系逐渐超越单纯权力争夺和冲突对抗的历史老路。国家之间不再是简单的零和关系,而是具有两重性的非零和博弈关系,竞争不掩合作,合作中充满竞争。一方面,谋求国家生存与发展需要综合运用各种战略途径和手段,不能一味地冲突,必须谋求合作,以合作来制约冲突;另一方面,竞争与合作并存已经成为大国关系的基本特征及限制条件。新的历史条件下,各国安全的交融性、关联性、互动性不断增强,没有哪个国家能够独立应对或独善其身。任何大国都不可能单打独斗,以邻为壑、转嫁危机、损人利己的做法难以有效解决当前危机,只有构建合作共赢的大国关系,才能谋求国家的生存与发展。

6. 发展道路与发展模式改革成为国际竞争核心

金融危机之后,资本主义发展模式中的固有缺陷再次深刻暴露。相比资本主义的发展困境,社会主义仍处于低潮。尽管我国经济总量不断增大,但产能过剩、环境代价大、不可持续等问题也越来越突出,经济运行进入新常态。在各国普遍遭遇困顿与迷茫的情况下,发展道路及发展模式的改革创新已经成为国际竞争的核心和主要承载体,迫切要求各国根据本国国情,创造性地走出一条适合自己的发展道路,既服务和惠及本国人民,也为世界发展提供必要的动力和支持,同时带动和引领未来世界的发展。

二、世界主要国家军事力量及战略动向

当前,国际力量对比得到调整,国际战略环境和战略格局发生了一系列新变化,全面了解世界主要国家军事力量及战略动向,有助于从全局角度理解和掌握国际战略形势和发展趋势。

(一)美国

1. 美国的军事力量

美国的军事力量主要由陆军、海军、海军陆战队、空军、太空军和海岸警卫队"六大军种"及其军事同盟共同构成。

1)陆军

美国陆军由陆军现役部队、陆军预备役部队和陆军国民警卫队组成。按照规模从大到小的顺序,美国陆军组织架构层级分别为集团军、军、师、旅战斗队/支援旅/团、大队、营/中队、连、排、班/队/组。按照作战功能的不同,美国陆军部队主要包括空降部队、装甲

部队、骑兵部队、步兵部队、山地作战部队、陆航部队、炮兵部队等。当前,美国陆军主要装备有各型主战坦克、装甲车、火炮、固定翼飞机、直升机、"萨德"导弹、"爱国者"导弹等。

2)海军

美国海军由海军现役部队、舰艇预备役部队和海军预备役部队构成,包括水面部队、航空兵部队和潜艇部队三大兵种。美国海军有相当大的一部分作战力量靠前部署于远程作战地域,包括西太平洋、印度洋/波斯湾地区以及欧洲周边海域。美国海军舰艇可区分为一般用途舰艇和弹道导弹潜艇两大类。一般用途舰艇主要包括攻击潜艇、航空母舰、大型水面作战舰艇(即巡洋舰、驱逐舰)、小型水面作战舰艇(即护卫舰、濒海战斗舰、巡逻艇、布/扫雷船、两栖舰艇)、战勤部队舰艇以及其他类型的支援舰艇。航空母舰上搭载的多功能舰载机联队编制 60 架以上飞机(其中大部分为固定翼飞机,也包含一些直升机)。每个舰载机联队通常编制 40 架以上的攻击战斗机,能够执行空对地(攻击)和空对空(格斗)任务。弹道导弹潜艇部队是用于执行战略核威慑和核打击任务的专门海军力量,当前主要装备"俄亥俄"级潜艇,可发射"三叉戟"潜射弹道导弹,下一步将替换为"哥伦比亚"级潜艇。

3)海军陆战队

美国海军陆战队是一支兵力投送型的两栖作战部队,由海军陆战队现役部队、海军陆战队舰艇预备役部队和海军陆战队预备役部队构成。海军陆战队虽然是一个独立军种,但由美国国防部海军部管辖,行政上由海军部长领导,作战部队由海军太平洋舰队司令部和舰队部队司令部进行指挥,或者也可单独执行战区作战和其他特定作战任务。海军陆战队按照特遣部队的方式组织力量,每支特遣部队都编有司令部、地面作战元素、空中作战元素和支援元素。规模最大的特遣部队称为海军陆战队远征部队,下辖地面作战师、航空联队和后勤支援大队。

4)空军

美国空军由空军现役部队、空军预备役部队和空军国民警卫队构成。美国空军的核心任务包括夺取空中和太空控制权、情报-监视-侦察、快速全球机动、全球打击、指挥和控制。美国空军主要采取航空队、联队/大队、中队三级编组。美国空军装备的飞机主要包括各型战斗机、轰炸机、攻击机、情报-监视-侦察/电子情报飞机、电子战飞机、指挥和控制飞机、加油机、运输机、训练飞机、作战搜索和救援飞机以及无人机。当前正在大力发展的战机主要有 F-35A "闪电-H"攻击战斗机、KC-46 加油机和 B-21 "奇袭者"轰炸机等。美国的洲际弹道导弹部队和战略轰炸机部队均隶属于空军,装备"民兵-3"洲际弹道导弹、B-52 和 B-2 轰炸机,可执行核作战任务。

5)太空军

2019 年 12 月 20 日,随着《2020 财年国防授权法案》的生效,美国太空军正式成立,成为美国武装力量中最新的一支军种部队。太空军隶属于空军部,行政上由空军部长领导。太空军的任务包括夺取制太空权、太空作战域感知(军事、民事和商业)、太空攻防控制、太空军和卫星作战行动的指挥和控制、核指挥控制和通信的太空支援,以及导弹预警/防御作战等。太空军成立后接管了原空军的各类军事卫星,包括通信卫星、导弹预警卫星、全球定位系统卫星等。为区别于空军航空队,太空军首创了德尔塔部队这一单位层级,专司各类太空军事任务。

6) 海岸警卫队

美国海岸警卫队隶属于美国国土安全部,主要负责美国国土防卫、海事法律执行、海上搜救、海上环境保护、近岸内河道维护、海上导航等事务。一旦进入战时状态,如美国国会在宣战书中要求或者得到总统指示,海岸警卫队将作为一支海军部军种部队执行作战任务。此外,与陆军、空军、海军和海军陆战队不同,海岸警卫队不仅是一支军种部队,同时还是一个执法机构。因此,在有潜在执法需求的海军舰艇上,有时可能会有海岸警卫队人员伴随行动。①

7) 美国的军事联盟

美国的军事实力并不限于其国内的武装力量,还包括以美国为首的诸多军事联盟,这些军事联盟几乎已覆盖全球。美国的军事联盟主要有北大西洋公约政治军事组织(即北约)、美日军事联盟、美韩军事联盟、美国与东南亚国家的军事联盟(如美国与菲律宾、泰国的军事联盟)、美澳新军事联盟、美国与中东国家的军事联盟(如美国同以色列、阿曼、沙特阿拉伯等国均有军事联盟关系)、美国与拉美国家的军事联盟(美国与拉美约20个国家签有军事联盟条约)等。上述诸军事联盟中,最主要的联盟首选北约,其次是美日军事联盟。

2. 美国的战略动向

拜登上台执政后,美国政治极化和社会分化并未得到缓解,两党斗争更加激化;通货膨胀居高不下,经济衰退风险加剧;在内政因素和国际竞争双重压力下,美国外交面临困境与挑战。

当前,美国经济虽已步入疫后复苏通道,私人消费支出稳健、劳动力市场表现不俗,总体延续增长态势,但仍存在高通胀、高债务、高逆差等问题。一是通货膨胀仍为经济增长头号威胁。财政刺激过火、供应断点频发、服务需求上升、物流运输不畅、能源价格飙升、通胀预期升温等因素交织共振,使得美国通胀仍处于高水平。二是政府债务持续膨胀。疫情以来,美国两届政府用于疫情救助和经济转型的资金共计超过8万亿美元,严重透支美国财政未来,挤压美国经济转型投入和应对下一轮危机的政策空间。② 三是贸易逆差数额巨大。美国消费需求强劲升温,国际大宗商品价格波动。与此同时,美国主动限制高新技术产品出口,加上国际供应链运转不畅,造成虽贸易逆差有所缓解,但仍处于高位。③

面对政治变局、经济困局、外交僵局,美国相继抛出"务实的现实主义"、"新华盛顿共识"、拜登经济学、内政外交互联等新理念,并陆续出台新版《国家安全战略》《国防战略》《美国印太战略》《国家军事战略》等战略文本,突出大国竞争主基调,反复强调必须抢抓未来十年窗口期,持续推进"一体化威慑"战略,着力谋求跨代军事优势,进一步强调盟友伙伴重要地位。一是持续推进大国竞争。拜登政府的《国家安全战略》认为,俄罗斯对自由开放的国际体系构成直接威胁,无视当今国际秩序;《美国印太战略》明确将中国列为地区"首要挑战"。二是大力推行政府主导的经济外交。先后通过《基础设施投资与就业法案》《芯片与科学法案》《通胀削减法案》,意在复兴本土制造业;主持召开了两次与供应

---

① 李键,王伟,武彬彬. 美军研究简明手册[M]. 上海:远东出版社,2022:27-45,173-194.
② 中国现代国际关系研究院. 国际战略与安全形势评估[M]. 北京:时事出版社,2022:65-68.
③ 张哲人,李馥伊. 当前美国经济形势及2022年经济前景展望[J]. 中国物价,2022(4).

链相关的全球会议,启动所谓"全球基础设施和投资伙伴关系"计划,积极组建美国-欧盟贸易和技术委员会、美英澳"三边安全伙伴关系"、美日印澳"四方安全对话"机制、"印太经济框架"等"小多边"排他性经济联盟,以外交促美国经济发展。三是推行"一体化威慑"谋求军事优势。通过对军事和非军事领域、不同地区、冲突频谱、政府部门、盟友和伙伴关系的整合来提高美国的威慑能力,其中,核威慑是"一体化威慑"的核心。四是秉持"技术决胜"理念。拜登政府的《国家安全战略》提出,"技术是当今地缘政治竞争和未来美国国家安全、经济与民主的核心……关键和新兴技术有望重组经济、改造军队和重塑世界。"美国一方面多措并举增强自身科技实力,另一方面企图通过构筑排他性技术联盟、出口管制、投资筛查、重塑技术使用规范等方式,限制其他国家获取先进技术。

(二)俄罗斯

1. 俄罗斯的军事力量

从 2008 年开始,在"新面貌"改革总体框架下,俄罗斯军队将原六大军区整合为东部、西部、南部、中部四大军区,实现军区区划与四大战略方向的统一。2014 年 12 月,在北方舰队的基础上组建了北方联合战略司令部,专门负责北极地区防御任务。2015 年 8 月,俄罗斯空军和空天防御部队合并为俄罗斯空天军。2021 年 1 月 1 日起,北方联合战略司令部成为新的军区,即第五军区。2024 年 2 月 26 日,总统普京签署重新划分军区的总统令。总统令将原西部军区拆开,组建列宁格勒军区和莫斯科军区,原西部军区不复存在;北方舰队的军事行政区划划入新组建的列宁格勒军区;乌东俄控的顿涅茨克、卢甘斯克、扎波罗热和赫尔松四区划入南部军区。至此,俄罗斯军事力量形成陆、海、空天三军种,以及战略火箭兵和空降兵两兵种的结构。

1)陆军

俄罗斯陆军,主要由摩托化步兵、坦克兵、导弹兵、炮兵、防空兵,以及各种保障兵组成。其装备主要包括主战坦克、各种战车、火炮,以及各种战役战术导弹及防空导弹。目前,俄罗斯陆军共计 11 个集团军,每个集团军都是按照模块化原则进行编组。

2)海军

俄罗斯海军拥有北方舰队、太平洋舰队、黑海舰队、波罗的海舰队和里海区独立舰队共五个舰队。其兵种主要有潜艇、水面舰艇、海军航空兵、海岸导弹炮兵、海军陆战队、海军特种作战任务兵等。

3)空天军

俄罗斯空天军于 2015 年 8 月 1 日组建,由空军、太空部队、防空反导战略部队组成。俄罗斯成立空天军的主要目的是提升俄空天一体作战能力。

空天军现役编为 7 个战役司令部,包括远程航空兵司令部、军事运输航空兵司令部、空天防御战略战役司令部以及 4 个地区空防司令部。此外,俄空军还改编组建了以航空兵大队为主体的空军基地、空天防御旅、防空导弹团和雷达团[1],构成"战役司令部—空军基地(旅)—大队(团)"三级指挥机构,拥有作战飞机 1183 架[2],是世界第二大空中武装

---

[1] 陶全明,张亦驰.改革,一直在路上——从"微缩"苏联空军到创建俄罗斯空天军[J].世界军事,2016(1).
[2] 侯冰.2020 年美俄空军最新实力对比[J].军事评论(俄),2020.

力量。

太空部队由航天部队和太空导弹部队组成,总设太空部队司令部,其下设第十五空天军(该军为特种部队,包括季托夫航天测试总中心和太空情报总中心)和俄罗斯联邦国防部第一国家航天试验发射场("普列谢茨克")。此外,太空部队还附属成立莫扎伊斯克军事太空科学院,为空战部队、武装力量的其他类型和分支机构以及俄罗斯联邦军事部门的专家提供培训。太空部队的武器部署在整个俄罗斯及其边界之外。国外部署在白俄罗斯、阿塞拜疆、哈萨克斯坦和塔吉克斯坦①。这是一支新的独立于核力量之外的战略遏制力量,也是俄罗斯维护国家安全的一道重要屏障。

防空反导战略部队,总设防空反导司令部,下设防空反导防御第一军(特种军)和高等军事教育机构。前者由第四防空师、第五防空师、第九反导防御师组成;后者包括朱可夫军事航空航天学院(特维尔市)和雅罗斯拉夫尔高级军事防空学校②。

4)战略火箭兵

俄罗斯战略火箭兵编为3个导弹集团军,是俄罗斯"三位一体"战略核力量的重要组成部分,由导弹兵、专业兵,以及后勤、警卫部队组成。

面对美国不断增强的导弹防御能力,俄罗斯按照"非对称"方式,放弃和美国的全方位竞争,重点提高战略核力量的突防能力和生存能力,有目的地发展速度更快、能够突破美国导弹防御体系,同时加强核武器投送平台的隐蔽性和机动性。

5)空降兵

俄罗斯空降兵,编4个空降师、1个空降旅、1个空降兵训练中心,配备有各型空降兵战车、火炮、导弹,装备全套伞兵战车,以及同一底盘上发展的突击炮、榴弹炮、指挥车、装甲输送车、反坦克导弹等。除承担伞降、机降突击任务外,俄空降兵更多的是扮演快速反应部队的角色。

2. 俄罗斯的战略动向

针对俄国内外安全形势的变化,2021年7月颁布的新版《俄联邦国家安全战略》进行了相应的调整。一是在战略环境判断上,强调世界处于转型期,俄罗斯面临复杂严峻的内外安全威胁,主要包括:俄经济发展面临巨大外部压力,俄周边军政形势紧张加剧,周边地区及国内"颜色革命"威胁有增无减,疫情、气候变化和金融等非传统安全问题凸显等;二是在国家利益上,首次提出"保护俄罗斯人民"目标并将其置于首位,突出强调维护国内安全;三是在战略优先上,坚持国防的关键支撑作用,突出将核遏制能力维持在"足够"水平上,指出当前俄罗斯面临的军事安全威胁主要有以美国为首的北约步步紧逼、全球战略稳定失衡加剧、国际恐怖主义和极端主义蔓延剧增等;四是首次新增"信息安全"作为战略优先方向,强调维护国家在信息空间的主权;五是发挥经济安全、科技发展与环境安全互为依托的作用,实现有竞争力的可持续发展;六是拓展文化安全内涵,有效抵御外部文化侵蚀与破坏;七是以互利的国际合作谋求战略稳定,维持俄罗斯作为世界一极的重要地位。

---

① 俄罗斯的空天防御新盾牌——俄罗斯空天军[EB/OL]. http://wwwkjzhmtn/xwzx/jqsm/2020-06-09-64782948html.

② 同上①。

(三)印度

1. 印度的军事力量

印度的军事力量主要由陆军、海军和空军组成。

1)陆军

印度陆军,编5个军区,装备有主战坦克、步兵战车、装甲输送车、牵引式火炮、105毫米自行火炮等。此外,还装备直升机、车辆人员登陆艇、反坦克导弹等。其中,轻、中型武器一般由本国生产,通用化程度尚好,重型武器大多从国外购买,因种类繁杂、型号各异,给使用、维修和保养带来诸多不便。

2)海军

印度海军,编有东部、西部、南部和远东4个地区司令部,东、西2支舰队,另编有潜艇司令部和海军航空兵司令部。海军装备主要有航空母舰、潜艇、驱逐舰、护卫舰、巡逻与海岸舰艇、扫雷艇、导弹快艇、两栖登陆舰艇、各种支援舰船等。

3)空军

印度空军编为西、西南、东、南和中央5个军区,拥有空中预警机、战斗机、加油机、运输机、侦察机和直升机等各型作战飞机。

2. 印度的战略动向

高增速难以掩盖经济发展面临的内外风险。当前,印度国内坏账问题困扰金融系统,私人投资需求疲软,就业问题难以改善。在控制通胀与维持经济高增速的双重压力下,宏观调控难度上升。国外,国际油价上涨抬高印度经济赤字压力和通胀压力,美联储加息导致资本从印度等新兴市场外流,增大卢比贬值压力,金融风险上升。为此,印度暂缓经济改革步伐,专注于"惠民"的福利政策。

印度历来实行"寓军于民、以民养军"的国防发展战略模式。其国防发展战略目标是:在积极发展常规力量的同时,独立自主地发展核能力和航天技术,并努力获得制造战略核武器的技术,在21世纪成为南亚和印度洋"第一军事强国"和"世界中等军事强国"。为了达成战略目标,印度积极调整外交政策,围绕"印太愿景"谋篇布局。一方面大力推进印美、印日战略合作;另一方面发展印俄、印中关系,维持大国平衡。在此基础上,加强与东盟、非洲的区域合作,强化周边外交主导,凸显战略自主性。

印度高度重视军队建设和内部维稳工作,积极采取多项举措清除积弊、强军富国。一是成立"国防计划委员会"作为最高军事咨询机构,为领导层制定军事政策提供依据。二是精简机构、裁汰冗员,通过节省人力成本推进装备现代化,提升三军协调作战能力。尽管如此,印军现代化仍面临资金不足、大国平衡困难等突出问题。

(四)日本

1. 日本的军事力量

日本武装力量称"自卫队",分别由陆上自卫队、海上自卫队、航空自卫队组成。

1)陆上自卫队

陆上自卫队是日军规模最大的军种,其兵种包括步兵(摩步、机步)、坦克兵、炮兵和高射炮兵、工程兵、空降兵、陆军航空兵、通信兵、化学兵等。

2）海上自卫队

日本海上自卫队，兵种齐全、装备先进，具有较强反潜能力、远洋机动作战能力和扫雷能力，具备全球攻防的能力，是当今亚洲乃至世界最强大的海上力量之一。

3）航空自卫队

日本航空自卫队，根据其地理和作战环境编为北部、中部、西部航空方面队和西南航空混成团。现阶段，日本航空自卫队武器装备发展的重点是实现武器装备远程化、大威力化和高性能化，确保日本或日本周边受到攻击时能够实施包括打击对手国家本土基地在内的远洋防空作战。

2. 日本的战略动向

日本积极调整政策，以期今后的日本按其设定的轨道前行。一是着力推动修宪。修宪是日本"脱战后体制"战略的核心目标之一。二是改革社保与财政。主张由所有年龄段共同承担社保成本、共同享受应有福利，而非劳动人口承受重负、老年人口坐享其成。三是提出"战后外交决算"。"战后外交总决算"，试图强化日本在东北亚秩序构建中的主动性和独立性，扩大外交空间，重点突破对俄罗斯和朝鲜的关系，寻求与二者"完全的"战后处理。

为解决日本经济结构难题，应对国内外形势变化，日本政府实施了一系列新战略，以谋求经济新增长。一是修改入境管理法，吸引海外人才，补足劳动供给。二是推进"第四次产业革命"，开发运用人工智能、大数据、物联网等新兴技术，构建以自动驾驶、健康医疗等为代表的新产业体系，带动日本经济结构整体转型升级。三是加强国际合作，拓展海外增长空间。总体上看，日本经济中短期保持温和增长态势，但结构性问题难以根本解决，长期稳定增长任重道远。

日本外交中最大的变化因素是美国。美国重视双边交涉、轻视多边机制，重视经济利益、轻视与盟友的特殊关系。为适应新变化，日本在稳定日美关系的同时，积极发展与欧盟、东盟、印度等的关系，并试图突破日俄、日朝关系。一是在日美安全合作的基础上，拓展其他双边安全合作。针对美国态度的变化，日本除强化自身防卫力量外，继续强化同盟实务层面合作，增加自身在同盟中的"魅力"。二是积极应对国际经济变局。面对美国不断加大的对日经贸攻势，日本一方面升级对越、印等国的外交攻势和战略布局，并在印太框架下加强与印度的战略合作。另一方面，在要求中国"改变不当贸易措施"方面与美欧立场一致，联手美欧正式向 WTO 货物贸易理事会出示改革方案。三是在处理日朝、日俄关系上降低要价，试图借助国际局势变化，逐步解决问题。四是中日关系逐渐驶向正轨，双方在各领域积极互动交流，谋求合作。

思 考 题

1. 分析国际战略形势的现状。
2. 结合当前国际形势，谈谈你对国际战略发展趋势的认识。
3. 试分析当前美国的军事力量及战略动向。
4. 试分析当前俄罗斯的军事力量及战略动向。
5. 试分析当前印度的军事力量及战略动向。
6. 试分析当前日本的军事力量及战略动向。

第三章

军事思想

学习目标

了解军事思想的内涵、形成与发展历程,了解外国代表性军事思想,熟悉我国军事思想的主要内容、地位作用和现实意义,理解习近平强军思想的科学含义和主要内容,使学生树立科学的战争观和方法论。

第一节 军事思想概述

军事思想,是人们对战争和军事斗争实践经验及其特点、规律的科学总结,是关于战争和军事问题系统化的理性认识。先进的军事思想,是军事斗争与军事斗争准备的科学理论指南,是战争制胜的重要因素。

一、军事思想的内涵

《中国人民解放军军语》对军事思想的释义是:"关于军事领域基本问题的理性认识。通常包括战争观、军事问题方法论、战争指导思想、国防和军队建设思想等。"①

军事思想是军事科学的重要组成部分,属于社会意识形态,受世界观和方法论的制

---

① 《中国人民解放军军语》(全本)[M]. 北京:军事科学出版社,2011:1.

约,具有鲜明的政治性、阶级性、实践性、时代性、继承性和超前性等基本特征。

军事思想是关于战争和军事问题的理性认识,通常表现为国防与军队建设、战争准备与实施的指导理论和基本原则,其主要内容包括战争观与军事问题的方法论、军队建设思想、作战指导思想和原则、国防建设思想等。

不同阶级、国家或政治集团有不同的军事思想。同一阶级、国家或政治集团的军事思想,在不同历史时期或发展阶段也有区别。军事思想可以按社会历史发展阶段、阶级、国家、不同历史时期主导性兵器或代表性人物等分类。军事思想按照时代区分,有古代军事思想、近代军事思想和现代军事思想;按照阶级性质区分,有奴隶主阶级军事思想、封建地主阶级军事思想、资产阶级军事思想和无产阶级军事思想;按照地域和国家区分,有外国军事思想和中国军事思想;按照人物区分,有孙子军事思想、克劳塞维茨军事思想、拿破仑军事思想、毛泽东军事思想、习近平强军思想等。

二、军事思想的形成和发展

人类对战争和军事问题的认识,有一个历史发展的过程。从社会发展阶段的角度看,军事思想的形成与发展可以划分为古代、近代和现当代三个发展阶段。

(一)古代军事思想的形成和发展

军事思想作为独立的意识形态出现,始于奴隶社会。随着社会的进步,战争成为阶级斗争的最高形式,与此同时,人类的思维能力达到了新的水平。日渐丰富的军事经验与逐步提高的认识能力相结合,使人类对战争问题的认识向客观实际越来越靠近,渐渐形成了一些对战争和军事问题的观点和看法。古代军事思想的产生、发展主要集中在两个相对独立的区域,即作为古代文明发源地的中国和地中海沿岸国家,内容包括奴隶社会和封建社会两个时期的军事思想。

1. 中国古代军事思想的形成和发展

中国古代军事思想是随着社会的进步、武器装备的更新、战争的发展而不断成熟的。概括起来可以划分为以下几个主要历史阶段。

1)中国古代军事思想的初步形成阶段

夏、商、西周时期是中国古代军事思想初步形成时期。人类战争起源于原始社会,是萌芽形态的战争,还不是具有阶级性质的战争。中国古代军事思想最早出现在公元前21世纪至公元前8世纪的奴隶制时期,出现了军队和真正意义上的战争,军事思想开始萌芽并逐渐形成。当时专门研究军事的著作有《军政》《军志》等,已经失传。成书于战国时期的《司马法》,是夏、商、周三代战争经验的总结,其中也包括春秋和战国前期的军事理论成果。奴隶社会时期的军事思想,已经把军事视为维护奴隶主阶级统治的特殊手段。战争观方面,到西周时期虽然已经提出了"敬天保民"的观点,但以宗教迷信为基础的"天命观"仍是战争观的核心。作战指导思想方面,强调以车战为主体,强调严格纪律约束下的密集队形作战,强调稳扎稳打,发挥整体威力。作战指导的灵活性增强,主张因敌、因地、因势而战。

2)中国古代军事思想趋向成熟阶段

春秋战国时期是中国古代军事思想日趋成熟时期。从公元前8世纪初到公元前3世纪末,历时500年左右,是我国历史上的春秋战国时期。这一时期,我国从奴隶制向封建制过渡,是我国古代政治、经济、文化、科技大发展的时期,也是中国古代军事思想大繁荣的时期。由于阶级矛盾的不断深化,使战争连绵不断,战争规模扩大,战争频繁而形式多样,涌现出许多杰出的军事家和军事著作,其中最著名的是春秋末期孙武的《孙子兵法》。它是现存最早、影响最大的中国古代兵书,是新兴地主阶级军事理论的奠基作,标志着中国古代军事思想的成熟,成为后世兵书的典范。到了战国时期,又出现了《吴子》《司马法》《孙膑兵法》《六韬》《尉缭子》等兵书。春秋战国时期,已经形成了较为完整的朴素唯物论战争观,认为战争的起因是社会矛盾激化的产物,而不是"皇天降灾",已经看到战争的胜负是由政治、经济、军事、外交等基本因素综合决定的。对待战争的性质和态度更加明确,强调支持正义战争,反对非正义战争。在战争指导上,提出了知彼知己、未战先算、伐谋伐交、以智使力等原则。在治军方面,已经形成了一套系统的治军理论,强调"凡兵,制必先定",武器装备"必合于战",治兵以教诫为先,等等。

3) 中国古代军事思想的丰富和发展阶段

秦至五代时期是中国古代军事思想的丰富和发展阶段。公元前3世纪初至公元10世纪中叶,是中国封建社会发展的上升阶段。这期间主要经历了秦、汉、晋、隋、唐等几个大的统一封建王朝,虽然也有过短暂的分裂,但总的趋势是统一与发展。其中汉、唐两代是中国封建社会发展的盛世。秦自公元前230年至前221年,经过10年统一战争先后兼并六国,建立了第一个中央集权的封建国家,标志着中国封建社会进入了一个新的历史阶段。这一时期的军事思想,是对先秦军事思想的全面继承,并结合时代特点有进一步的丰富和发展,是中国古代军事思想史上承前启后的历史阶段。这一时期比较有代表性的兵书有《黄石公三略》《李卫公问对》《淮南子·兵略训》《太白阴经》《长短经》等。军事思想主要内容有:西汉时期已经开始全面整理兵书,并把兵书分为兵权谋、兵形势、兵阴阳、兵技巧四大门类,初步形成了古代的军事学术体系;战略思想日臻成熟。先秦兵书已经提出了若干战略思想,但战前明确提出战略方针还没有先例。从秦统一六国战争开始,已经提出了明确的战略指导方针。如秦提出的"远交近攻,各个击破",楚汉战争中提出的"就国汉中,还定三秦,以图天下",诸葛亮的《隆中对》等。这一时期中,战略防御思想更加完善,除了修整长城,筑墙设守,把"筑城置戍"与战略进攻相结合外,还采取了固边与睦邻并用的防御思想;深化了先秦的用兵原则,如兵书《李卫公问对》,开创了结合战例研究兵法的先例,对战略持久问题提得更加明确,对先秦军事思想中有关奇正、虚实、攻守、主客、分合等重大问题,做出了新的探索,对这些军事辩证法范畴的理解更加科学;秦以后进入了以铁兵器为主的时代,东汉则完全淘汰了铜兵器,骑兵成为战争力量的主角,舟师水军参战更多,这就要求作战指挥必须加强步、骑、水军的配合作战,在多兵种配合的作战中,战争谋略和指挥艺术达到了前所未有的高度。

4) 中国古代军事思想的体系化发展阶段

宋至清前期,是中国古代军事思想的体系化发展时期。从公元960年到1840年,历经宋、元、明、清(前期)4个朝代。这一时期,中国封建社会已进入阶级矛盾激化、统治阶级内部矛盾深化的时期,当政者为了维护其统治,确立武学在整个社会的正统地位,开办武学,设立武举,发展军事教育。据《中国兵书总目》统计,这一时期兵书共计1815种,占中国古代兵书的3/4,涵盖了军事思想的方方面面,形成了比较系统的军事思想体系。

主要内容有:武学开始纳入国家教育体系。宋仁宗时期就已经开办了"武学",但未能坚持。宋神宗时期,把《孙子兵法》《六韬》《三略》《尉缭子》《司马法》《李卫公问对》《吴子兵法》7部兵书作为武学必修课程,统称《武经七书》,军事思想研究向体系化发展。这一时期,逐渐形成了由不同的兵书组成的军事学术体系,如第一部军制史专著《历代兵制》、第一部名将传记《百将传》、第一部专门军事类书《武经总要》、第一部军事地理学专著《读史方舆纪要》等。在积极防御与消极防御两种军事思想的长期斗争中,在沉痛的战争教训面前,对积极防御思想有了更加深入的认识,积极进攻、远程奔袭的战略思想进一步发展,而且由于热兵器逐步广泛应用于战争,冷热兵器并用的军事思想开始形成。在作战方法上,初步出现了火力准备、火力突袭和拦阻射击等战法。总体上来看,明清时期从军事思想高度认识火器在战争中的作用是不够的,一些兵书不太注意从军事思想的高度总结火器条件下的作战经验,过分看重冷兵器时代的军事原则。

2. 外国古代军事思想的形成和发展

与中国古代军事思想相比,外国古代军事思想起步晚,缺乏系统的论述。主要包括公元前8世纪至公元5世纪古希腊、古罗马以及中世纪的军事思想。

远古时代,生息繁衍于世界各地的众多氏族群体,对军事问题的认识普遍处于蒙昧状态,往往把战争发生和胜负的原因归结为"天意""神旨"等。两河流域苏美尔人关于"秩序"之神战胜"混沌"之魔的传说,反映的便是这样一种情况。随着私有财产和阶级的产生,特别是进入奴隶制社会后,战争成为阶级斗争的最高形式。与此同时,随着社会的进步,人类的思维能力达到了新的水平。丰富的军事实践经验与提高了的认识能力相结合,使人类对战争问题的认识进一步向客观实际靠近,迷信色彩有所淡化。

在古代,世界各个国家的军事思想,特别是古代希腊军事思想和古代罗马军事思想获得显著发展。从史书记载的古希腊底比斯军事统帅埃帕米农达、马其顿国王亚历山大三世、迦太基军事统帅汉尼拔,古罗马军事改革家马略、奴隶起义军领袖斯巴达克等人的军事实践活动和这一时期的代表性军事著作,像希罗多德的《历史》、修昔底德的《伯罗奔尼撒战争史》、色诺芬的《远征记》、凯撒的《高卢战记》和《内战记》等书中,都反映出古代欧洲一些国家的军事思想。如认为,为赢得战争胜利,必须政治、外交手段和军事打击并用;用兵之道,计谋胜于刀枪;军队的力量在于指挥官和纪律,没有优秀的指挥官将一事无成;统帅的艺术在于根据情况采取行动;战争艺术的基本原则是避免分散兵力,作战指挥的要旨在于选择时机、迅速行动和击敌要害;正确编组战斗队形是取得战斗胜利的前提之一,应考虑参战兵力和地形条件等进行编组;突然出击最能使敌方惊慌失措。至公元1世纪,开始出现带有较强理论色彩的军事著作,如古罗马弗龙蒂努斯的《谋略》以及后来韦格蒂乌斯的《论军事》等。在随后长达千年的中世纪,欧洲军事思想发展较为缓慢。在这一时期,穆罕默德创建的阿拉伯帝国,奉行宗教与军事一体化的治军方针,其继承人欧麦尔一世在一系列对外征服战争中,以"圣战"为旗帜;奥斯曼帝国皇帝穆罕默德二世实行庞大的兵员数量与先进的军事技术并重、贵族骑兵与平民步兵并重的建军原则;日本颁布的第一部较完备的国家军事法典《大宝军防令》,就兵役、边防和军队的组织、训练、管理及作战,提出若干指导原则,都对军事思想的发展做出了贡献。

而在随后的中世纪,欧洲军事思想发展缓慢,军事著作很少。主要有拜占庭帝国佚名作者著的《战略》,主要论述战术问题,稍后还有里欧的《战术》。意大利文艺复兴时期,马基雅维利的《战争艺术》等著作,在欧洲军事学术史上起了承前启后的作用。后来,法国的沃邦、萨克斯,奥地利的蒙特库科利等军事理论家的著作,都为资产阶级军事思想的形成创造了条件。

(二)近代军事思想的形成和发展

从1640年英国资产阶级革命到1917年俄国十月革命,为世界近代史时期。世界大多数国家尝试资本主义发展道路,在封建与反封建、资本主义与反资本主义、殖民与反殖民的斗争中,各种性质的战争交织在一起,为近代军事思想的发展提供了土壤。同时,热兵器的广泛应用,使得军事装备较之以前发生了翻天覆地的变化,从而催生出与之相适应的近代军事思想。近代军事思想可以分为资产阶级军事思想和无产阶级军事思想两大体系。

1. 近代资产阶级军事思想的形成和发展

15世纪和16世纪之交,欧洲军事思想领域出现了近代化的萌芽,主要代表著作是意大利马基雅维利的《战争艺术》①等。17世纪至18世纪,欧美各国资本主义迅猛发展,发达的工场手工业生产出大量新式火器,资产阶级政治革命风暴造成的阶级关系和民族关系变化,加之早已兴起的文艺复兴运动对意识形态的催化作用,促使战争和军队建设从形式到内容发生了巨大变革,欧美军事思想的近代化过程随之达到高潮。瑞典国王古斯塔夫二世·阿道夫、英国革命战争领导人克伦威尔、俄国沙皇彼得一世、普鲁士国王弗里德里希二世、英国军事著作家劳埃德、俄国大元帅苏沃洛夫、美国独立战争领导人华盛顿、普鲁士军事著作家比洛、奥地利军队统帅卡尔大公等,对这一时期军事思想的发展均产生过重要影响。有的提出军事是一门有规则可循、可知可学的科学;有的指出战争与国家的对内对外政策密切相关,主张战术服从战略,以公民军队取代雇佣军队,利用民众力量进行战争;有的强调作战方法必须随着火器的不断进步而创新;有的主张实行反映新兴资产阶级利益的治军制度,破除封建贵族的军事特权,设立随军牧师。

近代欧洲军事思想变革的成果,集中体现在产生于18世纪末至19世纪前期的拿破仑战争艺术,以及克劳塞维茨所著《战争论》和若米尼所著《战争艺术概论》这两部军事理论名著之中。拿破仑一世凭借法国大革命所造成的新的社会条件,创立了使用广大民众力量进行战争的崭新作战体系。这一体系贯穿着依靠反对封建君主统治的广大民众支持和进行运动性作战的基本思想,在与欧洲大陆君主国反法联盟进行的战争中表现出强大威力,对封建制度下的旧式作战体系敲响了丧钟。这两部著作均在总结拿破仑战争经验的基础上产生,标志着欧洲和世界近代资产阶级军事思想体系的基本确立。近代资产阶级军事思想体系,很大程度上是借助于当时自然科学中的机械唯物论和人文科学中的唯心史观形成的,夹杂着资产阶级的偏见。在这一时期,世界其他一些国家的军事思想也有较快的发展。如日本通过明治维新,大力引进欧洲的军事制度和军事理论,迅速实现了军事思想的近代化。

19世纪中叶以后,世界列强竞相利用产业革命所提供的崭新物质技术手段,在全球

---

① 《战争艺术》:又译《论战争艺术》或《兵法》,全书共7卷。由意大利文艺复兴时期的政治思想家、历史学家尼科洛·马基雅维利著。

加剧争夺势力范围,相应的军事理论开始产生。德国首相俾斯麦宣称,德国的一切重大问题都只能通过"铁与血"的手段解决。日本首相山县有朋宣布,以朝鲜和中国等邻国国土为日本的"利益线"。世界资本主义体系在19世纪末至20世纪初发展到帝国主义阶段,对外扩张的各种军事理论大量出现。英国H.斯宾塞的"社会达尔文主义""社会有机论"和德国拉采尔的"地理环境决定论"认为,"强存弱汰"是国际生活的"自然法则",一个"健全的国家有机体"有权通过战争扩展自己的"生存空间"。美国马汉的《海权论》则提出,谁控制了海洋谁就能控制世界,为此必须大力发展海上力量。他的理论被美、英、日等国奉为国防发展的主导原则。T. 罗斯福执政时期,美国国家安全的指导原则由19世纪前期专注控制西半球,改变为追求全球扩张。

近代中国自1840年鸦片战争后逐步沦为半殖民地半封建社会,当时清政府许多有识之士看到武器装备对于战争胜负的重要性,开始从西方引进先进技术,开办工厂,制造机械,因此,当时的军事学术主要是介绍西方武器装备性能和操作的。甲午战争后,清政府意识到仅靠坚船利炮的作战思想落后亦不能赢得战争,于是翻译西方重要军事著作,自行撰写的代表作有《兵学新书》《军事常识》《兵镜类编》等。其主要军事观点包括:师夷长技,重整军备;依靠民众积极备战;避敌之长,击敌之短;以弃为守,诱敌入险等。

虽然中国近代晚清政府军事思想有所创新发展,但晚清的军事变革是在外敌入侵的情况下被迫进行的,缺乏主动性,认识不深刻,有照搬照抄之嫌,因而中国近代晚清的军事思想良莠并存,复杂异常。

1905年孙中山建立了同盟会,是国民党的前身。1911年辛亥革命胜利,1919年孙中山恢复国民党组织,后来在共产国际和中国共产党的帮助下,提出了新三民主义,建立黄埔军校,提出了建立革命军的思想。孙中山的军事思想属于资产阶级范畴,由于时代局限性,其军事理论缺乏系统性,未能解决中国革命战争的一系列根本性问题。而中国近代社会资产阶级的代表蒋介石,其军事思想核心是以封建伦理道德为基础的唯心主义战争观,否认战争的阶级属性,战略战术主要是曾国藩和胡林翼的战法以及德、日、美等国教范的杂烩,严重落后于近代战争的要求,不但政治上是反动的,而且军事上是落后的。

2. 近代无产阶级军事思想的形成和发展

无产阶级军事思想,作为一种崭新的军事思想体系,是在近代确立的。19世纪中后期,为适应当时工人运动发展的需要和迎接即将到来的无产阶级暴力革命,马克思和恩格斯共同创立了马克思主义军事理论。他们运用辩证唯物主义和历史唯物主义,首次正确揭示了战争和军队同社会生产方式之间的内在联系,阐明了军事领域的若干基本规律,确立了军事问题认识论和方法论的科学原则,创立了关于城市工人武装起义、无产阶级军队和人民战争及其战略战术原则的学说。

马克思主义军事理论,集中反映在马克思、恩格斯的《共产党宣言》《皮蒙特军队的失败》《共产主义者同盟中央委员会告同盟书》《德国农民战争》《1852年神圣同盟对法战争的可能性与展望》《德国的革命和反革命》《中国革命和欧洲革命》《对塞瓦斯托波尔的围攻》《革命的西班牙》《山地战的今昔》《波斯和中国》《步枪史》《国际工人协会总委员会关于普法战争的第一篇宣言》《国际工人协会总委员会关于普法战争的第二篇宣言》《法兰西内战》《反杜林论》《家庭、私有制和国家的起源》《欧洲能否裁军》等一系列著作中,也反映在马克思和恩格斯为《美国新百科全书》撰写的军事条目及关于军事问题的书信中。

马克思主义军事理论的诞生,是人类军事思想发展史上一次划时代的伟大革命,为人们研究、解决军事领域的问题提供了科学的基本观点和基本方法,为无产阶级军事思想的发展奠定了坚实的理论基石。

(三)现当代军事思想的形成和发展

俄国十月革命及第一次世界大战后,世界历史进入现代史。这一历史时期,军事技术突飞猛进,武器装备较之从前发生了翻天覆地的变化。雷达、坦克、飞机、航空母舰、远程导弹、精确制导武器层出不穷,热兵器能量的运用从火药转为炸药,进而是原子能量释放,武器破坏力大大增加,作战效能成倍增长,对战争的进程乃至结局影响越来越大。因而现当代军事思想内容丰富,异彩纷呈。

1. 外国现当代军事思想的形成发展

第二次世界大战(以下简称"二战")结束以后,以美国、苏联为首的两大国际政治、军事集团之间长期进行冷战。二战后初期,美苏等国家非常重视核武器的研制,围绕核战争以及核威慑条件下的常规战争提出一系列理论观点。美国首先提出"核武器制胜"理论和"大规模报复"的战略理论。苏联提出未来战争是一场全面的火箭核大战。但是,在美苏核武器数量越来越多,英国、法国和中国都拥有核武器以后,核力量由比较悬殊到相对均势的发展变化,世界形成"恐怖的核平衡"。许多国家都认识到谁也不能轻易发动核战争,转而研究"有限核威慑"等理论,将目光重新转向常规战争。在战争指导原则方面,相继提出冷战理论、有限战争理论及特种战争理论等。国防和军队建设的指导方针,由原来的优先发展核武器,调整为既注重发展核军备,同时不放松发展常规力量,以适应打赢核威慑条件下不同规模和强度常规战争的需要。这一时期,在广大第三世界国家和地区风起云涌的人民革命武装斗争中,游击战理论得到了进一步的发展。

20世纪中后期以后,随着新军事革命在世界范围内蓬勃兴起,大量高新技术普及应用,促使军事领域发生新的根本性变革。世界军事理论界逐步掀起对新军事革命的研究热潮。苏联的奥加尔科夫认为,高新技术的不断发展完善,将引起军事上的深刻革命,对军队组织结构、指挥体制、武器系统和作战方法等产生根本性影响。他被誉为世界新军事革命的首倡者。

冷战结束后,世界各主要国家都充分认清信息时代的到来对军事领域的重大影响,积极进行军事理论创新。美、英、法、德、印度等国的军事理论家,对转型时期及未来信息化战争等问题,提出了一系列新的观点和看法。这些都有力地推动了各国现代军事思想的发展,集中体现为着重探索信息化局部战争的客观规律及指导原则,探索在这种新的战争形态下军队建设和国防建设的指导方针及原则。各国普遍认为,信息化战争动因更加复杂,战争规模和手段受到政治的严格控制,战场空间扩大,信息战将成为主要的作战样式。在战略手段上,各国普遍强调信息在维护国家安全和未来战争中的作用,提出"混合战争""信息优势""信息威慑""信息防护"等一系列新概念。在作战思想上,提出"基于效果作战""快速决定性作战""空地一体战""联合作战"等新的作战方式。在建军思想上,普遍认为需要实现由机械化军队向信息化军队的转型。

当前,世界新军事革命仍在蓬勃发展,信息化军事理论创新的热潮方兴未艾,军事思想必将在以信息化为核心的创新研究中获得更大发展。当前和未来一段时间,信息时代的战争观、智能化武器装备研制与应用、国防与军队建设理论、信息化作战理论等将成为研究的重点内容,世界各国将会陆续推出一大批崭新的成果。外国军事思想将由此进入一个新的发展阶段。

2. 中国现当代军事思想的形成和发展

列宁、斯大林处于帝国主义和无产阶级革命的时代。20世纪初期,列宁在领导俄国十月革命和保卫苏维埃政权的国内战争、斯大林在领导苏联国防建设和夺取苏联卫国战争伟大胜利的实践中,创造性地发展了马克思主义军事理论,创立了现代无产阶级军事思想,也为中国革命战争提供了理论指导。

中国共产党在长期的革命战争和国防建设实践中,借鉴古今中外军事思想的有益成果,逐渐形成了毛泽东军事思想、邓小平新时期军队建设思想、江泽民国防和军队建设思想、胡锦涛国防和军队建设思想、习近平强军思想,不断实现马克思主义军事思想中国化时代化新的飞跃。在新时代深化研究和探讨中国共产党的军事理论,跟踪世界主要军事强国军事理论的发展,借鉴其中有益的成分,丰富和发展中国特色的军事理论,是当代中国军事思想发展的紧迫任务。

三、军事思想的地位作用

军事思想是战争和军事问题系统化的理性认识,揭示了军事领域的一般规律,既是军事实践的行动指南,也是军事科学发展的理论指导,对其他社会实践领域也具有重要的借鉴意义。

(一)军事思想是军事实践的根本指南

军事思想是军事实践的能动反映、理论概括,同时也对军事实践具有指导作用。军事思想对军事领域的规律反映得越深刻、越正确,它对军事实践的指导作用也就越大,人们就可以在战争中掌握主动,少犯错误,多打胜仗。在战争史上,每一次取得伟大胜利的战争,都有正确的军事思想作指导。没有正确的军事思想作指导,即使具备取得战争胜利的物质条件,也难以赢得战争胜利。人类一系列伟大的战争实践证明,在客观物质条件许可的范围内,军事思想正确与否决定着战争的胜败。

(二)军事思想是研究各门具体军事学科的理论基础和根本方法

在军事理论科学研究领域中,基础理论研究和应用理论研究是它的两个基本组成部分。与此相对应,军事理论大体分为军事思想和军事学术两个门类。军事思想作为军事科学的基础理论,为应用理论研究指明方向,确定基本的原则和方法,使其具备坚实的理论基础。而应用理论研究则是基础理论研究的深化,是军事思想的具体应用。研究军事学术,如果没有正确的军事思想为指导,就不可能有正确的方向和道路,就不能对现实问题及其发展趋势做出正确的分析和判断,就找不到解决问题的正确途径和方法。

军事思想对其他学科的指导,首先体现在提供基本的军事观,或者说揭示一般规律上。毛泽东揭示了战争的军事本质是"保存自己,消灭敌人",这是战争的基本规律,它贯彻于战略战役战术的始终。其次体现在提供正确的方法论上,毛泽东强调战略、战术计划的制定,要遵循用力省而成功多,强调要立足于最困难情况往最好处努力等。这些方法原则,是我军指挥员作出战略、战役和战术决策的基本方法。

(三)军事思想对其他社会实践有着重要的借鉴意义

军事思想是战争和军事规律的总结,而战争和军事活动,都是社会实践活动,因此军事思想本质上也是社会实践活动规律的反映,对政治、经济、外交等各个领域的社会实践都有借鉴指导作用。

例如,《孙子兵法》应用到了商战和体育竞争等领域;毛泽东的战略上藐视敌人、战术上重视敌人的思想适用于不同领域。因为做任何工作,既要有成功的信心,同时又要有成功的办法。藐视和重视的辩证法,是敢想敢干精神和实事求是科学态度的基本规律的高度概括。军事思想中关于战略和战役的关系,要求人们也必须正确处理全局和局部的关系。体育比赛中重视对进攻和防御战术的研究和运用,市场竞争中借鉴军事思想提出的许多巧妙的策略和艺术等,都说明军事思想对其他领域具有广泛的借鉴意义。

总之,军事思想既是军事斗争规律的科学反映,又是人类社会实践和竞争、对抗的大智慧,是人类生存与发展的总体线索,也是各国和各民族战略文化传统及思维方式的传承。不管做什么工作、研究什么问题,都应该自觉地从军事思想中吸取营养,增强工作的原则性、系统性、预见性和创造性。

思 考 题

1. 如何理解军事思想概念的科学内涵?
2. 军事思想的形成发展经历了哪些阶段?
3. 军事思想具有什么重要意义和指导作用?
4. 中西方军事思想发展演变有哪些共同点和异质性?

第二节 外国军事思想

外国军事思想是除中国以外的世界其他有代表性的国家及其政治家、军事家和思想家关于战争、国防和军队等问题的理性认识。世界各国文明是相互交流、共同进步的,军事思想领域也是如此。马克思、恩格斯和列宁等创立的无产阶级军事理论,是中国当代军事思想的基石,必须坚决继承与发展。而借鉴和吸取其他外国军事思想的有益成分,认识其存在的不足,也具有重要的现实意义。

一、外国军事思想的主要内容

随着社会生产力的发展、战争规模的扩大以及科学文化水平的不断提高,外国军事思想经历了一个由浅入深的演进过程,在不同阶段有不同的内容。

(一)外国古代军事思想的主要内容

外国古代军事思想以古希腊和古罗马为代表。古希腊时期军事思想的代表性观点概括起来主要有:战争是由根本利害矛盾引起的;战争是为了征服,谋求城邦的霸主地位;战争的胜负取决于政治、经济、军事、精神等条件;作战双方必须对双方的军力、财力、人力等方面的长处和短处进行认真分析对比;注意激励军队的士气,立足以优势力量建立己方胜利的信心;采取出乎敌人意料的行动,使之惊慌失措等。

古罗马时期的军事思想源于此又有所发展,主要表现在:认为战争有正义与非正义之分;把军事作为实现政治目的的工具,而政治又是配合军事行动达到军事目的的手段;通过外交广泛联盟,孤立对手,恩威并举,实现目的;主张以进攻为主,防御为辅;在被迫处于防御地位时,总是通过向敌后等薄弱处进攻,改变攻防态势,变防御为进攻;主张建立一支忠于自己的部队,以金钱、土地、建筑等物质利益保证部队的忠诚,以精神鼓励、严格的纪律保持部队的战斗力。

(二)外国近代军事思想的主要内容

世界近代史是资本主义形成与上升、无产阶级作为独立的政治力量开始登上历史舞台的时代。近代军事思想发展的总体特征:一是欧洲一些国家在文艺复兴运动和产业革命的推动下率先实行军事思想的变革,资产阶级军事思想体系得到确立;二是人类军事思想发生革命性变化,以马克思主义军事理论为代表的无产阶级军事思想宣告诞生。

1. 外国近代资产阶级军事思想的主要内容

资产阶级军事思想形成于17世纪中叶到19世纪中叶,这一时期代表性的著作主要有:俄国苏沃洛夫的《制胜的科学》、瑞士若米尼的《战争艺术概论》和《战略学原理》、普鲁士克劳塞维茨的《战争论》、美国马汉的《海权对历史的影响》和《海军战略》等。

这一时期主要的军事思想包括:反对战争认识问题上的不可知论,提出军事科学的概念;把军事科学区分为战略和战术两个部分;主张探讨战争的本质、规律,研究军队、装备、地理、政治和士气等因素在战争中的作用;重视对战史的研究;认为战争是政治通过另一手段的继续,是迫使敌人服从己方意志的一种暴力行为,具有偶然性,是实现政治目的的工具;认识到民众武装在战争中的重要作用,但民众武装的使用要有条件;重视建立一支反映资产阶级利益的军队;重视和平时期军队建设和战争准备;认识到新发明对于军队的组织、武器装备和战术的影响,装备的变化必然引起战术的变化;认识到作战中士气的作用,因而把思想教育训练放在重要位置;认为海权是推动国家以至历史发展的决定因素,控制了海洋就控制了整个世界;树立歼灭战思想,军事行动的目的是在不设防的野战中消灭敌人的军队,而不是占领敌人的领土和要塞;与歼灭战相适应,大多数军事家都强调进攻,认为只有进攻才能消灭敌人;防御不能是单纯的防御,而是由巧妙打击组成的盾牌;要在主要方向和重要时刻集中兵力,快速机动是集中兵力的重要途径;认为作战应确立打击重心、保持预备队等原则。

2. 外国近现代无产阶级军事思想的主要内容

马克思、恩格斯创立了近代无产阶级军事思想。列宁在领导俄国十月革命和反对帝国主义武装干涉及国内战争中,从帝国主义和无产阶级革命时代的特点与俄国的实际出发,创立了关于战争与革命、武装起义和建设工农红军、实行全民战争等理论,为马克思主义军事理论谱写了新篇章。列宁代表性的军事著作有《旅顺口的陷落》《革命军队和革命政府》《莫斯科起义的教训》《社会主义与战争》《无产阶级革命的军事纲领》《战争与革命》《大难临头,出路何在?》《沉痛的但是必要的教训》《无产阶级革命和叛徒考茨基》《大家都去同邓尼金作斗争!》和《为战胜高尔察克告工农书》等。列宁逝世后,斯大林等在领导苏联工农红军和国防现代化建设中,在领导和指挥反对法西斯侵略的卫国战争中,继承和发展了马克思列宁主义的军事理论,制定了苏维埃国家国防和军队建设的基本原则,作出了关于决定战争命运的诸因素及其相互关系、战略与策略等问题的论述,全面建立起苏联军事思想体系。斯大林代表性的军事著作有《在俄共(布)第八次代表大会上关于军事问题的演说摘要》《关于建立共和国的战斗预备队》《论俄国共产党人的战略和策略问题》《论中国革命的前途》《论红军的三个特点》《广播演说》《最高统帅部大本营指示信》《国防人民委员命令》(第五十五号)、《伟大的十月社会主义革命二十七周年》和《在莫斯科市斯大林选区选举前的选民大会上的演说》等。世界其他一些国家的无产阶级政党在领导本国人民的革命武装斗争中,把马克思列宁主义军事理论的原理与本国的实际结合起来,创立了各具特色的无产阶级军事思想。中国共产党创立的军事思想,是现代无产阶级军事思想的杰出代表。

马克思、恩格斯创立的近代无产阶级军事思想,列宁、斯大林进一步丰富完善的现代无产阶级军事思想,是一个继承发展的完整理论体系,核心内容主要包括:认为战争和军事是一个历史范畴,随着私有制和阶级的产生而产生、消亡而消亡;要拥护正义战争,反对非正义战争;帝国主义是战争的根源;无产阶级必须用暴力推翻资产阶级建立自己的统治;应组织城市工人武装起义,夺取国家政权;无产阶级夺取政权、巩固政权都必须有自己的新型军队;无产阶级代表人民利益,有能力、有条件把人民武装起来实行人民战争,并强调军队与人民群众相结合;认识到科学技术的进步必然引起战略战术的变革;主张积极防御、主动进攻、慎重决战、灵活机动。

(三)外国现当代军事思想的主要内容

进入20世纪以后,随着垄断资本主义的进一步发展,帝国主义国家之间重新瓜分世界的争斗愈演愈烈,终于导致爆发了两次世界大战。帝国主义列强在签订各种和平条约和实行军备控制的同时,纷纷抢先发展坦克、飞机、潜水艇、航空母舰等机械化兵器并大量装备军队。第二次世界大战这场大浩劫刚结束不久,世界又进入了长期的冷战时期,各种新的军事技术迅速发展,新式武器装备不断涌现,虽然没有再次爆发新的世界大战,但局部战争和军事冲突不断,新的战争理论应运而生,外国军事思想创新发展,内容丰富多样。

1. 外国现代军事思想的主要内容

英国麦金德提出"大陆心脏说",认为谁控制了东欧和中亚,谁就能控制世界。德国纳粹地缘政治学家豪斯霍弗尔把这一学说加以利用和发展,为希特勒的侵略政策制造舆论。德国鲁登道夫提出"总体战"理论,强调动员国家一切力量、使用一切手段进行战争。意大利的杜黑、英国的特伦查德、美国的米切尔等人,认为空中力量在现代战争中有决定性作用,主张建立并优先发展独立的空军。英国的富勒和利德尔·哈特、法国的戴高乐和德国的古德里安等,认为现代战争中的决定性制胜手段是高度装甲化、机械化的机动突击力量。为此,古德里安提出"闪击战"理论,戴高乐主张把小型职业军队作为军队建设的发展方向。英国的利德尔·哈特还提出"间接路线"战略,认为在战争指导上应尽量采取迂回打击的方式。上述理论在第二次世界大战中得到一定程度的应用,并有所发展。外国现代军事思想,带有明显的"技术决定论"倾向,虽然提出了一系列重要的军事理论,反映了科学技术所引起的军事变革及军事观念和战略战术变化,但这些军事理论都陷入了把战争的制胜因素完全归结为先进的武器装备的误区,这在根本上是错误的。

(1)"空中战争"理论。意大利的杜黑、美国的米切尔、英国的特伦查德被认为是这一理论的先驱,特别是杜黑在其著作《制空权》中对这一理论叙述较为细致,主要观点有:飞机的广泛应用,将出现空中战争,空中战争的胜负决定战争结局,为此要建立与陆军、海军相并列的空军;夺取制空权是赢得战争的必要条件,空军的首要任务是夺取制空权;空中战争是进攻性的,空军的核心是轰炸机部队,要对敌国政治、军事、经济目标实施战略轰炸,迫使其屈服。

(2)"机械化战争"理论。英国的富勒、奥地利的艾曼贝格尔、法国的戴高乐、德国的古德里安等是这一理论的倡导者,主要内容是:装甲坦克是战争的决定性力量,是陆军的主体;大量集中使用坦克和航空兵实施突击,可以迅速突破对方主要集团的防线,深入敌纵深,摧毁战备不足的国家;主张军队改革,建立少而精的机械化部队;机械化还包括补给和战斗机械化。

(3)"总体战"理论。德国的鲁登道夫在其著作《总体战》中提出的理论,其主要观点是:现代战争是总体战,它既针对军队,也针对平民,战争具有全民性,强调民族团结在战争中的重要性;主张实行国民经济军事化;要建设一支平时就准备好的军队;重视统帅在总体战中的作用;战争的突然性意义重大,力求闪击对方。"总体战"理论为希特勒在第二次世界大战中的侵略战争提供了理论支持,但由于世界人民的反对及其战争的非正义性,终究没有逃脱失败的命运。

(4)"核武器制胜"理论。第二次世界大战后至1991年苏联解体的冷战时期,军事理论的研究往往围绕核武器及高技术的发展。如美国就以核实力确定军事战略,在杜鲁门时期,美国核力量处于绝对优势,提出核遏制战略,对苏联及其他社会主义国家实施核讹诈;朝鲜战争后,为以最小的军事代价取得最大的威慑力量,美国采取大规模核报复战略;在苏联打破核垄断及越南战争后,美国又分别推行灵活反应、现实威慑、新灵活反应等战略。处于核优势时期,美国认为自己能打赢全面核战争,主张削减常规武器,重点发展核武器和战略空军;当苏联打破其核优势、局部战争不断时,美国在确保核威慑的前提下,不断发展常规力量,认为核战争会造成灾难性后果,核时代的战争必然是有限战争。

(5)"间接路线"战略理论。英国军事理论家利德尔·哈特在其所著的《战略:间接路线》(中译本为《战略论》)中提出的一种军事战略理论。哈特在研究西方国家历代战争经验的过程中,对克劳塞维茨等把决战视为作战的主要手段和最高原则的观点持不同看法,提出了以"间接路线"为主要手段、以微小的代价取胜的主张。其主要观点有:战略的真正目的并不是寻求决战,而是要尽量削弱敌人的抵抗能力,破坏其稳定性,创造有利的战略态势,从而以最小的军事消耗和最低限度的损失使敌人屈服;达成上述战略目的最有效的手段是奉行"间接路线",即在作战中避免与敌人直接硬拼,而是采取各种巧妙方法,力求出其不意地打击和震撼敌人,使之惊慌、动摇,在心理上和物理上丧失平衡。其结果,敌人不是自动崩溃,就是在会战中轻易被击溃;采取"间接路线"的行动方式多种多样,如避免向坚固阵地做正面突击,尽量从翼侧迂回以猛击敌要害地点;作战计划具有灵活性,根据情况随时变更部署;实施兵力、兵器的广泛机动;采取欺骗和迷惑敌人的方法,诱敌在兵力部署和作战行动上犯错误;威胁敌补给系统和交通线等。何种时机采用何种方式无固定规律,需灵活掌握,一切均以破坏敌人的稳定性为准则。

2. 外国当代军事思想的主要内容

外国现代军事思想与当代军事思想的发展阶段难以精确区分,但外国当代军事思想是由现代军事思想继承发展而来的。既可以认为人类社会进入现代社会以来到第二次世界大战结束,或 20 世纪 70 年代提出新军事革命,或到冷战结束期间,是外国现代军事思想的发展阶段,此后是外国当代军事思想的发展时期;也可以认为进入 21 世纪后,外国才进入了当代军事思想发展时期。但无论怎样划分,认识和把握外国当代军事思想,都必须从第二次世界大战结束以后来整体把握。

第二次世界大战结束不久,以美国、苏联为首的两大国际政治、军事集团之间长期进行冷战。战后初期,美苏等国家非常重视核武器的研制,围绕核战争以及核威慑条件下的常规战争提出一系列理论观点。美国首先提出"核武器制胜"理论和"大规模报复"的战略理论。苏联提出未来战争是一场全面的火箭核大战。但是,随着美苏核武器数量越来越多,英国、法国和中国都拥有核武器以后,核力量由比较悬殊到相对均势的发展变化,世界形成"恐怖的核平衡"。许多国家都认识到谁也不能轻易发动核战争,转而研究"有限核威慑"等理论,将目光重新转向常规战争。在战争指导原则方面,相继提出冷战理论、有限战争理论及特种战争理论等。国防和军队建设的指导方针,由原来的优先发展核武器,调整为既注重发展核军备,同时也不放松发展常规力量,以适应打赢核威慑条件下不同规模和强度的常规战争的需要。这一时期,在第三世界国家和地区风起云涌的人民革命武装斗争中,游击战理论得到了进一步的发展。

20 世纪中后期以后,随着新军事革命在世界范围内蓬勃兴起,大量高新技术普及应用,促使军事领域发生新的根本性变革。世界军事理论界逐步掀起对新军事革命的研究热潮。苏联的奥加尔科夫认为,高新技术的不断发展完善,将引起军事上的深刻革命,对军队组织结构、指挥体制、武器系统和作战方法等产生根本性影响。他被誉为世界新军事革命的首倡者。

二、外国军事思想的主要特点

外国军事思想的形成与发展,涉及国家多,范围广,且文化背景不同,有着自身的特殊规律和独有特征。

(一)外国军事思想成熟相对较晚,但发展迅速

在中国历史上,军事思想发展迅速,较早地形成了以《孙子兵法》为代表的经典军事著作,建立了完备的体系。外国军事思想体系的成熟完善比中国要晚。特别是在欧洲的中世纪,军事思想在近千年的时间里没有较大发展。但是,西方国家进入近代的时间比中国早。尤其是工业社会到来之后,西方国家军事思想发展非常迅速。以克劳塞维茨《战争

论》等著作为标志,资产阶级军事思想体系在较短时间内进入成熟阶段。马克思、恩格斯和列宁等革命导师,在总结革命斗争经验的基础上,也迅速建立了无产阶级军事思想体系。军事思想发展迅速、成熟度高,进而在战争实践中掌握主动,是外国特别是西方国家能够在很长时间里领先于中国的一个重要原因。

(二)外国军事思想受科学技术发展影响较大

科学技术进步并在军事领域内应用,能够影响战争实践,进而影响军事思想的发展。历史上,中国文化有"重道轻器"的传统,往往对军事科技的发展重视不够,军事思想有时不能及时伴随发展。而外国军事思想与科学技术的互动发展更加紧密,能够更好地相互促进。特别是近代以后,中国人发明的火药传入欧洲,得到广泛应用,出现火枪、火炮等新式武器。这引发了热兵器时代的军事革命,各国军事理论家及时研究科技进步的影响,提出了一系列新的思想观点。在机械化战争时代、信息化战争时代来临之际,外国军事理论家也都能及时跟踪前沿科技,进而提出新的军事思想。这是近现代外国军事思想不断获得发展的重要原因。

(三)外国军事思想的发展呈现不平衡性

在历史上,世界各国各地区军事思想的发展轨迹不尽相同。在不同的时期,各国各地区军事思想的繁荣程度不同,呈现不平衡的状态。在古代,古希腊和古罗马是外国军事思想最为活跃的地区。近代以后,欧洲成为军事思想发展最活跃的地区。20世纪中后期以后,美国、苏联成为外国军事思想发展最具代表性的国家。当前,美国在信息化军事理论的研究中发挥着较强的引领作用。当然,这并不是说其他国家及地区军事思想就一定不够先进。恩格斯曾说:"经济上落后的国家在哲学上仍然能够演奏第一提琴。"① 即使某些国家和地区军事实力相对不强,但在军事思想上仍然可能有自身特色,可以在根本上具有先进性。

(四)外国军事思想在相互交流中共同前进

从古至今,外国战争更多的是各国和各地区之间的互相争斗。从某种意义上讲,战争也是人类的交往方式之一。各国和各地区发生战争之后,客观上促进军事思想上的交流。因而,外国军事思想更多地呈现相互交流、相互融合、相互促进的发展形态。近代以后,中国军事思想与外国军事思想之间的交流也非常多。当前,随着世界新军事革命的深入发展,外国军事思想更加强调开放吸纳,注重汲取他国军队信息化建设的经验教训,以加快自身军队信息化建设。

三、外国军事思想代表性著作

军事著作是军事思想最重要的载体。历史上,无数外国军事思想家注重撰写文章和书籍,记录自己的理论观点,形成了丰富的军事著作。其中,流传最广、影响最大的有以下

---

① 《马克思恩格斯选集(第4卷)》,人民出版社,1995,第704页。

一些经典著作。

（一）克劳塞维茨的《战争论》

《战争论》是普鲁士军事理论家、军事历史学家克劳塞维茨（1780—1831年）的著作。在书中，克劳塞维茨提出了"战争无非是政治通过另一种手段的继续"的著名论断；比较系统地探讨了战争的目的，论证了消灭敌人和保存自己的关系；阐述了民众战争的作用及使用原则；认为指导战争必须考虑精神的和物质的要素，物质要素是"刀柄"，统帅的才能、军队的武德和民族精神等精神要素才是"刀刃"，打败敌人就是要剥夺对方的抵抗意志；强调集中兵力是首要的战略原则，兵力优势是战争中普遍的制胜因素，防御是较强的作战形式，并最早提出了积极防御的作战思想；论证了战争是充满暴烈性、偶然性、盖然性、作为政治工具的从属性和各种"阻力"的领域，军事原则不是死板的规定，不能把战争艺术变成机械的公式计算，军事知识只有浓缩成为简明的原则才有用无害，军事理论应当是一种思考而不是现成的"脚手架"，批判地考察战史是军事理论研究的基础。克劳塞维茨运用辩证的方法对战争的定义、目的、手段，军事艺术的划分，战略要素，战争中的攻防和会战的地位、特点等作了系统阐述，提出了许多独到的见解，反映了资产阶级上升时期军事思想的革新精神，对资产阶级军事思想体系的确立起到了极其重要的作用，在世界上具有广泛的影响。

（二）若米尼的《战争艺术概论》

若米尼（1779—1869年），是瑞士军事历史学家、军事理论家。他撰写了军事理论名著《战争艺术概论》。在书中，若米尼总结了法国革命战争和拿破仑战争的经验，创立了19世纪初期的战争艺术理论，提出了不少具有普遍指导意义的作战原则。书中论证了军事领域的一些基本原理及其应用规则，同时又指出不能把这些原理和规则当成绝对化的公式；提出了战争指导上的若干原理，强调战争艺术应首先考察国家的战争政策和影响战争胜败的多种因素；指出了各种不同类型战争的规律是有区别的，全民参加的民族战争具有最可怕的力量；对战争艺术的内容体系做了新的划分，提出了有关战略、战术以及军队建设的一系列基本原则。若米尼的军事思想有较强的生命力和深远的影响，为不少国家所重视；但由于时代的局限性，带有某些形而上学和机械论的色彩。例如，认为战争艺术的规律是永恒不变的，夸大统帅若米尼的军事思想在战争中的作用，低估政治、经济因素对战争的影响等。

（三）马汉的《海权论》

马汉（1840—1914年），是美国军事历史学家、军事理论家。他撰写了多部关于海权论的著作。如《海权对历史的影响，1660—1783年》《海权对法国革命和帝国的影响，1793—1812年》《海权的影响与1812年战争的关系》和《海军战略》等。马汉强调海洋的重要性和控制海洋的意义。他在书中提出，海权是历史发展的一个决定性因素，海军战略的目标是保证国家获得平时和战时的海权。马汉认为，海上作战最重要的任务是掌握制海权，而掌握制海权有赖于强大的海军。他主张美国突破传统的近岸防御思想的束缚，建设一支具有进攻能力的强大海军，首先控制加勒比海和中美地峡，进而向太平洋扩张，在大西洋上则与海上强国英国相互协调,以左右欧洲形势。马汉认为,海军战略的基本要素是集中、中央位置、内线、海上交通线。海军的存在是为了进攻,防御只是进攻的准备。海军战略的关键是平时和战时建立并发展国家的海上力量。马汉的军事思想适应19世纪末20世纪初美国垄断资本向海外发展的需要,是当时历届美国政府制定对外政策和海洋战略的重要依据,对美国军事思想和其他许多国家的海军理论都产生了重要影响。马汉的军事思想具有时代和阶级的局限性,在一定程度上为资本主义国家争夺海上霸权提供了帮助。他还认为原理是"永恒不变"的,并过分夸大海上力量和舰队决战的作用。

(四)杜黑的《制空权》

杜黑(1869—1930年),是意大利军事理论家。在20世纪初,飞机刚发明不久,他敏锐地意识到空中战争的到来。早在1909年,杜黑就提出,天空将成为重要性仅次于陆地和海洋的另一个战场,制空权将变得和制海权同等重要。第一次世界大战结束后,杜黑全面研究了此次战争的经验和军事航空技术的发展,同时研究了未来欧洲战争及意大利的地理环境和国防态势,并撰写了一系列著作,合编为《制空权》一书。他的军事思想由初期强调空军的重要性,发展为系统完整的空中战争论。杜黑认为,飞机用于战争,彻底改变了战争面貌,是战争发展史上的转折点;未来战争中,夺取制空权的斗争极端重要;夺取制空权只能靠空军,建立与陆军、海军并列的独立空军是绝对必要的;空军是一支进攻性力量,不适用于防御;建设强大的商业航空,作为空军的后备;发展民用航空,吸引民众关心航空建设;建立供出口的航空工业产品,以便使航空技术保持先进水平。《制空权》集中反映了早期制空权理论的基本观点,从战略高度论述了空军建设和作战使用方面的许多问题,是资产阶级空军理论的奠基之作,在军事学术史上占有重要地位。

(五)马克思、恩格斯与列宁的军事论著

马克思(1818—1883年)、恩格斯(1820—1895年)和列宁(1870—1924年),是无产阶级革命导师。他们在研究关于全世界无产阶级和全人类彻底解放的哲学、政治经济学、科学社会主义问题的基础上,对军事问题也进行了深入研究。他们撰写的大量军事方面的文献,包含无产阶级战争观、军队理论、暴力革命理论、武装起义理论、作战指导理论、军事学术史、军事技术史、研究军事问题的方法论等多方面内容,后人将其编成《马克思恩格斯军事文集》《列宁军事文集》等书。

马克思和恩格斯认为:人类社会的战争起源于原始社会经济利益的冲突;战争服务于政治,政治支配战争;战争的性质一般说来取决于它对社会发展所产生的影响,但战争的性质不是一成不变的,有时是同一次战争,在不同阶段会因政治目的变化其性质也随之改变;战争在一定条件下引起革命或社会变革,进步战争将会促进社会的发展;反动战争一般对社会进步起阻滞作用,但从其后果看,有时在一定条件下也有可能对社会发展起到积极推动作用;实现社会变革根本的办法是暴力革命;要废除资产阶级常备军,建立和保持无产阶级常备军;提出了"人民战争"的概念,认为决定战争命运的是参战的广大人民群众,人民战争是人民自觉奋起参与的战争,无产阶级要赢得战争胜利,必须组织实施人民战争;战争的胜负取决于人和武器两种因素,但人的作用更重要;战争活动是

有规律的,正确认识战争规律,按照战争规律指导作战是作战指导的关键;在战争中集中兵力是克敌制胜的重要因素;科学技术的进步带动新作战工具的出现,必然推动军队内部组织结构和体制编制的改变,推动作战方式、方法的变化,影响军队的行动以及指挥和保障方式;等等。

列宁结合实际全面阐述了战争与阶级、战争与经济、战争与政治、战争与革命等一系列理论问题,明确提出了在帝国主义武装冲突的时代"革命就是战争"的观点。列宁认为:变帝国主义战争为国内战争是战争时期社会主义的工作,进一步发展了马克思主义关于武装起义的原理、原则,为进行俄国十月社会主义革命确定了战略和策略;提出建设新型革命军队的原则,加强红军建设,为改善和提高国家的防御能力制定明确的方针政策,要像爱护眼睛一样爱护国家和红军的防御能力,使敌人的一切侵犯都归于失败;战争是对每个民族全部经济力量和组织力量的考验,谁在经济、政治、科学、技术、精神和军事方面占有优势,谁就能在战争中获得胜利;整个国家和所有人民都必须严肃地对待国防,精确地估计力量对比,发展国家的经济,不断增强国防力量。

《马克思恩格斯军事文集》《列宁军事文集》等著作,集中反映了马列主义军事理论。马列主义军事理论是马克思、恩格斯和列宁等革命导师运用辩证唯物主义和历史唯物主义的科学世界观认识军事领域各种客观规律的成果。作为社会新兴阶级——无产阶级观念形态的一部分,它体现了这一阶级在探索军事科学奥秘方面的革新精神,在军事科学发展史上占有极其重要的地位。它是对传统军事理论的重大突破,在军事科学发展史上占有极其重要的地位。马列主义军事理论除表现出高度的科学性外,还具有极强的阶级性和实践性。它使世界无产阶级和被压迫民族第一次拥有了反映劳动人民切身利益的军事理论,为无产阶级军事科学大厦奠定了坚实基础。直到现在,马列主义军事理论仍然是中国共产党和人民军队的根本性指导理论,具有极为重要的现实意义和时代价值。

思 考 题

1. 外国军事思想经历了哪些发展阶段?
2. 外国古代军事思想有哪些主要内容?
3. 外国近代军事思想有哪些值得借鉴的思想?
4. 如何把握近现代无产阶级军事思想的内容与科学价值?
5. 如何借鉴外国当代军事思想的有益成分?

第三节　中国古代军事思想

中国古代军事思想,指我国奴隶社会、封建社会历史时期,各阶级、各政治集团及军事家、论兵者对战争和军事问题的理性认识,是中国军事思想的重要组成部分。它与一般意义上的军事思想有着共同的本质属性,其内容已经涉及战争观、战争指导思想和建军思想等一些带有根本性的问题。进一步了解中国古代军事思想的主要内容和代表性著作,对于弘扬中国传统优秀军事文化和创新发展中国当代军事思想,具有重要意义。

一、中国古代军事思想的主要内容

中国古代军事思想博大精深，内容繁多。重点把握战争论、战备论、治军论、用兵论、将帅论等方面的思想，对于当代军事实践具有特别重要的指导意义。

（一）战争论

古人认识战争现象，以当时战争本质暴露的程度为基础，从各自的立场出发，从战争的起源、起因、性质、作用，对待战争的态度，战争与政治、经济等条件因素的关系中，从总体上提出并形成了初步的看法，这就是古代朴素的战争观。其可以大致分为四个方面：

（1）战争本质观。战争本质观是古人对战争究竟是何物，它起源于什么时候，引起战争的动因是什么等问题的总体性认识。关于战争本质的观点主要有：兵者，凶器也，战者危事；兵者，国之大事也；兵者，诡道也；兵者，文武也；兵者，权也；兵者，刑也；兵者，拨乱之神物也；兵者，礼义忠信也。

关于战争起源的观点主要有：与民皆生论，认为战争是同人类与时俱来的，有了人类时就有了战争，战争的根源在于人的本性，起源于"生存竞争"；太古无兵论，认为战争并不是自有人类以来就有的，战争是人类发展到一定历史阶段的产物。

关于战争起因的观点主要有"天命论""本性论""人口论"。"天命论"认为战争是"皇天降灾""天讨有罪"，发动战争是为了"奉行天之罚"；"本性论"认为"人生而有欲"，如果欲望不能满足，则必然引起战争；"人口论"认为，古时候人少、财物多，所以没有争斗和战争，后来人口不断增多，社会财富相对减少，人们为了争夺生存条件就发生了战争。

（2）战争和平观。战争和平观，即古人关于战争与和平的认识，关于战争性质、对待战争的态度。关于战争与和平的认识主要有：安不忘战，忘战必危；兵凶战危，好战必亡。关于战争性质的认识：古人很早就已经认识到战争有"义"与"不义"之分。关于对待战争的态度主要有偃兵废武论、穷兵黩武论、义兵慎战论。偃兵废武论是一种"忘战"的理论，这种观点认为兵是凶器，争是逆德，因而主张"去武行文""偃武修文"；穷兵黩武论是一种"好战"的理论，这种理论的信奉者将战争带来的好处推向极端，他们只见战争的"利"而看不见战争的"害"；义兵慎战论认为，战争并不是绝对的坏事，对战争要具体分析，明确表明要支持正义战争，反对非正义战争。

（3）战争经济观。即关于战争与经济关系的认识。首先，战争依赖经济。战争无不受经济条件的制约，孙子以形象、直观的语言表达为"兴师十万，日费千金"。其次，经济是基础。经济是进行战争的基础，《孙膑兵法》明确指出："富国"是"强兵之急"，认为富国才是强兵之根本。再次，重视经济斗争。古人揭示了经济对军事的基础作用和战争对经济的依赖关系，因此在战争指导上不仅重视军事实力的较量，而且重视经济斗争，以经济实力的消长，转换敌我态势，最后战胜敌人，这就是古人所谓的"以战养战，战胜而益强"。

（4）战争政治观。即关于战争与政治的关系方面的认识，提出了军事从属于政治、文事武备不能偏废、重士爱民是胜利的基础等一些基本观点。如《淮南子》继承了先秦诸子的思想，精辟地指出："兵之胜败，本在于政。"以"政"表述政治，概念更加明确，而且高度概括了中国古代军事思想中关于政治是战争胜负的决定性因素这一根本观点。中国古代把文、武称为左辅右弼,作为治国的两大支柱,强调搞政治斗争,必须有军事作为后盾,搞军事斗争,必须以政治为基础。

(二)战备论

中国古代军事思想中关于战备论的观点,既唯物又辩证,其主要内容包括战备的内容、战备的基本原则。

1. 战备的内容

从我国古代兵学典籍中可以看出战备工作主要内容:一是政治上备战。古人认为一个国家的战守存亡,政治状况如何,具有决定性意义,因此古人主张战备工作首先要从政治开始。二是经济上备战。国富才能强兵,国贫必然兵弱,因此兵家都把"富国"提到战备地位上来考虑。三是思想上备战。《吴子》指出:"安国之道,先戒为宝。"反映了中国古代兵家历来十分重视思想上的战备工作。四是军事上备战。一个国家要在战争中取胜,必须建立一支强大的军队、要有一个巩固的国防,因此军事上搞好战备就成了战备的核心。五是外交上备战。外交活动,可以说是战争爆发前的政治前哨战,在战争过程中,外交活动也是一种重要的斗争形式和手段。

2. 战备的基本原则

古代兵家提出的关于战备的基本原则,主要内容:一是超前性原则。强调立足现实,见微知著,能未雨绸缪,防患于未然,超前做好准备。二是超盖性原则。我国古代的军事家、政治家认为战备的最高标准和目标,就是在政治、经济、军事、技术等各有关决定战争胜负的诸因素方面,都要占有绝对优势,全面超过敌人,盖过敌人。三是相称性原则。强调战备规模与水平必须同国力相适应。四是求己性原则。即要取得战争胜利,不能靠别人,只能依靠自己加强战争准备。五是隐蔽性原则。强调要注意备战的隐蔽性。六是平战结合原则。把战争行动同平时的生产活动相结合,"耕战并重",平战结合。七是整体性原则。强调战备必须从各个方面同时进行,全面进行备战。

(三)治军论

治军论是中国古代军事家和军事论著者对军队建设问题的理性认识,是我国古代军事思想的重要组成部分。

(1)国以军为辅。自从国家出现以后,任何一个政权的建立和巩固,都要依靠军队,古人很早就认识到军队是国家政权的主要组成部分,是维护国家统治的工具。因此,古代军事思想中形成了国以军为辅,辅强则国安的传统军事思想。

(2)军以民为本。军队来自人民群众,群众是军队的力量源泉和靠山。这种认识,无论是古代还是当代,都是一脉相承、完全相同的。如明代沈炼提出:"有民则有兵,无民而兵不可为也。"

(3)凡兵,制必先定。古人从战争实践过程中、从军队建设实践中认识到,健全军制是治军的一个重要问题。早在春秋末期,孙武就指出:"治众如治寡,分数是也。"即是讲治理军队靠的是组织编制。

(4)凡胜,备必先具。古人从战争实践中认识到,武器是战争的重要物质力量,特别是一些新兵器的出现,对战争往往产生重大影响,因此古人治军非常强调武器的生产及改进提高。戚继光的《纪效新书》中明确指出:"有精器而无精兵以用之,是谓徒费;有精兵而无精器,是谓徒强。"这是古人对人和武器关系最古朴的认识,反映出"精兵"与"利器"不可偏废的思想。

(5)兵不在众,以治为胜。战争是力量的竞赛,强者战胜弱者,这是不言而喻的。然而力量强弱不完全取决于军队数量多少,还取决于质量。古人通过强调加强军事训练、加强道德教育、严明法令等手段来达到治军目的。

(四)用兵论

用兵论是中国古代军事思想的重要组成部分,古人通称为"用兵之法""兵道"等。

(1)用兵之道,先谋为本。这是一个千古不变的军事规律。几千年来,中国历代兵家将这个原则作为自己的优良思想传统,如《孙子兵法》开篇就强调"庙算",《鹖冠子》中强调"备必预具,虑必先定",诸葛亮强调"夫用兵之道,先定其谋",岳飞讲"勇不足恃,用兵在先定谋",等等,这些都反映出古人用兵注重先定谋略和战略、策略的特点。

(2)先胜而后求战。古人强调在了解彼此双方情况的基础上,做好充分准备工作,有胜利的把握才去和敌人交战,从而把胜利的可能变成现实。"先胜而后求战"的用兵思想,包含了是先为不可胜、胸有成算、预揣必然测知胜负、谋势造势创造先胜态势等四个方面的内涵。

(3)兵之情主速。进攻速胜是古今中外兵家用兵的共同法则,也是中国古代兵家用兵的一个鲜明特点。孙武指出:"兵贵胜,不贵久""久则钝兵挫锐,屈力殚货""兵闻拙速,未睹巧之久也"。《兵罍三十六字·迅》强调:"时不再来,机不可失,则速攻之,速围之,速逐之,速持之,靡有不胜。"

(4)致人而不致于人。在战争指导上,古代兵家认识到战争主动权的重要性,强调要能调动和左右敌人,而不被敌人调动和左右。孙武提出"致人而不致于人"的重要原则,把战争主动权看成是最重要、最核心的内容。

(5)因机立胜。所谓因机立胜,是指要根据战争多变的客观实际,制定和运用主观指导原则,要按照不断变化的情况,适时捕捉战机、正确使用兵力和灵活变换战法。孙武强调:"兵形象水,水因地而制流,兵因敌而制胜。"

(6)攻是守之机,守是攻之策。用兵打仗不外乎进攻和防御两种基本类型。古代兵家非常重视进攻,如《尉缭子》中认为:"权先加人者,兵不力交;武先加人者,敌无威接。"即认为进攻是兵家之上策。但是古代兵家也不轻视防御。如《草庐经略》中强调:"既以守以待攻,复以战而乘敌。"

(7)激人之心,励士之气。战争胜负,既取决于物质因素,也取决于精神因素。《太白阴经》指出:"激人之心,励士之气。"即所谓的治心治气。

(五)将帅论

战争的胜负,从根本上说取决于民心的向背,兵民是胜利之本。那么将帅在战争中处于什么地位,起到什么作用呢?将帅又应当具备哪些条件及如何合理使用呢?这是古代军事思想中将帅论思想要研究的问题。其主要包括:

(1)将帅的地位作用。首先,古人认为"将者,国家安危之主也",充分肯定了将帅在战争中的重要作用。如古人认为"将者,心也",在军队这一有机系统中,将帅好比一个人的"心",士兵好比人的"四肢身体"。"心""体"相连,不能分割,但又相互区别、相互制约。而且将帅处于"心"的地位,是军队的大脑和指挥中心,所以在战争中起着关键性作用。其次,古人认为"将者,成败之所系也",高度强调了将帅的地位;如《孙子兵法》中指出:"知兵之将,民之司命,国家安危之主也。"

（2）将帅应具备的条件。由于战争本身的特殊性,将帅在战争中所处的关键位置,战争的胜负直接关系到国家的生存。因此,历代兵家都十分重视研究将帅应具备的条件,从不同的角度提出了要求和标准。如《孙子兵法》开篇就提出将帅必须具备的五个条件:"将者,智、信、仁、勇、严也",后人将其称为"五德"。

（3）将帅选拔任用原则。主要有以下原则:一是全面性原则。司马光等人主张"才者,德之资也;德者,才之帅也"。强调在选将时要德才兼备,以德为先。二是实践性原则。历代兵家在任用将帅上,都强调一定要选拔有实践经验、有实际指挥能力的人担任将帅。三是优化性原则。坚持人才使用上用其所长,不用其短,量才而用,优化组合。四是专任性原则。强调对经过考验确信其忠诚和具备统兵作战能力的人才要大胆使用,并赋予机断指挥的全权,不能轻易从中过多地干预其行使权力。五是开放性原则。政治家和兵家都提出"不论贵贱,唯才是举""不论亲疏,唯能是用",甚至打破国家界限,"不拘一国,唯才是用"。六是辩证性原则。《吕氏春秋》指出:"以人之小恶,亡人之大美,此人主之所以失天下之士也已。"《汉书·陈汤传》中也强调:"论大功者不录小过,举大美者不庇细瑕。"

二、《孙子兵法》简介

《孙子兵法》(见图 3-1)是孙武根据春秋时期中国社会由奴隶制开始向封建制转变,奴隶起义、平民暴动、诸侯争霸,兼并战争频繁的现实,总结概括而撰著的。作者孙武,字长卿,为春秋末期齐国乐安人。1972 年山东临沂银雀山汉墓出土的《孙子》竹简和 1978

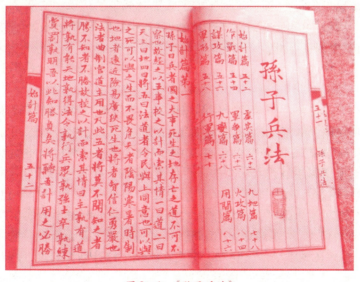

图 3-1 《孙子兵法》

年7月青海大通县上孙家寨出土的西汉木简《孙子》,进一步肯定了春秋末期的孙武著有兵法。《孙子兵法》是世界公认的"兵学圣典",共计13篇6000余字,篇次有序,立论有体,就其内容而言,是一部独立完整的兵书,标志着独立的军事理论著作从此诞生,在世界军事史上具有划时代的意义。

(一)《孙子兵法》的影响

《孙子兵法》对后世产生了巨大影响,中国历代军事家无不重视对其研究与应用。我国历史上曾有许多兵家和文人注释《孙子兵法》,明代茅远仪曾经说过:"前孙子者,孙子不遗;后孙子者,不能遗孙子。"中国现代革命的先驱孙中山先生对《孙子兵法》评价极高:"就中国历史来考究,两千多年的兵书有13篇,那13篇兵书,便成为中国的军事哲学。"我党老一辈革命家毛泽东、朱德、刘伯承、叶剑英等都十分重视对《孙子兵法》的学习和研究。

《孙子兵法》在国外也久负盛名。在唐朝初期,《孙子兵法》就已传入日本,18世纪下半叶传入欧美。目前世界上已经有30多种语言的《孙子兵法》译本。越南战争后,以美国为首的西方国家由对武器装备的追求转而逐步重视对战略等军事理论的研究,美国非常重视《孙子兵法》中的军事原则,如"知己知彼,百战不殆""攻其不备,出其不意"等,被列入《美军作战纲要》之中,以指导美军的作战和训练。

《孙子兵法》在许多社会领域同样有着广泛影响。在哲学界,《孙子兵法》被公认为是一部有价值的军事哲学著作,因为全文充满了朴素的唯物观和辩证法。近年来,对《孙子兵法》的研究与应用几乎遍及各个领域。它极大地吸引着政治家、哲学家、文学家、历史学家、企业家甚至商人争相拜读。军事家称之为"兵学圣典";文学家评之为"不朽不灭的大艺术品";哲学家颂之为"人生的哲学";政治家视之为"政治秘诀""外交教科书";医学家赞之为"治病之法尽之矣";商人称《孙子兵法》提供了商战的"全赢战略"和智慧。

总之,《孙子兵法》是人类军事思想史上的一座丰碑,不但在古代和近现代深刻影响了古今中外军事思想的发展,而且深刻影响了人类对战争的认识和实践。今天,《孙子兵法》依然是值得认真学习和研究的军事教科书,对于我们驾驭信息化战争,指导和谐世界的构建,都具有重要的指导价值。

(二)《孙子兵法》的结构

《孙子兵法》13篇共分为4个部分:第一部分包括《计篇》《作战篇》《谋攻篇》,内容大体都属于现代所谓的大战略,或国家战略的层次,并以军事战略为主题,可以称为战略通论,它代表了孙子战略思想的最高境界;第二部分包括《形篇》《势篇》《虚实篇》,内容大体可以代表孙子对于所谓战争艺术的全部思想体系,我国古代把它称为"用兵",现代西方则称为作战,这一段也可称为将道,的确具有高度的艺术风味;第三部分包括《军争篇》《九变篇》《行军篇》《地形篇》《九地篇》《火攻篇》,这一部分跨越不同的层次,研究战术、后勤、技术、地理等问题;第四部分为《用间篇》,其讨论的主题为情报。把情报提升到战略层次,是孙子思想体系中的最大特点。全书在结构上以计划为起点,以情报为终点,前后连贯,有头有尾,形成完整的思想体系。

(三)《孙子兵法》各篇简介

《孙子兵法》不但有完整的军事思想体系,而且各篇也独立成章,各有主题。

第一篇《计篇》是全书之纲,总论制胜之道,包括决定战争胜负的基本因素和战争中的制胜方法两个方面,主张对战争进行综合运筹和总体谋划,机动灵活地作战用兵,提出了以"五事""七计"为主的战略谋划内容和"兵者诡道"的战争指导原则。中心思想是:审己量敌,料胜决策。

第二篇《作战篇》,论述战争准备问题,强调了战争旷日持久给国家带来的危害,在此基础上提出了速战速决、"因粮于敌"等思想。中心思想是:兵贵胜,不贵久。

第三篇《谋攻篇》,论述以计谋攻敌的问题,提出了"不战而屈人之兵"的全胜战略思想,揭示了"知彼知己,百战不殆"等战争指导规律。中心思想是:以智谋胜敌。

第四篇《形篇》,论述实力对比决定战争胜负的问题,提出了"修道保法""立于不败之地""先胜而后求战"等思想。中心思想是:积蓄军队的作战力量,使自己立于不败之地,然后寻机战胜敌人。

第五篇《势篇》,论述战势变化和造势用势问题,提出了"奇正相生""势险节短""择人而任势"等思想。中心思想是:善于调动敌人,设法造成有利态势,有效地打击敌人。

第六篇《虚实篇》,论述作战用兵的主动性和灵活性问题,提出了"致人而不致于人""形人而我无形""避实而击虚""兵无常势""因敌变化而取胜"等思想。中心思想是:避实击虚。

第七篇《军争篇》,论述作战中争取先机之利的问题,提出了"以迂为直,以患为利""避其锐气,击其惰归""夺气""夺心"等指导原则和方法。中心思想是:争取先机之利。

第八篇《九变篇》,论述作战指挥的机动变化问题,主张将帅应根据客观情况实施灵活的指挥,同时对将帅提出了"五危"的警告。中心思想是:随机应变,灵活用兵。

第九篇《行军篇》,论述不同地形条件下军队行动(包括作战、机动、宿营等)的原则和方法,总结了观察判断敌情的"相敌"之法,同时提出了"兵非益多""令文齐武"等治军思想。中心思想是:因地处军,视情相敌。

第十篇《地形篇》,具体论述了六种地形条件下用兵的方法,以及军队的六种失败情况及其原因,特别强调了将帅的责任,提出将帅要具有"进不求名,退不避罪,唯人是保,而利合于主"的品质。中心思想是:利地便势,因地制胜。

第十一篇《九地篇》,论述进攻作战中九种地理环境对军队心理的不同影响,据此提出了相应的作战原则和处置方法。中心思想是:进攻要掌握九地之变、人情之理和决胜之法。

第十二篇《火攻篇》,论述以火攻敌的问题,包括火攻的种类、条件、方法等,同时强调了慎战思想。中心思想是:以火佐攻。

第十三篇《用间篇》,从战略上强调了掌握敌情的重要性,具体论述了掌握敌情的重要方法——使用间谍问题,包括间谍的类别、用间的原则和方法等。中心思想是:使用间谍了解敌情。

(四)《孙子兵法》的军事思想体系

《孙子兵法》的军事思想体系,主要包括以下几个方面。

(1)战争论。主要包括重战、慎战、备战思想,以及对战争与诸因素的关系的论述。

(2)治军论。主要包括将帅的选用和军队管理两方面的问题。一是将帅的选用。孙子把将作为"五事"①和"七计"②的内容之一,强调将帅的作用。把选拔将帅的标准定为"智、信、仁、勇、严",强调将帅要有不计名利、不避责任的道德品质,有足智多谋的智慧头脑,有冷静和严谨的作风,有唯"道"而不唯"上"的精神品格,以及将帅应该克服"五危"③加强自身品格修养,等等。二是军队管理。孙子关于军队管理的思想主要是:强调政治建军("令民与上同意"④)。强调"令之以文,齐之以武",宽严相济,以法治军。重视"分数""形名",强调军队的组织编制和作战指挥。

(3)用兵论。孙子的用兵思想主要包括战略思想和战术思想两部分。孙子的战略思想主要包括:重视和强调知彼知己,先计先算,全局筹划。强调充分准备,未战先胜。强调以"全"争胜,不战而屈人之兵。强调进攻速胜,反对持久作战。强调因粮于敌,战胜而益强。孙子的战术理论主要包括:致人而不致于人,争取战争主动权;因敌制胜,灵活用兵;出奇制胜,击敌之虚,以利动敌;攻其无备,出其不意,攻其必救;我专敌分,以众击寡;诡道制敌;避其锐气,击其惰归;半济而击;以火佐攻,齐勇若一,首尾相顾;等等。

(4)军事哲学思想。孙子的军事哲学思想主要包括朴素的唯物论思想和原始的辩证法思想。孙子的唯物论思想主要体现在:反对天命,注重人事,提出"先知者不可取于鬼神""必取于人";在认识外界"知"的基础上,谋划战争和预测胜负;把战争胜负建立在"经之以五事,校之以计",即双方力量强弱对比的物质基础上。孙子的辩证法思想主要体现在:孙子认识到战争制胜因素是普遍联系的,"道、天、地、将、法"相互依存相互补充;战争有规律可循,一切都应按"战道"行事;战争是彼己、胜负、众寡、分合、奇正、虚实等对矛盾的对立统一;孙子看到矛盾的普遍性,又看到矛盾的特殊性,强调用不同的方法解决不同的矛盾;强调要分清主要矛盾和次要矛盾,抓住主要矛盾解决战争问题;强调"杂于利害",即全面看问题,兼顾矛盾的各个方面;认识到战争矛盾是不断发展变化的,强调要做到"战胜不复,而应形于无穷";认识到事物的发展是迂回曲折的运动,强调指导战争要善于"知迂直之计""以迂为直,以患为利";认识到战争矛盾在一定条件下相互转化,强调发挥人的主观能动作用;等等。

思 考 题

1. 中国古代军事思想形成发展经历了哪些阶段?

---

① 五事:"五事七计"是《孙子兵法》提出的决定战争胜负的基本因素,"五事"指道、天、地、将、法,涵盖了政治、天时、地利、将领和法规制度等方面。

② 七计:包含主孰有道、将孰有能、天地孰得、法令孰行、兵众孰强、士卒孰练、赏罚孰明,是评估敌我双方实力的重要工具。

③ 五危:指《孙子兵法》揭示的将领在战争中可能面临的五种危险情形,包括过于刚烈、贪生怕死、固执己见、过于廉洁和过分仁爱。

④ 令民与上同意:指战争的胜利,首先是要取得人民的拥护,做到军民团结,上下同心。

第三章　军事思想

2. 中国古代军事思想流派及其代表性的人物、观点有哪些？
3. 《孙子兵法》对现今各领域的积极影响有哪些？
4. 如何科学把握《孙子兵法》各篇主要内容？
5. 如何总体把握《孙子兵法》的军事思想体系和内容？

第四节　当代中国军事思想

学习军事思想，重点是了解和掌握中国当代军事思想的理论精髓，用以正确认识世界军事形势，科学指导中国的军事斗争准备和未来战争实践。

一、毛泽东军事思想

毛泽东是伟大的马克思主义者，伟大的无产阶级革命家、战略家、理论家，是马克思主义中国化的伟大开拓者，是党的第一代中央领导集体的核心，是领导中国人民彻底改变自己命运和国家面貌的一代伟人。在长达半个世纪的军事实践活动中，以毛泽东同志为主要代表的中国共产党人，不断探索中国革命战争的规律，全面总结我军建设和作战的丰富经验，并运用马克思主义的原理将其系统化、理论化，形成了一个完整的军事思想体系——毛泽东军事思想。毛泽东军事思想是我军的建军之魂、立军之本、致胜之道，是我国国防和军队建设及军事斗争的根本指导思想。

（一）毛泽东军事思想的科学含义

毛泽东军事思想这一科学概念，是中国共产党领导中国人民及其军队长期军事实践的科学总结和集体智慧的结晶，有其特定的内涵。

1. 毛泽东军事思想是马克思列宁主义军事理论与中国革命战争实践相结合的产物

旧中国是一个半殖民地半封建国家，革命的主要斗争形式是战争，主要组织形式是军队。无产阶级政党要组织军队进行革命战争并取得胜利，需要解决许多特殊而复杂的问题。以毛泽东同志为主要代表的中国共产党人，适应中国革命战争的需要，在长期革命战争实践中，创造性地运用马列主义科学原理，正确解决了这些问题，形成了具有中国特色的、发展了的马列主义军事理论——毛泽东军事思想。

2. 毛泽东军事思想是中国人民革命战争和国防、军队建设实践经验的总结

中国革命武装斗争的伟大实践，是毛泽东军事思想赖以产生、形成、发展的源泉和基础。中国共产党在领导中国革命武装斗争中，经历了国共合作的北伐战争、独立领导的土地革命战争、抗日战争和解放战争，推翻了帝国主义、封建主义和官僚资本主义的反动统治，建立了中华人民共和国。这场革命武装斗争，其时间之长、规模之大、情况之复杂、道路之曲折、内容之丰富、形式之多样、取得胜利之辉煌，在中外战争史上都是罕见的。新中国成立后，又进行了抗美援朝战争，并从多方面进行了以现代化为中心的国防、军队建设。毛泽东军事思想就是在以上中国革命武装斗争、国防与军队建设实践经验基础之上的科学概括。中国革命武装斗争实践，是毛泽东军事思想产生和发展的客观基础，毛泽东同志不仅可以从长期亲身参加和领导的战争实践中总结经验并将其上升为理论,而且有条件运用这些理论去指导战争实践,并在实践中反复检验这些理论、丰富发展这些理论,成为科学的理论体系。

3. 毛泽东军事思想是中国共产党人集体智慧的结晶

毛泽东同志作为中国无产阶级军事理论的奠基人和集大成者,对这一思想体系的创立和发展起了主要作用。但毛泽东同志只是这一思想的主要代表。这一思想从整体上来说,是群众智慧的结晶。因为毛泽东军事思想是中国革命战争实践经验的总结,进行这一实践的,是老一辈无产阶级革命家和广大人民群众这一群体。一方面,伟大的中国革命战争造就了一大批卓越的无产阶级军事家,如朱德、周恩来、叶挺、彭德怀、刘伯承、贺龙、陈毅、邓小平等,他们在创建人民军队和领导历次革命战争中,都建立了不朽的功绩,也为中国革命军事思想的建立和发展做出了卓越贡献。另一方面,中国共产党实行的是集体领导,党和军队关于战争问题的许多重大决策和重要理论观念的形成,都是领袖集团集体智慧的体现,是人民群众的共同创造。

4. 毛泽东军事思想是毛泽东思想的重要组成部分

毛泽东军事思想在整个毛泽东思想体系中占有极为重要的地位。党中央《关于建国以来党的若干历史问题的决议》,在对毛泽东同志的历史地位和毛泽东思想的评价中,高度赞扬了毛泽东对马克思主义军事理论的杰出贡献,并指出,毛泽东军事思想是对马克思列宁主义的军事理论的极为杰出的贡献,特别是他论述中国革命战争问题的重要著作,提供了在实践中运用和发展马克思主义认识论、辩证法最光辉的范例。我党在中华人民共和国成立前的历史,实际上就是一部武装斗争史,要求以毛泽东同志为主要代表的中国共产党人,必须以主要的精力去研究军事。毛泽东的军事实践活动,是他一生中最光辉、最成功的部分,因而在他的全部理论研究中,军事理论的创造和论著占有重要的地位。

(二)毛泽东军事思想的主要内容

毛泽东军事思想产生于中国革命战争的实践,反过来能动地指导革命战争的实践,并随着战争实践而不断得到检验和发展。毛泽东军事思想的形成和发展,是同中国革命战争的发生、发展和胜利,以及同党内"左"、右倾错误的斗争紧密联系在一起的。新中国成立之后,毛泽东军事思想适应国防建设和军事斗争的需要,继续得到丰富和发展,形成了一个成熟的思想体系。其基本内容包括以下五个方面。

1. 战争观和方法论

以毛泽东同志为主要代表的中国共产党人,在指导中国革命战争的伟大实践中,创造性地运用马列主义的辩证唯物论和历史唯物论,观察和分析战争的基本问题,认识和运用军事领域的辩证规律,阐明了无产阶级的战争观和方法论,主要包括:对战争的起源、战争的本质、战争的目的、现代战争的根源的认识及对待战争的态度;对战争与政治、经济,战争与革命,战争与和平等诸因素相互关联的看法;从研究战争规律入手,运用规律于自己的行动;从战争全局出发,关照全局,掌握关节;掌握认识战争情况的辩证过程,使主观指导始终同战争客观实际相一致;着眼其特点,着眼其发展,实现作战指导上的主动性、灵活性和计划性等。

2. 人民军队思想

毛泽东等老一辈无产阶级革命家、军事家,把人民军队建设问题作为进行武装革命的首要问题提出来。毛泽东把马列主义的建军学说和中国实际相结合,创造性地提出了一整套建军理论和原则。主要包括:人民军队是执行革命的政治任务的武装集团;全心全意为人民服务是人民军队的唯一宗旨;人民军队必须置于中国共产党的绝对领导之下;建立健全政治工作制度,开展强有力的政治工作;执行战斗队、工作队、生产队三大任务;坚持官兵一致、军民一致、瓦解敌军的三大原则;贯彻群众路线,实行政治、经济、军事三大民主;遵守三大纪律八项注意,实行自觉基础上的严格纪律;加强军队革命化、现代化、正规化建设;严格训练,严格要求,不断提高战斗力;发扬勇敢战斗、不怕牺牲和艰苦奋斗的优良作风;努力提高军事、政治、科学文化水平,加强战备,增强作战能力,随时抵御外敌入侵,维护国家安全。

3. 人民战争思想

人民战争是中国共产党历来坚持的指导战争的根本路线,是中国共产党唯一正确的战争指导思想,是毛泽东军事思想的核心内容,是我军战略战术的基础。其基本内容是:革命战争是群众的战争,人民群众是战争伟力之最深厚的根源;兵民是胜利之本;人是战争胜负的决定因素,只有依靠、动员、武装人民群众,才能实行全面、彻底的人民战争;坚持党的绝对领导,是实行人民战争的根本保证;依靠、动员人民群众,是实行人民战争的坚实基础;强大的人民军队,是实行人民战争的骨干力量;坚持"三结合""一配合"①是实行人民战争的正确组织形式和斗争形式;建立巩固的革命根据地,是实行人民战争的战略基地;运用灵活机动的战略战术,是实行人民战争的正确战争指导。

4. 人民战争的战略战术思想

人民战争的战略战术,体现了毛泽东人民战争思想的战略指导原则和作战方法,是毛泽东高超的战争指导艺术的总结。它揭示了中国革命战争的指导规律,是毛泽东军事思想中最精彩的部分,内容十分丰富。人民战争的战略战术思想,是建立在人民战争的基础之上,立足于以劣势装备战胜优势装备之敌的灵活机动的战略战术。其主要内容有:把唯物辩证法运用于作战指导,从实际出发,不拘一格;有什么枪打什么仗,对什么敌人打什么仗,在什么时间、地点打什么时间、地点的仗;你打你的,我打我的,打得赢就打,打不赢就走;消灭敌人,保存自己;实行积极防御,反对消极防御;在战略上藐视敌人,在战术上重视敌人;集中优势兵力,各个歼灭敌人;运动战、阵地战、游击战三种作战形式紧密结合;执行有利决战,避免不利决战;进攻时防止冒险主义,防御时防止保守主义,退却时防止逃跑主义;每战力求有准备,不打无准备、无把握之仗;慎重初战,不打则已,打则必胜;灵活运用兵力和变换战术;适时地实行战略转变;重视后勤保障和军队的适时休整;等等。

5. 国防建设思想

新中国成立后,毛泽东等老一辈无产阶级革命家,创立了国防现代化建设理论。其主要内容是:动员全国人民,保卫、建设新中国;国防不可没有,国防必须现代化;要建设一支

---

① "三结合""一配合":解放战争时期,我军实行人民战争采取的组织形式和斗争形式。"三结合"指主力兵团与地方兵团相结合,正规军与游击队、民兵相结合,武装群众与非武装群众相结合,"一配合"指以军事斗争为主与其他各种斗争相配合。

现代化国防军;加强国防建设,一定要加强国家经济建设;国防建设要根据国家安全利益的需要,以积极防御的战略方针为指导;国防建设必须坚持独立自主的方针;在世界大战可能避免的相对和平的时期,要坚持精干的常备军与强大的后备力量相结合;要充分发挥我们自己的优势与国防威慑的重大作用等。

毛泽东军事思想,是一个完整的科学体系,各个组成部分相互联系、互相制约。在这个体系中,无产阶级的战争观和方法论是整个科学理论体系的理论基础,人民战争思想是毛泽东军事思想的核心,人民军队思想是建设人民军队的理论指南,灵活机动的战略战术是进行人民战争的方式和方法,国防现代化建设理论是进行国防建设、保卫国家安全、防止外敌入侵的指导方针和原则。

(三)毛泽东军事思想的历史地位和现实意义

毛泽东军事思想是具有中国特色的无产阶级军事理论。它创造性地发展了马列主义军事理论,指导中国革命取得了彻底胜利。新中国成立之后又继续指导了中国的国防建设、抗美援朝战争和边境自卫反击战,是国防现代化建设和未来反侵略战争的指南。它不仅在中国军事思想发展史上占有极为重要的地位,而且在世界军事史上也占有一席之地。

1. 毛泽东军事思想是当代最先进的无产阶级军事理论

毛泽东、朱德、周恩来和邓小平等老一辈无产阶级革命家,在领导中国人民进行长期革命战争和国防建设的实践中,创造性地把马列主义普遍原理与中国革命战争和国防、军队建设具体实践相结合,继承发展了古代、近代和现代的中外优秀军事理论,形成了内容极其丰富的毛泽东军事思想。毛泽东军事思想源于实践,指导实践,并接受了中国革命战争和国防、军队建设实践的检验,是迄今最完整、最系统的无产阶级军事理论。毛泽东军事思想不仅是我党我军的宝贵财富,在世界军事理论中也占有极其重要的地位,其重大作用和影响已经远远超越了时空界限,成为世界军事理论宝库中的璀璨明珠。

2. 毛泽东军事思想是我军克敌制胜的根本法宝

毛泽东军事思想运用辩证唯物主义和历史唯物主义的原理,批判地吸收了古今中外的优秀军事思想遗产,是最科学、最先进、最完整的军事理论。它既揭示了中国革命战争的特殊规律,又反映了现代战争和国防建设的一般规律,是经过实践检验的科学真理。尽管国际形势日新月异,我国综合国力大幅攀升,但对我军未来打赢信息化战争仍然具有普遍适应性。

3. 毛泽东军事思想是国防和军队现代化建设的指南

毛泽东军事思想的基本原理原则,不仅在以往战争年代是指导我们战胜国内外强大敌人的锐利武器,而且在新时代仍是国防、军队建设和夺取未来战争胜利的指南。当前,我国、我军建设的具体环境条件虽然发生了一些变化,但仍然需要毛泽东军事思想的指导。坚持把毛泽东军事思想的基本原理、我军建设和国防建设的优良传统,与现代武器装备、现代军事技术有机结合起来,这是我国现代国防和军队建设所具有的中国特色的体现和根本要求。

4. 毛泽东军事思想创造性地丰富和发展了马克思主义军事理论

毛泽东军事思想为马列主义军事理论的丰富和发展做出了重大贡献,极大地丰富了马克思主义军事科学的理论宝库。毛泽东的主要贡献在于:开创了一条农村包围城市、武装夺取政权的革命道路;创建了一支新型的人民军队;丰富和发展了马克思主义的人民战争思想;创造了适合中国特点的人民战争的战略战术;科学地阐明了关于研究和指导战争的战争观和方法论。

5. 毛泽东军事思想在世界上有广泛而深远的影响

毛泽东军事思想在世界军事思想史上占有重要地位,是当代世界具有重大影响的军事思想。许多人对它的研究和学习,已经超越了国界。20世纪六七十年代,毛泽东军事思想在发展中国家广泛传播,成为许多国家被压迫民族和人民争取民族独立和解放的强大思想武器。即使是发达或比较发达的国家,对毛泽东军事思想也很重视。如美国前总统肯尼迪,要求美国陆军都要研究毛泽东有关游击战问题的论著;《纽约时报》称毛泽东是当代的"革命战略家";基辛格在《核武器与外交政策》①一书中指出:"毛泽东基于大家熟悉的列宁主义学说,即战争是斗争的最高形式,研究出一套军事理论""这套军事理论表现出高度的分析能力,罕见的洞察能力""善于将列宁主义原理运用于中国的实际情况"。柯林斯在《大战略》中,把毛泽东视为"具有革新思想的战略家之一""是民族解放战争和人民战争的主要理论家"。毛泽东军事著作,已被几十个国家翻译出版、学习、研究和运用。不少国家包括美国的一些军事院校,还专门规定了学习毛泽东军事思想的内容、开设了相应的课程。一些国家还专门请我国派专家去讲授或派留学生到我国来学习毛泽东军事思想。

二、邓小平新时期军队建设思想

邓小平新时期军队建设思想,是在新的历史条件下对毛泽东军事思想的继承和发展,反映了新时期军事斗争的客观规律,指明了新时期军事工作的方向,回答了新形势下军事实践迫切需要解决的理论问题,对于新时期军队建设和军事斗争准备,具有极其重要的现实意义和深远的历史意义。

(一)邓小平新时期军队建设思想的科学含义

邓小平新时期军队建设思想,是以邓小平同志为主要代表的中国共产党人在改革开放和社会主义现代化建设新时期,为指导中国军队建设和国防建设而提出的系统理论,是邓小平理论的重要组成部分。

1. 邓小平新时期军队建设思想的着眼点是解决新的历史时期所出现的新情况、新问题

军事思想发展史告诉我们,任何军事思想均有时代性,不同历史时期的军事思想各有其特征。这种特征往往最能反映出当时的物质生产水平,是在一定社会历史条件下军事实践的产物,必然受社会历史条件和实践水平的制约。解决现实实践问题,只能依靠从事实践的人们,从实际出发,进行探索,提出新理论、新办法。邓小平新时期军队建设思想正是着眼于解决在新的历史条件下所出现的各种新情况、新问题,以指导国防和军队建设实践,把我军的现代化建设提高到一个新水平。

---

① 《核武器与外交政策》:由美国国务卿亨利·基辛格著,是20世纪50年代美国战略理论著作。

2. 邓小平新时期军队建设思想是毛泽东军事思想的继承、丰富和发展

理论源于实践、发展于实践,同时又对实践起指导作用。在邓小平领导我军新时期建设时期,我军面临的核心问题是军队现代化水平与现代化战争要求不相适应的矛盾。但由于历史的原因,军队建设的这一矛盾比过去更加突出。邓小平从我军的现状出发把毛泽东军事思想同我军现代化建设实践统一起来,提出了新时期"必须把我军建设成为一支强大的现代化正规化的革命军队"的总任务,并围绕这个总任务制定了一系列具体方针和原则,形成了他关于建设现代化正规化革命军队的一套完整理论,构成了一个科学的理论体系。邓小平新时期军队建设思想正是在新的历史条件下对毛泽东军事思想的基本原理同当代国际、国内各种实际问题的具体结合和运用。从这点出发,我们可以清楚地看到,邓小平新时期军队建设思想正是毛泽东军事思想的继续,是邓小平在新时期对毛泽东军事思想不断发展的科学理论总结。

3. 邓小平新时期军队建设思想是邓小平理论的重要组成部分

解放思想,实事求是,是邓小平理论的精髓,也是邓小平新时期军队建设思想的理论基础。邓小平关于时代主题的理论,既是邓小平理论的重要理论基石,也是邓小平新时期军队建设思想的重要内容。邓小平关于建设一支强大的现代化正规化革命军队的思想,既是邓小平新时期军队建设思想理论体系的核心内容,也是我国社会主义建设理论的重要内容。总之,邓小平新时期军队建设思想具有鲜明的时代性、深刻的实践性和科学的指导性,为我们提供了正确认识和解决新时期军队建设和军事斗争问题的立场、观点和方法,具有鲜明的时代特征,是中国特色社会主义建设理论的重要组成部分。

(二)邓小平新时期军队建设思想的主要内容

邓小平新时期军队建设思想是一个具有丰富内容的完整的科学体系。原中国人民解放军总政治部颁发的《邓小平新时期军队建设思想学习纲要》明确概括为 11 个方面的内容:军队和国防建设指导思想实行战略性转变;军队要服从整个国家建设的大局;军队要担当起维护国家主权和安全的历史责任;实行积极防御的军事战略方针;建设一支强大的现代化正规化的革命军队;始终不渝地坚持人民军队的性质;中心是解决现代化的问题;提高军队建设的正规化水平;要把教育训练提高到战略地位;坚定不移地走有中国特色的精兵之路;军队和国防建设是全党和全国人民的事业。这一科学体系的精髓主要体现在 5 个方面。

1. 军队和国防建设指导思想要实行战略性转变

邓小平认为,和平和发展是时代的主题,战争的威胁依然存在,但推迟或制止世界战争的爆发已成为可能,世界大战在一定条件下可以避免,但霸权主义仍然是对世界和平的最大威胁,局部战争已成为主要战争形态;我国周边安全环境发生了根本性好转,但仍然存在着各种现实的和潜在的威胁。稳定世界局势,实现和平与发展,要有新的途径和新的方法,即用"和平方式"和"共同开发"的办法解决国际争端。

2. 军队建设要服从国家建设的大局

军队建设以国民经济为基础,军队和国防建设要与国家经济建设协调发展。一是国防建设指导思想要从长期以来立足于"早打,大打,打核战争"的临战状态,转变到和平时期现代化建设的轨道上来;二是要正确处理国防建设和经济建设的关系;三是要实现国防

建设与国家经济建设的协调发展。

3. 实行积极防御的军事战略方针

贯彻积极防御的战略方针,是维护国家主权和安全的需要,也是由我国社会制度决定的。邓小平指出:"我们未来反侵略战争,究竟采取什么样的战略方针?我赞成就是'积极防御'四个字。"我国对战争问题的基本原则是:"人不犯我,我不犯人,人若犯我,我必犯人。"实行积极防御的战略方针,要把立足点放在遏制战争的爆发上,注重研究现代战争,把着眼点放在打赢现代高技术条件下的局部战争上,军事战略要从维护国家安全利益出发,用和平方式解决对抗性争端和矛盾,注重发展综合国力,从根本上增强军事实力,提高威慑能力。

4. 建设一支强大的现代化正规化革命军队

军队建设要以革命化为前提、现代化为中心、正规化为重点,全面建设现代化、正规化、革命化的军队;要把教育训练摆到战略地位,努力提高部队战斗力;要搞好体制改革和精简整编,建立科学的体制编制;实现军队正规化,要依法治军,科学管理;要加强和改进新时期军队政治工作,保证党对军队的绝对领导,保证军队高度稳定和集中统一。

5. 现代战争条件下要坚持和发展人民战争思想

邓小平根据现代战争的特点和规律,结合我国的实际情况,在继承毛泽东人民战争思想的基础上,提出了"现代条件下人民战争"的思想。围绕这一思想,邓小平特别强调人民战争的形式要与现代战争的特点相吻合;强调现代条件下从事人民战争的人必须具有很高的素质;强调在军队精简的情况下,尤其要搞好民兵和预备役的建设;要研究现代战争条件下人民战争的战略战术;要保持和发扬我党我军的优良传统,发挥人民战争的政治优势。

(三)邓小平新时期军队建设思想的地位作用

邓小平新时期军队建设思想源于实践,高于实践,对于指导新时期我国国防建设、军队建设及作战实践,都具有十分重要的现实意义和历史意义。

1. 邓小平新时期军队建设思想是继承和发展毛泽东军事思想的典范

邓小平新时期军队建设思想为毛泽东军事思想做出了历史性的贡献。邓小平作为党的第二代中央领导集体的核心和我军的统帅,不仅是毛泽东军事思想的创建者之一,也是毛泽东军事思想在新的历史条件下的主要坚持者和发展者。邓小平强调必须把毛泽东军事思想看作一个科学体系,强调在新的历史条件下运用毛泽东军事思想,必须在坚持中发展,在发展中坚持;强调必须运用毛泽东军事思想的立场、观点和方法,在实践中,不断认识新情况和解决新问题。邓小平新时期军队建设思想,是新时期继承和发展毛泽东军事思想的典范。

2. 邓小平新时期军队建设思想是新时期我军军事理论的集中体现

邓小平对新时期军队建设和军事斗争中许多重大问题的研究和探讨,是以新的认识、新的理论深度总结我军历史经验、探索新的建军经验。新时期我军军事理论的发展,源于新时期我军军事实践的需要与发展,是时代的需要,是在新的历史条件下尊重军队建设规律、发展新的军事理论的创造。邓小平继承和发展了毛泽东军事思想,比较系统地回答了在当代中国如何建设一支现代化革命军队的重大问题,提出了新时期我军建设中一系列重大方针和原则,形成了新时期我军军事理论的主体,是具有中国特色的当代马克思主义军事理论。

3. 邓小平新时期军队建设思想是新时期我军建设的强大思想武器

伟大的实践需要科学理论的指导,科学的理论只有在指导实践中才能发挥巨大的作用。坚持运用科学的军事理论去指导新时期的军事实践,关系到军队建设和国防建设的前途和命运。能否逐步实现现代化、正规化革命军队的目标,对军队全面建设提出新的要求,需要我们不断地实践和探索。邓小平新时期军队建设思想为我们完成这个伟大的实践和探索提供了世界观和方法论的指导,使我军战斗力的提高与社会主义国家现代化的进程同步发展。

三、江泽民国防和军队建设思想

党的十三届四中全会以来,以江泽民同志为主要代表的中国共产党人,在推进中国特色社会主义事业的历史进程中,高举邓小平理论伟大旗帜,坚持党的思想路线,解放思想、实事求是、与时俱进,正确把握当代世界和中国的发展变化,形成了"三个代表"重要思想,开辟了马克思主义的新境界。江泽民在领导我国国防和军队建设的实践中,始终坚持按照"三个代表"重要思想所体现的时代性和先进性的要求,坚持运用"三个代表"重要思想所贯穿的科学世界观和方法论,集中全党全军智慧,着眼于解决好"打得赢、不变质"两个历史性课题,科学分析和回答了新的历史条件下建设什么样的军队、怎样建设军队,未来打什么样的仗、怎样打仗的问题,形成了富有时代特色的江泽民国防和军队建设思想,实现了党的军事指导理论新的历史性飞跃。

(一)江泽民国防和军队建设思想的科学含义

江泽民同志国防和军队建设思想,是江泽民关于国防及有关军事问题的科学理论体系。主要回答了在世界多极化曲折发展,世界新军事变革不断深入,我国实行改革开放和发展社会主义市场经济体制的历史条件下,如何积极推进中国特色军事变革,解决好人民军队打得赢、不变质两个历史性课题,为建设中国特色社会主义提供安全保障的问题。

1. 江泽民国防和军队建设思想是时代发展的产物

江泽民在 1997 年军委扩大会议的讲话中指出,20 世纪 90 年代以来,我军建设所处的历史条件发生了重大的变化,不仅与改革开放以前有很大的不同,与 80 年代也有了很大的不同。在和平与发展仍然是时代主题的大背景下,国际战略格局出现重大转变。世界新军事革命迅猛发展,获得高技术质量优势已成为国际军事竞争的主要标志。军事斗争准备在军事战略全局中的地位更加突出,面对新的机遇和挑战,江泽民同志针对如何有效维护国家安全和发展利益,如何实现经济建设和国防建设的相互促进、协调发展,如何始终不渝地坚持党对军队的绝对领导,确保人民军队的性质、本色和作风不变,如何走出一条我军现代化建设跨越式发展的道路,如何不断完善和发展积极防御的军事战略,如何提高依法治军的水平等,提出了一系列新思想、新观点和新论断。这些针对时代发展做出的科学回答,是我们党和军队集体智慧的结晶,充分反映和体现了"三个代表"重要思想对我军新时期各项重要工作与时俱进的新要求。作为"三个代表"重要思想的"军事篇",江泽民国防和军队建设思想是"三个代表"重要思想的重要组成部分。

2. 江泽民国防和军队建设思想是马克思主义军事理论发展的新成果

在马克思主义中国化的历史进程中,中国共产党人在军事领域先后形成了三大理论成果:毛泽东军事思想、邓小平新时期军队建设思想、江泽民国防和军队建设思想。这三大理论成果形成的历史条件不同,回答和解决的历史课题不同,构成了既一脉相承又不断发展创新的科学思想体系。毛泽东军事思想和邓小平新时期军队建设思想是我党我军的宝贵精神财富。江泽民国防和军队建设思想,是对毛泽东军事思想、邓小平新时期军队建设思想的继承和发展。江泽民创造性地坚持和运用毛泽东军事思想、邓小平新时期军队建设思想的基本立场、观点和方法,紧密结合新的实践,研究新情况,解决新问题,总结新经验,探索新规律,科学阐明了新的历史条件下国防和军队建设的地位作用、目标任务、指导方针、总体思路、根本途径、战略步骤、发展动力和政治保证等,形成了一个完整军事理论体系,把我们党的军事指导理论发展到了一个新阶段。

3. 江泽民国防和军队建设思想是对我国国防建设和军队建设经验与规律的科学反映

江泽民国防和军队建设思想,来源于实践,是当代中国军事领域实践经验的科学总结。江泽民国防和军队建设思想形成的过程,是一个不断推进我军现代化建设实践创新和理论创新的辩证发展过程,它是新的历史条件下国防和军队建设基本规律的集中体现。江泽民国防和军队建设思想用发展的方法解决国防和军队建设的新道路。运用系统的观点把握事物的普遍联系,推进国防和军队建设的整体进步、全面发展。发挥知识、科学技术在国防和军队建设中的巨大推动作用,充分相信和依靠人民群众,注重发挥官兵在军队建设中的创造精神等。

(二)江泽民国防和军队建设思想的主要内容

江泽民国防和军队建设思想继承和发展了毛泽东军事思想、邓小平新时期军队建设思想,形成了独具特色的国防和军队建设思想体系。由原中国人民解放军总政治部颁发的《江泽民国防和军队建设思想学习纲要》,对江泽民国防和军队建设思想概括如下:从国际战略全局和国家发展大局谋划国防和军队建设;解决好打得赢、不变质两个历史性课题;党对军队的领导是我军永远不变的军魂;积极推进中国特色的军事变革;用新时期军事战略方针统揽军队建设全局;按照"五句话"总要求全面加强军队建设;始终把思想政治建设摆在军队各项建设的首位;实施科技强军战略,加强军队质量建设;培养和造就大批高素质的新型军事人才;加快我军武器装备现代化建设的步伐;走出一条投入较少、效益较高的军队现代化建设路子;坚持依法治军、从严治军;军队现代化建设动力在改革;依靠人民建设军队、建设国防。江泽民国防和军队建设思想的精髓,主要体现在以下方面。

1. 正确把握国际国内局势,谋划国防和军队建设

在复杂的国际国内形势下,关注军事安全因素,提高安全保障能力,是维护国家生存和发展的必然选择。维护国家安全,保障国家发展利益,是谋划国防和军队建设的目标,我们必须把维护国家安全和发展利益摆在更加突出的战略位置,必须坚持国防与经济建设协调发展的方针,提高国家战略能力,提高军队打赢战争和遏制战争的能力,完成我国现代化建设的两大战略任务——把经济建设搞上去和建设强大的国防。

2. 始终把思想政治建设摆在军队各项建设的首位

这是永葆人民军队性质的要求,是我军立于不败之地的前提和可靠保证。把思想政治建设摆在首位的首要任务是保证党对军队的绝对领导,这是我军的军魂,是我军特有的政治优势,是我军的一项根本政治制度和根本的建军原则。思想政治建设是我军革命化的核心,是我军现代化和正规化的灵魂,其根本就是要用科学的理论,特别是"三个代表"重要思想武装全军。通过加大军队思想政治建设改革的力度,使军队精神文明建设走在全社会的前列。

3. 用新时期军事战略方针统揽全局,解决好"两个历史性课题"

必须用新时期军事战略方针来指导和统揽全军各项建设和一切工作。军事斗争准备的基点,要放在现有武器装备上,放在打赢现代技术特别是高技术条件下的局部战争上。无论是军事训练、政治工作、后勤保障、国防科研,还是其他各方面的建设和工作,都要服从和服务于这一战略的需要,都要确保这一战略方针的胜利实现而周密规划、全面部署、深入展开。这就迫切要求我军在新的历史条件下必须着力解决好"打得赢、不变质"两个历史性课题。始终不渝地坚持"打得赢、不变质"相统一,是我军存在和发展的全部意义和价值所在。

4. 按照"五句话"总要求积极推进中国特色的军事变革

"政治合格、军事过硬、作风优良、纪律严明、保障有力",是江泽民对我军新时期建设的总要求。"五句话"总要求,涵盖了新形势下军队建设的基本内容,从认识论和方法论的高度确立了军队全面建设的指导思想,是军队建设总目标的具体化和规范化。政治合格是前提,军事过硬是中心,纪律严明、作风优良是保证,保障有力是基础,五者缺一不可。实现"五句话"总要求,要靠全军官兵团结奋进、共同努力,积极推进中国特色的军事变革。

5. 实施科技强军战略走有中国特色的精兵之路

我军建设的现状和主要矛盾以及我国防御性的国防政策和世界军事发展的潮流,都决定了我军必须走有中国特色的、加强质量建设的精兵之路。走有中国特色的精兵之路,必须从我国的实际需要和可能出发,贯彻科技强军战略,实现军队的"两个根本性转变"。要继续把教育训练摆在战略地位,培养和造就大批高素质新型军事人才,加快我军武器装备现代化建设和发展的步伐,减少数量、提高质量、优化结构,改革和完善军队的体制编制。

6. 坚持依法、从严治军,探索新形势下军队建设的特点和规律

针对新时期我军建设面临的新情况、新问题,一定要坚持严格训练、严格管理,培养优良的作风、严明的纪律;军队一定要在全国人民面前保持和发扬遵纪守法、军容严整、作风过硬的良好形象。坚持依法从严治军,要以加强纪律建设为核心内容。要从领导干部做起,积极探索新形势下治军的特点和规律,实现军队的科学管理,从而不断提高我军正规化管理水平。

7. 贯彻全民建设国防的方针,实现国防现代化跨越式发展

国防和军队建设,是全党和全国各族人民的共同事业。坚持全民办国防的方针,是新时期坚持人民战争思想的必然要求,是我们的优势所在。要贯彻全民建设国防的方针,依靠人民建设军队、建设国防。必须深入持久地开展国防教育,增强全民国防观念,完善国防动员机制,加强后备力量建设,为战争潜力转化为战争实力提供重要保障。要坚持国防

与经济建设两头兼顾、协调发展，在全面建设小康社会的伟大事业中，实现国防现代化的跨越式发展。

（三）江泽民国防和军队建设思想的地位作用

江泽民国防和军队建设思想，既是对毛泽东军事思想和邓小平新时期军队建设思想的继承，又有自身的创造性，对我国的国防建设和军队建设具有重要的指导作用。

1. 江泽民国防和军队建设思想是对毛泽东军事思想、邓小平新时期军队建设思想的继承、丰富和发展

江泽民作为党的第三代中央领导集体的核心，是毛泽东军事思想和邓小平新时期军队建设思想的忠实继承者和模范实践者。江泽民关于国防和军队建设的有关论述，大量、经常地引用毛泽东、邓小平的讲话、指示，坚持和运用马克思主义军事理论的基本观点，并要求全军坚持以毛泽东军事思想和邓小平新时期军队建设思想为根本指导。同时，江泽民同志提出了一系列新思想、新观点、新论断和重大方针、原则，极大地丰富和发展了毛泽东军事思想和邓小平新时期军队建设思想，为马克思主义的军事理论宝库增添了新的内容，做出了新的贡献。江泽民国防和军队建设思想在理论体系上，与毛泽东军事思想和邓小平新时期军队建设思想是一脉相承的，是毛泽东军事思想特别是邓小平新时期军队建设思想同新的历史条件相结合的产物，是对马克思主义军事理论新的开拓、新的创造。

2. 江泽民国防和军队建设思想是"三个代表"重要思想在军事领域的运用和展开

在新的历史时期，以江泽民同志为主要代表的中国共产党人，深刻洞察复杂多变的国内外形势，创造性地提出了"三个代表"重要思想。"三个代表"重要思想是涵盖经济、政治、文化、军事、外交、党的建设等各个方面的完整的科学体系，是加强和改进党的建设、推进我国社会主义自我完善和发展的强大理论武器，是党必须长期坚持的指导思想。国防和军队建设是党的建设的重要方面，"三个代表"是党的建设的根本要求和指导思想，也必然是国防和军队建设的根本要求和指导思想。"三个代表"重要思想从根本上回答了"建设一个什么样的党、怎样建设这个党"的问题，也要求军队回答"建设一支什么样的军队、怎样建设这支军队"的问题，而在新的形势下"建设一支什么样的军队、怎样建设这支军队"正是江泽民国防和军队建设思想的主题和回答、解决的主要问题，是"三个代表"重要思想在军事领域的延伸、拓展，以及在军队建设上的贯彻和反映。

3. 江泽民国防和军队建设思想是我军建设的科学指南

江泽民国防和军队建设思想深刻揭示了新形势下国防和军队建设的基本规律。江泽民根据国际战略格局和世界军事形势的发展变化，立足于我国的国情和军情，运用马克思主义的世界观和方法论，全面、系统地阐述了新形势下战争与和平的关系，国防建设与经济建设的关系，革命化、现代化与正规化建设的关系，军队数量与质量的关系，常备军与国防后备力量的关系，继承优良传统与改革创新的关系，以及学习外军有益经验与保持我军特色的关系，等等，使我军对治军的特点和规律、军事斗争准备的特点和规律、国防建设的特点和规律的认识达到了一个新的水平。江泽民国防和军队建设思想，是新的历史条件下国防和军队建设基本规律的集中体现，具有长远的指导意义。江泽民善于从国防和军队建设的实践中，发现矛盾、解决问题、总结经验、探索规律、形成理论。例如，从军事斗争基点的转变到军队现代化建设的跨越式发展，从抵制"酒绿灯红"的影响到大力加强部队思想政治建设,从密切基层官兵关系到提出研究治军特点规律,等等,可以说,江泽民指导军队建设的每一个思想理论观点,从孕育到提出、从调研到论证、从确认到实践、从实践到升华,都是与全军官兵的共同实践和集体智慧分不开的。江泽民国防和军队建设思想已经为广大官兵所接受,已被实践证明是正确的理论指南,我军建设、改革取得的历史性成就和进步,是江泽民国防和军队建设思想真理性的生动写照。

四、胡锦涛国防和军队建设思想

2004年9月,党的十六届四中全会决定胡锦涛任中共中央军委主席。胡锦涛着眼国内国际两个大局,根据时代发展和军事实践的新要求,在新的起点上对新世纪新阶段国防和军队建设作出了一系列重要指示,提出了一系列重要思想,明确了新世纪新阶段国防和军队建设的发展目标、发展模式、发展动力、发展道路和发展保证,进一步回答了建设什么样的军队、怎样建设军队的根本问题。解决了处于时代转型质变期中国国防和军队建设"怎么走""怎么走得又好又快"的根本性和全局性问题。这些重要思想,运用马克思主义军事思想的基本立场、观点和方法,继承中华民族的优秀军事文化传统,坚持我们党领导军队建设发展的重要原则,充分吸纳世界军事理论的先进成果,融合了现代军事思维方法,与毛泽东军事思想、邓小平新时期军队建设思想、江泽民国防和军队建设思想既一脉相承又与时俱进,为新时期党的军事指导理论赋予了新内涵。

(一)胡锦涛国防和军队建设思想的科学含义

胡锦涛国防和军队建设思想,是胡锦涛关于国防和军队建设及有关军事问题的科学理论体系。其主要回答了在世界大发展大变革大调整、我国全面建设小康社会的历史条件下,如何推进国防和军队建设科学发展、全面履行新世纪新阶段军队历史使命的问题。

1. 胡锦涛国防和军队建设思想是科学发展观在军事领域里的具体应用

"三个代表"重要思想,是以江泽民同志为核心的党中央对毛泽东思想、邓小平理论创造性继承和发展的产物,是党的创新理论的重大成果,是指导中国特色社会主义建设的科学理论指南。胡锦涛要求全军把思想和行动统一到党的十六届五中全会上来,贯彻落实"三个代表"重要思想,坚持把科学发展观作为新世纪新阶段加强国防和军队建设的重要指导方针,全面加强部队的革命化、现代化、正规化建设。胡锦涛结合我军的实际情况作出的国防和军队建设的一系列重要论述,既体现了"三个代表"重要思想、科学发展观对国防和军队建设的根本要求,又是"三个代表"重要思想和科学发展观的"军事篇",丰富、发展了"三个代表"重要思想和科学发展观理论。

2. 胡锦涛国防和军队建设思想是党的军事指导理论的重要创新成果

中国共产党在军事领域先后形成了毛泽东军事思想、邓小平新时期军队建设思想、江泽民国防和军队建设思想等重要成果。这些理论创新成果,是国防和军队建设规律的科学认识,是我们党领导革命斗争和国防与军队建设经验的科学结晶。胡锦涛同志结合我国国防和军队建设的新情况,创造性地把党的军事理论创新成果运用于当代军事实践,进一步科学揭示了国防和军队建设的规律,回答了国防和军队建设领域全局性、长远性和方向性的重大问题,把中国共产党的军事指导理论创新推进到了新的境界,形成了特点鲜明的党的军事指导理论的新的重大创新成果。

（二）胡锦涛国防和军队建设思想的主要内容

原总政治部编写的《胡锦涛国防和军队建设思想学习纲要》，比较全面准确地阐述了胡锦涛国防和军队建设思想的重大意义、科学内涵、精神实质和基本要求，其理论体系可概括为14个方面：正确认识时代特征和国家安全形势的发展变化；在全面建设小康社会进程中实现富国和强军相统一；全面履行新世纪新阶段军队历史使命；在国防和军队建设中贯彻落实科学发展观；围绕"三个确保"时代课题加强军队思想政治建设；坚持不懈地拓展和深化军事斗争准备；加快转变战斗力生成模式；加快全面建设现代后勤；实现我军武器装备的自主发展、跨越发展、可持续发展；加紧培养大批高素质新型军事人才；把依法治军、从严治军作为全局性基础性长期性工作紧抓不放；积极稳妥进行国防和军队改革；提高军队党的建设科学化水平；紧紧依靠人民办国防。胡锦涛国防和军队建设思想的精髓主要体现在以下方面。

1. 关于新世纪新阶段国防和军队建设的指导方针

强调坚持把科学发展观作为加强国防和军队建设的重要指导方针，坚持以人为本，坚持国防建设与经济建设相协调，坚持国防和军队建设诸要素全面协调可持续发展。要坚持以新时期军事战略方针统揽全局，抓紧做好军事斗争准备，加快推进中国特色军事变革。

2. 关于新世纪新阶段国防和军队建设的战略使命

即"三个提供一个发挥"：为党巩固执政地位提供重要的力量保证；为维护国家发展的重要战略机遇期提供坚强的安全保障；为国家利益的拓展提供有力的战略支撑；为维护世界和平和促进共同发展发挥重要作用。

3. 关于新世纪新阶段国防和军队建设的基本着眼点

强调搞清我军建设的主要矛盾，要求全面、系统、深入地研究军队建设的阶段性特点。强调把军队建设的基础和现状搞清楚，把影响和制约军队建设的热点、难点问题搞清楚，把军队建设的发展方向和主要任务搞清楚。强调军队建设要以提高信息化条件下的威慑和实战能力为根本出发点、落脚点。

4. 关于新世纪新阶段国防和军队建设的目标任务

强调要从国际国内大局出发，用更加宽广的战略眼光来审视国防和军队建设问题，确立国防和军队建设的目标和任务，以增强打赢信息化条件下局部战争的能力为核心，不断提高应对多种安全威胁、完成多样化军事任务的能力。

5. 关于新世纪新阶段国防和军队建设的牵引力量

强调以军事斗争准备为龙头带动军队现代化的整体发展。强调要把军事斗争准备作为最重要、最现实、最紧迫的战略任务抓得紧而又紧。要在全军大抓军事训练，以提高一体化联合作战能力为目标，围绕推进机械化条件下军事训练向信息化条件下军事训练转变的主题，坚持从难从严从实战需要出发进行训练，要在近似实战的环境和条件下摔打磨炼部队。坚持走科技兴训之路，坚持全面提高官兵素质，坚持以改革创新推动训练转型，为确保我军"打得赢、不变质"服务。

6. 关于新世纪新阶段国防和军队建设的推进动力

强调科学技术是第一生产力,也是推动国防和军队建设又好又快发展的巨大动力。要进一步实施科技强军战略,着力推进军事理论创新、军事技术创新、军事组织体制创新和军事管理创新,把军队战斗力生成模式切实转到依靠科技进步特别是以信息技术为主要标志的高新技术进步上来,不断提高官兵的科技素质,充分发挥科技进步和创新对战斗力提高的重大推动作用。

7. 关于新世纪新阶段国防和军队建设的基本要求

强调革命化、现代化、正规化建设的有机统一。强调统筹中国特色军事变革与军事斗争准备,统筹机械化建设与信息化建设,统筹诸军兵种作战力量建设,统筹当前建设和长远发展,统筹主要战略方向建设与其他战略方向建设。强调注重解决体制机制等制约军队发展的深层次矛盾和问题。强调坚持军民结合、寓军于民,把国防和军队建设融入经济社会发展体系之中,走军民融合式发展道路,要在全面建设小康社会进程中实现富国和强军的统一。要加强科学筹划和科学管理,走出一条投入较少、效益较高的国防和军队现代化建设路子。

8. 关于新世纪新阶段国防和军队建设的政治保证

强调要保证党对军队的绝对领导,保证军队履行好保卫国家安全、捍卫国家主权和领土完整的神圣使命。要按照先进性要求,加强军队党组织能力建设,坚持围绕中心任务抓党建,把先进性贯彻和体现到党的思想、组织、作风、制度建设等各个方面,扎实深入地搞好保持共产党员先进性教育活动。要大力弘扬我军"听党指挥、服务人民、英勇善战"的优良传统,大力培育当代革命军人"忠诚于党,热爱人民,报效国家,献身使命,崇尚荣誉"的核心价值观,确保军队永远听党的话,永远保持军队的性质和本色,能够有效履行我军新的历史使命。

9. 关于新世纪新阶段军事科学发展

强调要繁荣和发展军事科学,要以人类科技发展的最新成果——以信息技术为核心的高新技术群体为推动力,促进中国军事的科学发展,构建具有中国特色的新型军事科学体系。要拓展军事战略的视野,善于着眼国家利益全局筹划和指导军事行动,把战略问题具体化,使军事斗争、军事战略与国家安全融为一体,将传统军事战略"制约战争、准备战争、打赢战争"功能,发展为"应对危机、维护和平,遏制战争、打赢战争"功能。要发展积极防御军事战略方针的战略指导原则,"遏制危机、控制战局、打赢战争"。要坚持和发展人民战争思想,探索新时期治军和作战的特点及规律。要加强军事科研中的制度建设,建立和完善军事科研的运行模式,培养和造就一支高素质军事科研人才队伍。

(三)胡锦涛国防和军队建设思想的地位作用

在新世纪新阶段,中国的发展进入了一个重要的战略机遇期,以胡锦涛同志为主要代表的中国共产党人着眼时代发展和维护国家利益,形成了胡锦涛国防和军队建设思想,对我国国防和军队建设具有重要的战略意义。

1. 胡锦涛国防和军队建设思想是党的军事指导理论创新的重大创新成果

胡锦涛国防和军队建设思想,是站在党和国家发展全局,准确把握新世纪新阶段国防和军队建设的内在规律,对党的军事指导理论做出的重大创新发展,是中国特色马克思主义军事指导理论创新的新成果新境界,在我军建设发展史上具有重要的里程碑意义。

首先,胡锦涛国防和军队建设思想,实现了党的军事指导理论的又一次与时俱进。胡锦涛根据时代发展和军事实践的新要求,创造性地提出履行新世纪新阶段我军历史使命,贯彻以人为本建军治军理念,科学统筹军队建设和改革的全局,坚持邓小平同志提出的"三个有利于"标准等一系列新思想新观点新论断,明确了新世纪新阶段国防和军队建设的发展目标、发展主体、发展模式、发展动力、发展道路和发展保证,进一步回答了建设什么样的军队、怎样建设军队的根本问题。这些重要思想,运用马克思主义军事理论的基本立场、观点和方法,继承中华民族的优秀军事文化传统,坚持我们党领导军队建设发展的重要原则,充分吸纳世界军事理论先进成果,融合现代军事思维方法,与毛泽东军事思想、邓小平新时期军队建设思想、江泽民国防和军队建设思想既一脉相承又有重大发展创新,为党的军事指导理论赋予了新内涵,为推进国防和军队建设又好又快发展提供了强大思想武器。

其次,胡锦涛国防和军队建设思想,深刻揭示了新世纪新阶段军队建设发展的特点规律,是科学发展观在军事领域中的具体运用和生动展开,具有丰富而深刻的思想内涵。"三个提供、一个发挥"①的军队历史使命,揭示了军队职能任务必须与党的历史任务相一致、军事战略必须与国家发展战略相协调、军队建设和改革必须与世界军事发展趋势相符合的客观规律,进一步拓展了军事战略指导的视野,为建设一支同国家安全和发展利益相适应的军事力量指明了方向;坚持把国防和军队建设融入国家现代化建设的战略全局,明确了富国与强军相统一的发展方针;强调全面加强、协调推进革命化现代化正规化建设,明确了军队建设发展的重要原则;坚持以军事斗争准备为龙头带动军队现代化建设整体发展,明确了我军建设发展的战略牵引;确立以人为本的重要建军治军理念,进一步明确了军队建设发展的宗旨和主体;强调依靠科技进步转变战斗力生成模式,明确了国防和军队建设的发展途径;倡导"四个创新"②,明确了国防和军队建设发展的动力;强调大力加强科学管理,指明了提高我军现代化建设质量效益的路子;强调更加有力、更加扎实、更加富有成效地推进思想政治建设,明确了国防和军队建设科学发展的思想政治保证;提出注重解决体制机制上的深层次矛盾和问题,明确了国防和军队建设科学发展的制度保证;强调提高各级党委贯彻落实科学发展观的能力,明确了国防和军队建设科学发展的组织保证;强调求真务实,明确了国防和军队建设科学发展的作风保证。胡锦涛对国防和军队建设客观规律的揭示,反映了我们党对国防和军队建设规律的新认识,把中国化的马克思主义军事理论推进到了新的境界。

2. 胡锦涛国防和军队建设思想,是新世纪新阶段国防和军队建设的强大思想武器

科学发展观既是安邦治国之策,也是兴军强武之道,是推动国防和军队建设科学发展的强大思想武器。我军建设在取得巨大成就的同时,也面临着现代化水平与打赢信息化条件下局部战争的要求不相适应、军事能力与履行新世纪新阶段我军历史使命的要求不相适应的问题。部队建设中的一些深层次矛盾亟待解决,一些重大关系需要科学把握。

---

① 三个提供、一个发挥:军队为中国共产党巩固执政地位提供重要的力量保障;为维护国家发展的重要战略机遇期提供坚强的安全保障,为维护国家利益提供有力的战略支撑,为维护世界和平与促进共同发展发挥重要作用。

② 四个创新:是指"四个意识""四个全面""四个着力""四个自信"。

这些问题相互交织、错综复杂，影响和制约着军队建设的科学发展。解决这些问题，没有足够的魄力和决心不行，仅靠老经验老办法也不行，迫切需要以科学发展观为指导，立足全局和长远，精心设计运筹，把握发展速度，提高发展质量，开辟又好又快的发展道路。

胡锦涛关于我军新的历史使命的深刻揭示，全面把握了时代发展大势和国家战略全局对军事力量建设的客观要求，充分体现了历史与现实、继承与创新、理论与实践、战略与政略的高度统一，具有重大而深远的意义。国际形势复杂多变，传统与非传统安全威胁因素相互交织，我国周边安全中不稳定、不确定因素增多，迫切要求我军提高应对危机、维护和平、遏制战争、打赢战争的能力；经济全球化进程加速发展，各国间合作与竞争日益加深，国家利益涉及的领域和空间不断延伸，迫切要求建设一支同维护国家安全和发展利益相适应的军事力量；我国改革发展进入关键时期，既面临"发展机遇期"，又面临"矛盾凸显期"，"台独"分裂势力严重影响祖国和平统一大业，迫切要求人民军队更好地肩负起维护国家主权、统一和稳定的神圣职责，为创造一个有利于全面建设小康社会的长期安全环境做出应有贡献。胡锦涛深刻把握时代发展变化和我国经济社会发展对军队建设的新要求，从国家总体战略需要出发，进一步明确了我军新的历史使命，为新世纪新阶段我军建设发展提供了战略性指导。

3. 胡锦涛国防和军队建设思想是新世纪新阶段军事斗争准备的根本依据

胡锦涛关于抓紧做好军事斗争准备的重要思想，是准确把握国际国内安全形势做出的战略决策，是着眼捍卫祖国领土完整和国家统一而提出的战略任务，是深刻把握国防和军队现代化建设全局作出的战略抉择。军事斗争准备，既包括战争准备，也包括应对军事冲突和突发事件的准备；既包括战争时期作战行动的各种准备，又包括和平时期国防和军队建设的诸多内容。胡锦涛关于军队历史使命的论述，关于军队确立科学发展观的重要指导方针的思想，为做好新世纪新阶段军事斗争准备提供了根本的依据。胡锦涛要求全军把捍卫国家主权、安全和领土完整，保障国家发展利益放在高于一切的位置，明确提出新世纪新阶段我军的历史使命，为军事斗争准备提出了新的更高的要求。军队要忠实履行新世纪新阶段历史使命的重要思想，为我军做好军事斗争准备明确了目标，即加大军事斗争准备力度，切实维护祖国统一，维护国家领土主权、国家的安全和发展利益，为全面建设小康社会创造安全稳定的内外环境。

在新世纪新阶段做好军事斗争准备，必须全面提高我军信息化条件下的整体作战能力，但军事斗争准备是一项长期的、艰巨的、庞大的系统工程，必须有科学的理论作指导才能科学地、稳步地推进。胡锦涛国防和军队建设思想，是做好新世纪新阶段军事斗争准备的科学认识论和方法论，有效激发全军官兵的创造热情和献身精神，指导官兵以现实军事斗争准备为龙头，聚精会神干事业，一心一意谋打赢，积极探索信息化条件下军事斗争的特点和规律，创新和发展信息化条件下人民战争的战略思想与作战方法，不断提高我军的信息化作战能力、一体化联合作战能力，为我军忠实履行新的历史使命奠定坚实的基础。

五、习近平强军思想

习近平强军思想是习近平新时代中国特色社会主义思想的重要组成部分，是党的军事指导理论最新成果，是坚持走中国特色强军之路、全面推进国防和军队现代化的行动纲

第三章 军事思想

领。科学认识习近平强军思想产生的时代背景,准确把握其理论体系,科学认识其地位作用,对于实现中国梦和强军梦具有重大意义。

(一)习近平强军思想产生的时代背景

党的十八大以来,以习近平为核心的党中央高举中国特色社会主义伟大旗帜,着眼于实现中华民族伟大复兴的中国梦,立足国家安全与发展战略全局,围绕国防和军队现代化建设作出了一系列重要论述,深刻阐明了新时代国防和军队建设带根本性、方向性、全局性的重大问题,科学回答了当今世界形势发生复杂深刻变化、我国社会进入全面建成小康社会的决定性阶段的历史条件下,如何走中国特色强军之路这一根本性全局性的问题,创立了习近平强军思想。习近平强军思想的产生形成,具有特殊的时代背景。

1. 当今世界正面临百年未有之大变局

习近平总书记指出,当今世界的主题,仍然是和平与发展。国际形势总体保持和平稳定,发展依然是各国人民的共同追求。但另一方面,又出现了许多新情况、新问题、新变化。经济全球化进程出现波折,国际战略格局深度调整,全球治理体系变革加速推进,发展道路和发展模式的竞争更加激烈。研究军事问题,要科学判断世界发展大势,准确把握世界军事发展的新趋势。习近平总书记还指出当今世界正面临百年未有之大变局,我国的发展仍然处于可以大有作为的战略机遇期,但其内涵与条件发生了新的变化。在国际形势处于前所未有的大变局中,军事领域的发展变化深刻而广泛。新军事革命迅猛发展,其特征有武器装备智能化、编制体制精干化、指挥控制自动化、作战空间多维化、作战样式体系化、作战行动无人化等。

2. 我国正处于由大向强发展的关键阶段

习近平总书记认为,我们前所未有地靠近世界舞台中心,前所未有地接近实现中华民族伟大复兴的目标,我们前所未有地具有实现这个目标的能力和信心。但是,越靠近这个目标,越接近世界中心,面临的阻力和挑战也会越大,长期积累的深层次问题、矛盾日益凸显。我国发展壮大成为推动国际格局和国际体系深刻调整最重要的原因,由大向强,将强未强之际往往是国家安全的高风险期。诸如经济发展中的不全面、不平衡、不可持续的矛盾,三股势力①的威胁、国际反华势力的阻遏等,都会影响甚至打乱中国和平发展的道路,使维护国家安全稳定、实现国家统一的任务更加艰巨。所以,必须认识到,没有军队的强大,没有巩固的国防,就无法为中国梦的实现提供安全支撑和保障。基于此,习近平总书记强调,中国梦是强国梦,对于军队来说就是强军梦。他站在实现中华民族伟大复兴的战略高度来思考国防和军队建设发展问题,始终围绕新时代为什么要建设一支强大的人民军队,怎样建设强大的人民军队来谋划考量。

3. 国际军事竞争格局正在发生历史性变化

当前,新一轮科技革命和产业变革正在孕育兴起,世界新军事革命加速发展。战争形态正加速向信息化战争演变。机遇稍纵即逝,要牵住"牛鼻子",把国防科技和武器装备建设的薄弱环节作为推进自主创新的主攻方向,选准突破口,加强预先研究和探索,努力在前瞻性、战略性领域占有一席之地。要时刻以党和人民为念,以国家主权、安全、领土完

---

① 三股势力:是指暴力恐怖势力、民族分裂势力、宗教极端势力。

整为念,以国防和军队建设为念,高度警惕国家被颠覆、被分裂的风险,高度警惕改革发展稳定大局被破坏的危险,高度警惕中国特色社会主义发展进程被打断的危险。

(二)习近平强军思想的主要内容

习近平强军思想植根于马克思主义军事理论和中华优秀传统军事文化的思想沃土,凝结着时代精神的精华,是新时代军事实践的理论反映。贯穿的鲜明主题是强军兴军,所有重大战略思想都围绕强军展开,充分反映"强军强什么,怎么样强军"的深邃理论思考。习近平强军思想内容十分丰富,逻辑贯通一体,构成了一个涵盖广泛、联系紧密、内在衔接、互为支撑的科学理论体系,集中体现在"十一个明确"的新概括。

1. 明确党对人民军队的绝对领导是人民军队建军之本、强军之魂,必须全面加强军队党的领导和党的建设,贯彻党领导军队的一系列根本原则和制度,确保部队绝对忠诚、绝对纯洁、绝对可靠

坚持党指挥枪、建设自己的人民军队,是党在血与火的斗争中得出的颠扑不破的真理,关系我军性质和宗旨、关系社会主义前途命运、关系党和国家长治久安。坚持党对人民军队的绝对领导,全军对党要绝对忠诚。必须从思想上政治上建设和掌握部队,全面深入贯彻军委主席负责制,深化党的创新理论武装,锻造坚强有力的党组织,推进政治整训常态化制度化,充分发挥政治工作对强军兴军的生命线作用,培养"四有"新时代革命军人①,锻造"四铁"过硬部队②,确保枪杆子永远听党指挥。

2. 明确强国必须强军,巩固国防和强大人民军队是新时代坚持和发展中国特色社会主义、实现中华民族伟大复兴的战略支撑,人民军队必须有效履行新时代使命任务

没有一支强大的人民军队,就不可能有强大的祖国。我们捍卫和平、维护安全、慑止战争的手段和选择有多种多样,但军事手段始终是保底手段,必须对战争危险保持清醒头脑。在全面建成社会主义现代化强国、实现第二个百年奋斗目标的历史进程中,必须把国防和军队建设摆在更加重要的位置,加快国防和军队现代化,为巩固中国共产党领导和我国社会主义制度提供战略支撑,为捍卫国家主权、统一、领土完整提供战略支撑,为维护我国海外利益提供战略支撑,为促进世界和平与发展提供战略支撑。

3. 明确党在新时代的强军目标是建设一支听党指挥、能打胜仗、作风优良的人民军队,必须同国家现代化进程相一致,力争到2035年基本实现国防和军队现代化,到21世纪中叶把人民军队全面建成世界一流军队

听党指挥、能打胜仗、作风优良是建军治军的要害,决定着军队发展方向,也决定着军队生死存亡。实现强军目标,必须同国家现代化进程相一致。到2027年实现建军200年奋斗目标,全面提高捍卫国家主权、安全、发展利益战略能力,是未来5年我军建设的中心任务,必须全力以赴、务期必成;到2035年基本实现国防和军队现代化,机械化高度发达,信息化基本实现,智能化取得重大进展,基于网络信息体系的联合作战能力、全域作战能力全面提高;到本世纪中叶全面实现国防和军队现代化,把人民军队全面建成同我国强国地位相称、能够全面有效维护国家安全、具备强大国际影响力的世界一流军队。

---

① "四有"军人:指有灵魂、有本事、有血性、有品德的新一代革命军人。
② "四铁"过硬部队:指具有铁一般信仰、铁一般信念、铁一般纪律、铁一般担当的过硬部队。

4. 明确军队是要准备打仗的，必须聚焦能打仗、打胜仗，扭住强敌对手，创新军事战略指导，发展人民战争战略战术，全面加强练兵备战，坚定灵活地开展军事斗争，有效塑造态势、管控危机、遏制战争、打赢战争

能打胜仗是党和人民对人民军队的根本要求。必须深入贯彻新时代军事战略方针，坚持战斗力这个唯一的根本的标准，全部精力向打仗聚焦，全部工作向打仗用劲。深化战争和作战筹划，研究掌握信息化智能化战争特点规律，打造强大战略威慑力量体系，增加新域新质作战力量比重，优化联合作战指挥体系。深入推进实战化军事训练，大力培育战斗精神，扎实做好军事斗争准备，加强军事力量常态化多样化运用，确保召之即来、来之能战、战之必胜。

5. 明确推进强军事业必须坚持政治建军、改革强军、科技强军、人才强军、依法治军，坚持边斗争、边备战、边建设，更加注重聚焦实战、创新驱动、体系建设、集约高效、军民融合，加强军事治理，推动高质量发展，全面提高革命化现代化正规化水平

国防和军队现代化建设是一项系统工程，必须坚持用全面的观点抓建设。边斗争、边备战、边建设是今后一个时期的突出特点，要坚持以战领建、抓建为战，形成战备建一体推进的良好局面。我军建设进入了提质增效的关键阶段：必须牢牢把握军队建设发展战略指导，转变发展理念、创新发展模式、增强发展动能，实现更高质量、更高效益、更可持续的发展；必须全面加强军事治理，着力构建现代军事治理体系，以高水平治理推动我军高质量发展，改进战略管理，提高军事系统运行效能和国防资源使用效益。

6. 明确改革是强军的必由之路，必须推进军队组织形态现代化，构建中国特色现代军事力量体系，完善和发展中国特色社会主义军事制度

深化国防和军队改革是为了设计和塑造军队未来。要坚持改革正确方向这个根本、能打仗打胜仗这个聚焦点、军队组织形态现代化这个指向、积极稳妥这个总要求，着力解决制约国防和军队建设的体制性障碍、结构性矛盾、政策性问题，进一步解放和发展战斗力，进一步解放和增强军队活力。这一轮国防和军队改革任务基本完成，要巩固拓展改革成果，推进改革既定任务落实，搞好后续改革筹划论证，完善军事力量结构编成，体系优化军事政策制度，奋力开创改革强军新局面，为实现建军一百年奋斗目标提供强大动力。

7. 明确科技是核心战斗力，必须坚持创新战略基点，推进高水平科技自立自强，统筹推进军事理论、技术、组织、管理、文化等各方面创新，建设创新型人民军队

科技是军事发展中最活跃最具革命性的因素。赢得军事竞争主动，必须充分发挥科技创新对我军建设战略支撑作用，加快关键核心技术攻关，加强科技创新管理机制和运行模式探索，增强科技认知力、创新力、运用力，加速科技向战斗力转化。全面实施创新驱动发展战略，加强军事理论创新，大力弘扬创新文化，推动我军建设发展质量变革、效能变革、动力变革。

8. 明确强军之道要在得人，必须贯彻新时代军事教育方针，推动军事人员能力素质、结构布局、开发管理全面转型升级，锻造德才兼备的高素质、专业化新型军事人才

人才是第一资源，是推动我军高质量发展、赢得军事竞争和未来战争主动的关键因素。要坚持党管干部、党管人才、组织选人，坚持从政治上培养、考察、使用人才。坚持为战争准备人才，把能打仗、打胜仗作为人才工作出发点和落脚点，提高备战打仗人才供给能力和水平。坚持走好人才自主培养之路，落实院校优先发展战略，建强新型军事人才培

养体系。创新军事人力资源管理,形成激励担当作为的工作导向、政策导向、舆论导向,充分调动广大官兵积极性、主动性、创造性,把优秀人才集聚到强军事业中来。

9. 明确依法治军是我们党建军治军基本方式,必须构建中国特色军事法治体系,推动治军方式根本性转变,提高国防和军队建设法治化水平

军队越是现代化,越是信息化,越要法治化。要把依法治军着力点放在服务备战打仗上,形成系统完备、严密高效的军事法规制度体系、军事法治实施体系、军事法治监督体系、军事法治保障体系,实现从单纯依靠行政命令的做法向依法行政的根本性转变,从单纯靠习惯和经验开展工作的方式向依靠法规和制度开展工作的根本性转变,从突击式、运动式抓工作的方式向按条令条例办事的根本性转变。强化全军法治信仰和法治思维,突出依法治官、依法治权,依靠官兵共同建设法治、厉行法治、维护法治。

10. 明确军民融合发展是兴国之举、强军之策,必须巩固提高一体化国家战略体系和能力

随着科学技术快速发展,国家战略竞争力、社会生产力、军队战斗力的耦合关联越来越紧,国防和军队现代化必须融入国家现代化。加强军地战略规划统筹、政策制度衔接、资源要素共享,促进国防实力和经济实力同步提升。我们的国防是全民的国防,要深化全民国防教育,加强国防动员和后备力量建设,推进现代边海空防建设。大力弘扬军爱民、民拥军的光荣传统,深入做好双拥工作,巩固发展军政军民团结。

11. 明确作风优良是我军鲜明特色和政治优势,必须全面从严治党、全面从严治军,全面锻造过硬基层,坚定不移正风肃纪反腐,大力弘扬我党我军光荣传统和优良作风,永葆人民军队性质、宗旨、本色

作风优良才能塑造英雄部队,作风松散可以搞垮常胜之师。要自觉弘扬伟大建党精神,牢记初心使命,加强党史军史和光荣传统教育,推进红色基因代代传工程。勇于自我革命,持续深化纠治"四风"①特别是形式主义、官僚主义,一体推进不敢腐、不能腐、不想腐,坚决打赢反腐败斗争攻坚战持久战。坚持严的基调不动摇,严字当头、全面从严、一严到底,用铁的纪律凝聚铁的意志、锤炼铁的作风、锻造铁的队伍,全面锻造听党话、跟党走,能打仗、打胜仗,法纪严、风气正的过硬基层。

(三)习近平强军思想的地位作用

习近平强军思想紧紧围绕国防和军队建设的重大时代课题展开,涵盖了新时代国防建设、军队建设、军事改革、军事斗争准备及未来战争指导的各个领域和各个方面,开辟了马克思主义军事理论中国化时代化的新境界,擘画了全面建成世界一流军队的宏伟蓝图,引领了新时代人民军队的伟大变革,强固了全军官兵奋斗强军的精神支柱,为强军制胜提供了科学的思想方法和工作方法。

1. 习近平强军思想是根植于新时代强国强军实践的伟大理论创新

习近平强军思想科学把握国防和军队建设面临的时与势,全面擘画强军蓝图,是新时代我们党带领全军进行理论探索和实践创造的根本成就。

一是科学回答了强军与强国同向前进的时代之问。习近平强军思想植根于强国复兴的大

---

① "四风":指形式主义、官僚主义、享乐主义、奢靡之风。

时代大背景,深刻把握强国必须强军的历史呼唤,从历史与现实、理论与实践的结合上,科学回答国防和军队建设带全局性根本性方向性的重大问题,丰富发展了我们党的军事指导理论。

二是创造性揭示了军事力量建设与运用的客观规律。习近平强军思想洞察国际军事竞争态势新变化,适应现代战争新特点,深入辨析备战与止战、威慑与实战的内在联系,深刻揭示了战争与和平的辩证法、军事服从政治的战争指导根本原则;系统研究现代战争的演进轨迹和内在机理,科学阐发现代战争对作战指挥、政治工作、后装保障、军事训练、军事改革、军事管理等的本质规定性,深刻揭示了新时代军事斗争准备规律;准确把握思想教育、人才培养、正风肃纪、国防动员、军事科研、基层建设等面临的新形势新要求,坚持问题导向、提供破题之策,是新时代人民军队的强军胜战之道。

三是深刻总结了党领导人民军队革命性锻造的实践经验。习近平以巨大政治勇气和强烈历史担当,带领全军重振政治纲纪,坚定不移推进政治整训;重塑组织形态,大刀阔斧全面深化改革;重整斗争格局,坚定捍卫国家核心利益;重构建设布局,创新发展理念和方式;重树作风形象,强力推进正风肃纪反腐。党的十八大以来强军事业取得的历史性成就、发生的历史性变革,根本在于习主席的坚强领导,在于习近平强军思想的科学指引。习近平强军思想来源于实践又指导实践,具有深厚实践基础、彰显巨大实践威力,是新时代我们党建军治军的实践经验和智慧结晶。

2. 习近平强军思想是闪耀着马克思主义真理光芒的科学理论体系

习近平强军思想内涵丰富、思想深邃,涵盖新时代国防和军队建设方方面面,是一个系统完整、逻辑严密、相互贯通的科学军事理论体系,实现了马克思主义军事理论中国化、时代化的新飞跃。"十一个明确"①紧紧围绕国防和军队建设的重大时代课题展开,涵盖新时代军队建设、改革和军事斗争准备各领域各方面,构成了习近平强军思想的主要内容,是我们学思践悟的重中之重。

一是始终贯穿强军兴军的鲜明主题。习近平强军思想统筹发展和安全两件大事,统筹经济建设和国防建设两大领域,统筹国际和国内两个大局,涵盖新时代军队建设、改革和军事斗争准备各领域各方面,打通建设、指挥、管理、监督等链路,是一块成型的"理论整钢"。强军兴军如同一根红线贯穿其中,这一主题,凝结着我们党建设强大人民军队的不懈追求,反映了全党全军全国各族人民的共同愿望,体现了新时代中国共产党的历史使命对我军的特殊要求。习近平强军思想所有内容都围绕这一主题、回答这一主题、服务这一主题。把握了这个主题,也就把握了这个理论体系的根本。

二是谱写了马克思主义军事理论发展的新篇章。习近平同志以坚持推进实践基础上理论创新的高度自觉,创造性运用马克思主义,观察思考新时代中国军事实践,不断在理论上拓展新视野、作出新概括,为丰富发展党的军事指导理论做出原创性贡献。习近平强军思想既坚持马克思主义关于战争和军事问题的基本观点,坚持我们党一以贯之的建军治军指导思想和方针原则,坚持人民军队特有的光荣传统和优良作风,又紧密结合新的时

---

① "十一个明确":明确中国特色社会主义最本质的特征是中国共产党的领导;明确坚持和发展中国特色社会主义;明确新时代我国社会主要矛盾是人民日益增长的美好生活需要和不平衡不充分的发展之间的矛盾;明确中国特色社会主义事业总体布局是经济建设、政治建设、文化建设、社会建设、五位一体;明确全面深化改革总目标;明确全面推进依法治国总目标;明确坚持和完善社会主义基本经济制度;明确党在新时代的强军目标;明确中国特色大国外交服务;明确全面从严治党的战略方针。

代特征和实践发展,汲取中华优秀传统军事文化精华,借鉴当今世界军事理论优秀成果,处处彰显与时俱进的理论品格,彰显当代军事文明的中国气派、中国风格。习近平强军思想体现了理论与实际相结合、战略与战术相一致、认识论和方法论相统一,把我们党对国防和军队建设规律、军事斗争准备规律、战争指导规律的认识提升到新高度,谱写了马克思主义军事理论的新篇章,是我军建设、国防建设和军事斗争准备的理论指南。

3. 习近平强军思想蕴含着当代中国马克思主义军事观和方法论

习近平强军思想坚持用马克思主义审视当代中国问题,敏锐洞察新时代军事领域的矛盾运动,深刻阐发军事与政治、战争与和平、稳局与塑势、威慑与实战、人与武器等重大关系,为强军打赢提供了"伟大的认识工具"。

一是坚持政治引领。习主席指出,军事服从政治,政治性是军队的本质属性。这一重要论断,深刻阐明了军事力量的政治本质。当今时代,军事和政治联系更加紧密,在战略层面上的相关性和整体性日益增强,政治因素对战争的影响和制约愈发突出,军事斗争的政治性、政策性、敏感性显著增强。我军是执行党的政治任务的武装集团,坚持党指挥枪是人民军队的方向所在、力量所在、优势所在。历史和现实启示我们,抓军队建设首先要从政治上看,筹划和指导战争必须深刻认识战争的政治属性,把战争问题放在实现中华民族伟大复兴这个大目标下来把握,把军事斗争作为进行伟大斗争的重要方面来运筹。新时代人民军队坚持政治引领,就是要毫不动摇坚持党对人民军队的绝对领导,全心全意为人民服务,始终从政治高度思考和处理军事问题,忠实履行党和人民赋予的使命任务,永远听党话、跟党走,永远做人民子弟兵。

二是坚持以武止戈。习主席通过对古今中外战争与和平规律的总结,特别是近代以后我国遭受列强战争蹂躏的历史教训,深刻指出能战方能止战,准备打才可能不必打,越不能打越可能挨打,这就是战争与和平的辩证法。当前,世界又一次站在历史的十字路口,冷战思维和强权政治阴霾不散,实力政治、丛林法则依然大行其道,我国安全形势不稳定性、不确定性增大。天下并不太平,和平需要保卫。面对可能强加到我们头上的战争,必须用敌人听得懂的语言同他们对话,用胜利赢得和平、赢得尊重。新时代人民军队坚持以武止戈,就是要对可能发生的战争风险始终保持战略清醒,随时准备打仗,立足现有条件打仗,不打无准备无把握之仗,有力慑止战争,坚决打赢战争。

三是坚持积极进取。当前,新一轮科技革命和军事革命日新月异,战争制胜观念、制胜要素、制胜方式都在发生重大变化,科技之变、战争之变、对手之变愈发凸显。百舸争流,奋楫者先。这些年,我们增强军事战略指导的进取性和主动性,丰富完善积极防御战略思想的内涵,调整优化军事战略布局,塑造于我有利的战略态势;加快战略性、前沿性、颠覆性技术发展,加大军事智能化发展力度,为赢得发展优势创造良好条件。如期实现建军一百年奋斗目标,加快把人民军队建成世界一流军队,是全面建设社会主义现代化国家的战略要求,也是党的二十大对人民军队提出的发展要求,机遇和挑战前所未有,必须准确识变、科学应变、主动求变。新时代人民军队坚持积极进取,就是要坚持以我为主,从实际出发,充分发挥自觉能动性,因势而谋、应势而动、顺势而为,善于下先手棋、打主动仗,善于危中寻机、化危为机,力争主动、力避被动,在稳当可靠基础上争取一切可能的胜利。

四是坚持统筹兼顾。军事实践充满各种复杂矛盾运动,把握关联性、驾驭复杂性是推动军事发展的基本要求。习主席在领导强军事业中,始终坚持和运用系统观念观察形势、分析问题、推动工作,把国防和军队现代化放在国家现代化进程中来运筹,在强国复兴全局下形成了强军兴军的战略设计。在推进我军现代化建设上,加强全局统筹、系统抓建、体系治理,既注重牵住牛鼻子,又注重全面建设;在深化国防和军队改革上,扭住牵一发而动全身的改革任务紧抓不放,把握好各项改革任务的关联性和耦合性;在军事斗争准备上,整体运筹各方向各领域军事斗争,维护战略全局稳定;等等。这些战略谋划总揽全局、抓纲举要,为我们应对复杂局面、全面推进各项建设提供了科学遵循。新时代人民军队坚持统筹兼顾,就是要贯彻总体国家安全观,统筹经济建设和国防建设,统筹军事斗争和其他方面斗争,统筹战建备重大任务,以重点突破带动整体推进,以协调联动提高综合效能。

五是坚持敢打必胜。习主席指出,战争是物质的较量,也是精神的比拼。我军素以能征善战、有强大战斗精神闻名于世,以小米加步枪打败了美式装备的国民党军队,在朝鲜战场打败了武装到牙齿的世界头号强敌,演出了一幕幕威武雄壮的战争活剧,创造了一个个惊天地、泣鬼神的英雄壮举。敢于斗争、敢于胜利始终是我军血性胆魄的生动写照,过去我们钢少气多,现在钢多了,气要更多,骨头要更硬。新时代人民军队坚持敢打必胜,就是要发扬一不怕苦、二不怕死的战斗精神,敢于战胜一切困难,敢于压倒一切敌人,善于根据斗争目的选择合理斗争方式,把握好斗争的时、度、效,依靠顽强斗争打开新天地。

思 考 题

1. 如何理解把握毛泽东军事思想概念的科学含义?
2. 毛泽东军事思想的主要内容包括哪些?
3. 毛泽东军事思想具有什么样的历史地位和影响?
4. 如何坚持和发展毛泽东军事思想?
5. 为什么说邓小平新时期军队建设思想是毛泽东军事思想的继承和发展?
6. 邓小平新时期军队建设思想的主要内容有哪些?
7. 新时期我军现代化建设的主要内容有哪些?
8. 新时期我国的军事战略方针是什么?
9. 江泽民关于军队建设"五句话"总要求是什么?
10. 如何正确理解江泽民国防和军队建设思想的地位与作用?
11. 江泽民国防和军队建设思想科学揭示了国防和军队建设的哪些规律?
12. 如何理解胡锦涛国防和军队建设思想的科学内涵?
13. 胡锦涛国防和军队建设思想有哪些主要内容?
14. 胡锦涛国防和军队建设思想有何地位作用?
15. 习近平强军思想产生的时代背景有哪些?
16. 习近平强军思想的主要内容有哪些?
17. 习近平强军思想的重大意义有哪些?
18. 习近平强军思想蕴含的军事观和方法论有哪些?
19. 如何科学认识中国当代军事思想的继承和发展?

第四章
现代战争

> **学习目标**
>
> 习近平强调指出:"要密切跟踪世界新军事革命发展趋势,深入研究信息化战争制胜机理,研究高新技术发展运用及其对战争的影响,研究军事斗争准备重大现实问题,构建具有我军特色、符合现代战争规律的先进作战理论体系。"作为新时代大学生,应了解战争内涵、特点、发展历程,理解新军事革命的内涵和发展演变,掌握机械化战争、信息化战争的形成、形态、主要特征、代表性战例和发展趋势,牢固树立打赢信息化战争的信心。

第一节 战争概述

人类最早的战争可以追溯到原始社会后期。在有文字记载的 5000 多年历史中,人类经历了近 15 万次大大小小的战争。纵观人类战争史,战争的形态和作战样式,总是随着时代和社会生产力的发展而不断变化。从战争形态而言,人类战争形态经历了徒手战争、冷兵器战争、热兵器战争和机械化战争阶段,正在向信息化、智能化战争形态转变。

一、战争的概念内涵

战争是国家或政治集团之间为了一定的政治、经济等目的,使用武装力量进行的大规模激烈交战的军事斗争,是解决国家、政治集团、阶级、民族、宗教之间矛盾冲突的最高形式。战争作为一种集体和组织互相使用暴力的行为,由于发动战争的往往是政治家而非军人,因此战争亦被视为政治和外交的极端手段。正如著名普鲁士军事理论家克劳塞维茨所说的:"战争无非是政治通过另一种手段的继续""战争是迫使敌人服从我们意志的一种暴力行为"。

战争从本质上讲,是政治通过另一种手段的继续,是以剑代笔的政治。认识战争的本质,必须研究战争双方的政治,研究正在导致或已经导致战争的政治。从地位上看,战争是由一定时期内各种错综复杂的社会政治关系引起的,是为政治目的服务的工具和特殊手段。战争是否实施、什么时候实施、以什么方式实施,都取决于政治。从作用上看,政治决定战争的性质、目的、发展和结局,政治对军事除了宏观上、总体上的决定性作用之外,还渗透和贯穿于战争的全过程。要分析一场战争的真正实质,就必须研究某个阶级或某个国家战前在国内外所实行的政策。一个统治阶级当它在和平时期通过采用政治、经济、思想和外交等手段还不能达到自己的政治目的时,它就会使用武力,即爆发战争,采取一种暴力的手段来继续自己在和平时期的政治路线和政策,用以达到自己在和平时期所没有达到的目的。政治是不流血的战争,战争是流血的政治。战争的政治本质,从根本上制约着战争中的军事目的及军事行动,是制定军事行动原则的基本依据。

战争性质是指战争的社会政治属性。战争双方的政治目的不同,战争的性质也就不同。马克思主义战争观认为,战争可以分为正义和非正义战争两类。随着经济全球化和互联网技术的不断发展,国际政治形势和战争形态不断发生变化,国家安全利益、政治利益、经济利益深度交织融合,网络信息纷繁复杂,认识判断战争本质的难度随之增大,比如有些国家打着维护国家利益旗号,对外挑起的破坏他国主权、领土完整以及人民和平劳动成果的战争是非正义的;维护国家主权和领土完整,维护人民辛勤劳动成果,维护国家利益和实现民族独立的战争是正义的战争。正义战争与非正义战争在一定条件下可以相互转化,正义的一方在进行战争的过程中改变了政治目的,就可能变成非正义战争;同理,原先非正义的一方也可能转变成正义的一方。战争的性质,是马克思主义者确定对战争态度的客观依据。马克思主义者支持正义战争,反对非正义战争,并不是笼统地否定战争。

二、战争的目的及制胜因素

(一)战争的目的

战争的目的即战争所要达到的预期结果。任何战争都是为了达到既定目的而进行的,具体表现为战争的政治目的、军事目的和经济目的等。战争目的制约战争规模、时间、投入力量和结局。

战争的政治目的是进行战争的阶级、民族和国家在政治上所要达到的预期目标。战争的从属性地位,决定了战争必须以实现政治目的为核心,把政治目的的实现程度作为衡量战争效益的根本指标。人类进入阶级社会以后,阶级之间、民族之间、国家之间、政治集团之间的武装斗争都具有政治色彩,战争目的集中表现为战争的政治目的。中国共产党领导的人民革命战争,其政治目的就是推翻帝国主义、封建主义、官僚资本主义在中国的统治、建立独立、民主、自由、繁荣昌盛的新中国。中国抗日战争的政治目的是驱逐日本帝国主义,建立自由平等的新中国。

战争军事目的是进行战争的阶级、民族、国家及其武装集团在军事上所要达到的预期目标。战争军事目的是保存自己、消灭敌人。因此,采取的一切军事行动都要紧紧围绕如何更好地保存自己、更有效地消灭敌人而展开。从古到今,从技术到战术,从战役行动到战略行动,都要紧紧围绕战争军事目的达成,它适用于战争的全体、贯穿于战争的始终。在整个战争过程中,不论采取什么作战方式、作战部署和作战原则,运用何种武器装备,敌对双方的一切斗争都是围绕着如何保存自己、消灭敌人展开的。"不战而屈人之兵",是达成战争军事目的的另一种表现形式,它以强大的实力优势为条件,使战争另一方意识到,如果对抗就会被消灭,从而主动放弃对抗。

战争经济目的是进行战争的阶级、民族和国家在经济上所要达到的预期目标。战争经济是为了追求一定的经济利益。战争最终是为了达成某个阶级、政党、民族、国家或国家集团的经济目的。原始社会末期部落与部落之间进行战争的目的,是为了争夺生存条件;奴隶主之间进行战争的目的,是为了争夺奴隶、掠夺财富和兼并土地;封建地主阶级之间进行战争的目的,是为了掠夺财富、兼并土地、剥削农民的劳动成果;资本主义列强进行殖民战争的目的,是为了扩张领土、掠夺资源、倾销产品;帝国主义和霸权主义进行的或支持进行的战争的目的,是为了控制势力范围、争夺经济资源。

战争军事目的、政治目的、经济目的相互关联,融为一体。战争目的集中表现为战争政治目的,但达成战争军事目的是达成政治目的的前提。政治是经济的集中表现。战争的经济目的往往潜伏于战争的政治目的之中。不同战争的政治目的和经济目的可能是各异的,但军事目的都是相同的。一场战争,只有达成军事目的,才能实现政治目的和经济目的。不同类型的战争具有不同的目的。被压迫民族和被剥削阶级进行正义战争的目的是反抗阶级压迫、民族压迫,谋求阶级解放和民族解放,保卫国家主权独立和领土完整。帝国主义、霸权主义进行的非正义战争是为了实行阶级压迫和民族压迫,为了维护反动统治,为了侵略扩张和争夺霸权。

(二)战争制胜因素

战争的胜负是由多种因素决定的,其中主要包括军事、政治、经济、科技、文化、人心所向、自然环境、主观指导能力以及战争的性质和国际援助的多寡等因素。

战争首先是战争双方的军力、政治组织力和经济力的较量。军力、政治组织力和经济力构成了战争双方力量的客观基础。军力、政治组织力、经济力强的一方占有优势。但决定战争胜负不仅有物质力量的对比,还有人心的向背。而战争的性质决定着人心的向背。正义战争能够得到人民群众普遍支持和国际社会的援助;非正义战争则必然遭到人民群众和国际社会的反对。同时,战争又是战争双方主观指导能力的较量。在一定客观物质基础上,充分发挥主观能动性,实行正确的战争指导,是把胜利的可能变为胜利的现实的关键。在战争的实际进程中,决定战争胜负的各种因素集中表现为人与武器装备两大因素。

武器装备是决定战争胜负的重要因素。冷兵器时代以前,战争胜负主要取决于士兵的数量、体能以及运用武器的技能。进入热兵器时代以来,先进科技和武器装备逐渐成为战争制胜的关键一环。进入机械化战争和信息化战争时代,高科技的武器装备在战争中发挥的作用更加凸显。科技已成为现代战争的核心战斗力。谁拥有了科技优势,谁就能掌握军事主动,赢得制胜先机;谁忽略了科技进步,谁就会陷入落后挨打的被动局面。

人是决定战争胜负的根本因素。再先进的武器都是由人制造、由人操纵,先进的武器只有与高素质的人相结合,才能最大限度地发挥其效能。正如恩格斯指出:"枪自己是不会动的,需要有勇敢的心和强有力的手来使用它们。"人的思想觉悟、军事素质、勇敢精神和聪明智慧,决定着武器效能发挥的程度。克劳塞维茨在《战争论》中,把人的因素提到了突出地位,他指出:"军事活动绝对不是仅涉及物质因素,它总是同时还涉及人应保持的具有生命力的精神力量,因此,把两者分开是不可能的。"所谓精神力量,即人的能力和内在力量,包括勇气、坚韧精神、理智、活动力、统帅的才能、军队的武德和民族精神等。他认为精神力量是战争中最重要的因素之一,它贯穿于整个作战过程,并在一定条件下起决定性的作用。同样,摧毁敌方精神力量也尤为重要,"使敌人精神力量遭受损失也是摧毁敌人物质力量从而获得利益的一种手段"。

三、战争形态的演变

人类社会和战争历史的发展表明,战争形态是人类社会经济形态的产物,社会的经济形态是战争形态的母体,有什么样的经济形态,就会孕育出什么样的战争形态。这是不以人的意志为转移的客观规律。在人类历史发展的长河中,至今已出现了四种社会经济形态,即游牧社会、农业社会、工业社会和信息社会。与四种社会经济形态相对应,也产生了四种战争形态,即冷兵器战争形态、热兵器战争形态、机械化战争形态和信息化战争形态。

(一)冷兵器战争

冷兵器战争主要指农业时代(公元前21—14世纪)以青铜、钢铁等金属装备为主战兵器的战争(见图4-1)。期间主要经历了原始社会、奴隶社会、封建社会。冷兵器战争是农业时代生产力和生产方式在战争领域的集中反映。农业时代的手工业生产方式,决定了战争能量的释放形式主要是依靠人的体能,战争所使用的武器主要是冷兵器,所以,这一时代的战争称为冷兵器战争。

图4-1 冷兵器战争

冷兵器时代的科学技术水平低下,生产力发展缓慢,因此,作战工具只能通过人来驱动,靠人去操纵,人们也只能使用手工制作的青铜和铁质的刀枪剑戟以及弓箭、战车等冷兵器进行战争。冷兵器杀伤作用的发挥依赖于人的体能,体能是冷兵器时代能量释放的基本形态。个体体能的大小决定了冷兵器作用力的大小,战争形态是一种近体格斗的体能释放形态,基本战术是集团冲杀、方阵队形、将对将、兵对兵,具有双方界限分明、军队人数多等特点。因此,在冷兵器时代,军队数量多、指战员身体素质过硬就成为了取得战争胜利的基本条件。

(二)热兵器战争

热兵器战争主要是农业时代向工业时代过渡时期(14—19世纪)以各种火器为主战兵器,以集团火力攻防为主要作战方式的战争(见图4-2)。热兵器最早于12世纪出现在中国南宋时期,随后在欧洲普及。14世纪,火药开始用于战争,火药兵器与冷兵器并用,且以冷兵器为主。16世纪,前滑膛枪炮改进为后装燧发枪炮,射击速度和杀伤力都有显著的提高。从17世纪中叶人类社会开始由农业时代向工业时代过渡,军事形态也随之开始由冷兵器军事向热兵器军事发展。欧洲国家的军队开始大量装备滑膛枪、带刺刀的燧发枪等热兵器。

图4-2 热兵器战争

18世纪以后,随着技术进步,出现了来福枪、速射火枪、机关枪等轻武器,滑膛炮、榴弹炮、迫击炮等重武器也相继出现。战斗队形由密集走向疏散。欧洲军队逐步完成了由冷兵器向热兵器的转变,战争进入了热兵器时代。热能是热兵器时代能量释放的基本形态。这种能量的释放靠的是人与热兵器的结合。双方交战时,靠的是武器本身战技术性能和人的射击技术精湛,而不是体能的大小。军队在进攻或防御时,考虑的不是人的数量,而是计算进攻或防御的正面火力密度。火炮的威力使冷兵器时代坚不可摧的城堡顷刻间土崩瓦解,掘壕筑城成为主要防御手段。如何疏散兵线、疏散队形、充分利用地形地物,以及如何实现人与热兵器的最佳结合等,成为影响热兵器战争胜负的重要因素。

(三)机械化战争

机械化战争主要是指工业时代(18—20世纪末),以各种机械化武器装备为主战兵器,集团快速机动和火力攻防为主要作战方式的战争(见图4-3)。从18世纪60年代开始,伴随着蒸汽机的发明和电力、化学等工业的产生,人类社会进入工业时代。人们对能量和物质资源的利用、对动力生产工具的使用,导致了社会生产方式的机械化、电气化和规模化。机器大工业生产方式的出现,大量火炮、坦克、飞机和舰船等机械化武器装备在战争中得以运用,机械能成为战争的能量释放形式。

图4-3 机械化战争

机械化战争是工业时代的必然产物。战争所使用的武器为机械化武器,这一时代的战争被称为机械化战争。战争物质基础发生的根本性变化,必然推动和要求战争形态发生革命性的变革,机械化战争呈现出空间广阔、规模宏大、人数众多、进程缓慢、消耗和损失巨大的特征。随着技术的发展,增加了新的军兵种,如空军、海军、炮兵、装甲兵等。战争样式也从单兵种作战变成了多兵种联合作战。其参战的诸军种没有高低大小之分,是一种相互协作的关系,担任的"角色"因敌因势而异,没有固定的"主角"与"配角",只有协调一致、密切协同才能发挥整体合力。

(四)信息化、智能化战争

进入21世纪,高技术的迅猛发展和广泛应用,推动了武器装备的发展和作战样式的演变,促进了军事理论的创新和编制体制的变革,由此引发新的军事革命。信息化战争最终将取代机械化战争,成为未来战争的基本形态。信息化智能化战争是指发生在网络信息时代、以信息为基础、以信息化智能化武器装备为战争工具的战争(见图4-4)。信息

图4-4 信息化战争

化战争不会改变战争的本质,但战争指导者必须考虑到战争的结局和后果,在战略指导上首先追求如何实现"不战而屈人之兵"的全胜战略,那种以大规模物理性破坏为代价的传统战争必将受到极大的约束和限制。

信息化智能化战争中的信息是指一切与敌我双方军队、武器和作战有关的事实、过程、状态和方式直接或间接地被特定系统所接收和理解的内容。就对信息(数量和质量)的依赖程度而言,过去的任何战争都不及信息化战争。在传统战争中,双方更注重在物质力量基础上的综合较量。信息化智能化战争并不排斥物质力量的较量,但更重视科技知识的较量,是创新能力和创新速度的竞赛。科技,将成为战争毁灭力的主要来源,"计算机中一盎司硅产生的效应也许比一吨铀还大"。

火力、机动、信息是构成现代军队作战能力的重要内容,而信息能力已成为衡量作战能力高低的首要标志。信息能力,表现在信息获取、处理、传输、利用和对抗等方面,通过信息优势的争夺和控制加以体现。信息优势,实质就是在了解敌方的同时阻止敌方了解己方情况,是一种动态对抗过程。它已成为争夺制空权、制海权、陆地控制权、制天权、制电权、制网权的前提,直接影响着整个战争的进程和结束。战争的筹划和组织指挥已从完全以人为主发展到日益依赖技术手段的人机结合,对军人素质的要求也更高,人依然是战争的主宰者。无论是信息优势的争夺,还是依靠信息进行决策,最终还是取决于人的知识和智慧。从信息优势的争夺到最终转化为决策优势,更多的是知识和智慧的竞争。

思 考 题

1. 战争的起源是什么?
2. 战争的本质是什么?
3. 战争的目的有哪些?
4. 战争形态的演变经历了哪些时期?

第二节　新军事革命

20世纪80年代以来,以信息技术为核心的新技术浪潮,以锐不可当之势推动着信息化时代的到来,正深刻改变着军事斗争的面貌,引发了军事领域一系列革命性的变化。这场新军事革命首先发生、发展于美国等西方发达国家,从1982年英阿马岛战争算起,以大量高技术兵器用于实战为标志,以信息化建设与发展为核心,其速度之快、范围之广、影响之深、反响之大,是人类文明有史以来影响最广泛、最深刻的一次军事革命。

一、新军事革命的基本内涵

所谓新军事革命,是指在人类社会从工业时代走向信息时代的变革过程中,在以信息技术为核心的高技术迅猛发展和推动下,将信息化武器系统、创新的军事理论和变革的体制编制有机地结合在一起而形成的、能彻底改变旧作战方式,极大地提高军事效能的军事革命。新军事革命是世界军事由工业时代的机械化军事形态向信息时代的信息化军事形态的全面转型。理解这一新军事革命的涵义，可以从以下三个方面把握：

一是新军事革命是整个社会变革的重要组成，强调要从社会整体变化来认识新军事变革。社会是军事的母体，军事是社会的重要领域。一定的军事形态是一定的技术社会形态在军事领域的反映。任何作战方式，都可以在相应人类社会生产方式中找到自己的影子。美国著名未来学家阿尔文·托夫勒认为："新文明向旧文明挑战，整个社会转变，促使武装力量从技术和文化到编制、战略、战术、训练和后勤等方面都发生变化，这就出现了军事变革。"中国工程院前院长朱光亚看问题更是入骨三分、一语中的，他说："产生这场新军事变革的社会根源是一种新型的经济正在美国、欧洲、亚太一些国家和地区兴起，它建立在信息技术的基础上，正在使军事各个领域发生迅速、急速的变化。"在人类历史上，技术社会形态完成过两次变化：一次是由游牧社会向农业社会过渡，另一次是由农业社会向工业社会转变。随着这两次技术社会形态的转型，也出现了两次全面军事变革，即冷兵器军事变革和热兵器（机械化）军事变革。现在，技术社会形态正在发生第三次大变革，世界正处于由工业社会向信息社会的过渡时期，因此也必然出现第三次世界性的全面军事变革。也就是说，这次军事变革是由信息社会孕育出来的，是信息社会的产物。

二是新军事变革是科学技术发展和应用的必然结果，必须从现代科学技术发展的角度来认识新军事变革。总结来看，人类历史上每一次军事变革都是由关键技术的突破引发的。作为知识经济时代的特征和标志，当今世界，信息技术无处不在、无时不有。信息已经成为现代社会最重要的战略资源之一。以色列学者马丁·范·克里沃尔德认为："把技术发展适当地用于装备、训练、编制和学说中时，提供了一个决定性的优势，这就是军事变革。"美国战略和国际问题研究中心的分析报告指出："一场真正的军事变革是把先进的技术与正确的学说、编制结合在一起，使武器发挥最大效果。"事实也是如此，特别是以信息技术为核心的高新技术在军事技术领域的广泛运用，直接带动了精确制导技术、遥感和探测技术、卫星通信和卫星预警技术、全球定位导航技术、隐身技术、激光技术、夜视技术、电子对抗技术等一系列军事高技术的出现和迅猛发展。以此为基础，精确制导武器、高能激光武器、粒子束武器、隐身武器、自动化指挥控制系统、红外传感装置、全球联合定位攻击系统等一大批高新技术武器装备大量涌现。这些崭新的高新技术武器装备的出现，彻底改变了现代战争的面貌。现代科学技术是新军事变革的物质基础，新军事变革是现代科学技术在军事领域广泛应用的结果。

三是新军事变革是军事领域的整体变革，必须从军事发展的全局来认识新军事变革。美国前国防部部长威廉·佩里指出："军事变革是采用新技术同创新的作战理论和组织体制改变相结合，是从根本上改变军事行动特点和进行方式的过程。"总的来看，新军事变革包括先进的武器系统、创新的军事理论和变革的体制编制三个基本要素。每个要素都是军事变革的必要条件，但不是充分条件。它们各自并不能独立地导致军事变革的真正实现，只有当它们同时出现并有机结合在一起时，军事变革才能真正地发生。其中，先进的技术和武器系统是军事变革的前提条件和物质基础，是军事变革的"硬件"。没有这些硬件，军事变革就无从谈起。创新的军事理论是军事变革的灵魂，是军事变革的"软件"。它不但决定先进的技术和武器系统这些"硬件"如何运行，发挥其具体功能，而且决定其如何相互作用，以发挥其最大的效能。变革的体制编制是先进的武器系统、创新的军事理论的具体体现,是把军事变革的"硬件"和"软件"有效地结合在一起,并发挥出最佳功能的关键。总之,新军事变革不是一个孤立的事件,而是一个整体的过程。只有当先进的技术和武器系统与创新的军事理论以及变革的体制编制正确、及时地结合在一起时,新的军事变革才会出现。

二、新军事革命的发展历程

(一)新军事革命的提出

新军事革命最早可追溯到 20 世纪 70 年代。开始时,苏军的一些军官和将领,面对科学技术进步对军事领域产生的越来越广泛的影响,提出了发生"军事上的革命"的可能性。到 20 世纪 70 年代末和 80 年代初、中期,在苏军刊物的某些文章中已经出现了"军事技术革命"的概念。军事学家对以电子计算机为核心的信息技术和精确制导武器等给予很高的评价,认为这些正在发展的新技术装备正处于从根本上打破陈旧的科学原理的阶段,极可能出现比导弹核武器更有效的杀伤性兵器,从而引发一场"军事技术革命",进而影响到军事的各个领域。

后来,美国开始关注这场新军事革命。美国在刚开始进行讨论时,使用的术语仍然是"军事技术革命",到了 1993 年后正式以"军事革命"取代"军事技术革命"。术语的这一变化大大扩展了新军事革命的内涵,也反映了美国对这场新军事革命性质的新认识。自此之后,美国所谈论的新军事革命,涉及范围非常广泛,至少可以包括军事技术革命、武器装备革命、军事理论革命、军事组织体制革命和军队建设思想革命等。

一是军事技术革命。科学技术的发展,必然导致军事技术的进步。军事技术的进步是军事领域一切变革的物质基础,是带动武器装备、编制体制、作战理论、教育训练等发展变化的"驱动器"。推动新军事革命的主要技术是信息技术,从一定意义上讲,新军事革命的核心是信息技术革命。

二是武器装备革命。军事技术革命必然导致武器装备发生革命性的变化。世界各国军队的武器装备,都在由机械化装备向信息化装备过渡。信息化装备指电子信息技术含量高的武器系统,主要由信息化弹药、信息化作战平台、军用智能机器人、单兵数字化装备和指挥信息系统等组成。此外,还有大量隐身武器和新概念武器,其中包括激光武器、粒子束武器、微波武器、等离子武器、次生波武器、动能武器、基因武器、气象武器等。所有这些都会带来武器装备的革命性变化。

三是军事理论革命。军事理论是对战争实践的成功经验和失败教训的规律性总结。武器装备的发展与军事理论的创新之间,存在着一种相互依存的互动关系,即武器装备的发展推动着军事理论的创新,军事理论又牵引着武器装备的发展。在此次新军事革命中,军事理论创新的实质是使军事理论信息化,把以机械化战争理论为核心的工业时代的军事理论发展到以信息化战争理论为核心的信息时代的军事理论。

四是军事组织体制革命。只有军事组织体制实现了革命性变革,军事革命的完成才有组织上的保证。军事组织体制是连接军事技术、军事人员、军事理论的纽带和桥梁,是发挥军队整体效能的"倍增器",军事组织体制创新,实质是对原有组织体制优化完善,使其组织系统设置、职能化分和相互关系更加明晰、顺畅,更加有助于军事效能的有效释放和提升。以使军事效能在最短时间内最有效地释放出来。

五是军队建设思想革命。从发达国家军队推行新军事革命的实践看,它们的军队建设思想观念的确发生了革命性变化。诸如采取"以信息为基础"的建军方针,采纳"系统集成"的建军思路,使用"虚拟实践"的建军方法等。

(二)新军事革命的蓬勃兴起

新军事革命,是高新技术迅猛发展并在军事领域广泛运用的必然结果,其核心是利用信息优势,将现有技术与先进的作战思想和军队体制编制更紧密地结合起来,从而充分发挥现有技术的潜力,使军事能力产生革命性的跃升。这场军事革命将是军事领域的一场全面变革,涉及军队武器装备、作战理论、编制体制等一系列重大变化,并推动着军队建设和战争方式由工业时代向信息时代转变。高技术特别是信息技术发展对战争和军事领域的重大影响,已在从海湾战争到科索沃战争等多次由美国主导的局部战争中有所显现,它所引发并推动的军事领域的全面变革也已经开始。

美军有关军事革命讨论中的许多理论观点已在20世纪90年代中期逐步系统化并进入官方决策,成为指导美国国防建设与军队发展的行动纲领。1996年7月,美国参谋长联席会议颁发了旨在全面设计美军21世纪发展蓝图的纲领性文件《2010年联合构想》,提出依靠高新技术特别是信息技术领先的优势,"建设一支平时能慑服、战时能决胜、在任何冲突中都能压倒对手的强大部队"。根据这一总体目标,美国各军种都已按照军事革命的思路相继提出了各自到2010年前后的发展规划和目标。2000年5月,美国参谋长联席会议又颁发了《2020年联合构想》,进一步深化了《2010年联合构想》中提出的作战新概念和军队建设思路,更加明确地提出了2020年前的发展目标。这些都是新军事革命蓬勃发展的有力见证。据统计,1991年海湾战争后,世界上有四十多个国家都在大力推进新军事革命,这也足见这场新军事革命的蓬勃发展。

(三)新军事革命的深入发展

近年来,结合军事革命讨论和对21世纪军队发展蓝图的设计,美军还在酝酿提出建立适应信息时代要求的"军事革命部队"的设想和方案。主张抓住美国在信息技术方面占领先地位所提供的机遇,迅速向能更有效利用这些技术的兵力规模、结构和战役作战理论转变,压缩现有兵力数量,并加快向技术更先进、能力更强的军事力量过渡。声称这种军事革命部队不是建立在人员众多的基础上,而是建立在智能的基础上;不是建立在占压倒优势的庞大力量的基础上,而是建立在决定性力量的基础上;不是建立在僵化的基础上,而是建立在适应性、灵活性和敏捷性的基础上。美军声称:它是一支属于未来的部队。

透视近几年来发生的局部战争和地区冲突,不难发现,战争制胜机理发生了深刻变化,信息平台、体系支撑、多维联合已经成为现代战争的显著特点。速度、精度、力度、域度,日渐成为现代战争制胜机理的四个维度。兵贵神速,未来战争,"速度"因嵌入了信息、网络、电子等而激变为"秒杀";精确制导弹药比例的广泛运用,使打击实现了由"概略"向"精确"的飞跃;力强则胜,"力"不再是单个力量的运用,而是体系支撑的合力,运用信息系统把作战力量、作战单元、作战要素融合为一个有机整体,形成信息优势、体系攻破、联合行动的体系作战能力;域度更加宽广,继陆、海、天、电、网之后,认知领域成为新的较量空间,与物理域、信息域相比,认知域所涉及的作战空间更加广阔。只有积极地打好认知域作战,夺取人、组织、国家的意志、观念、心理、思维等的主导权,才能实现不战而屈人之兵的作战目的。作为当代大学生,我们必须紧跟现代战争发展的步伐,努力学习新知识、新技术,深刻理解新军事革命深入发展下现代战争制胜机理的规律、路径以及方式方法,掌握隐藏在"战争迷雾"中的获胜之道,才能真正将自己的青春融入到强国梦和强军梦的时代洪流中,才能在祖国需要时担起维护国家安全、为人民幸福和国家发展保驾护航的责任和重托!

三、新军事革命的主要内容

新军事革命是人类文明由工业时代向信息时代转变的产物,是当代国际综合国力竞争在军事领域的反映,是以夺取并保持绝对军事优势为目标,以高技术特别是信息技术的飞速发展为动力,通过"系统集成"和"虚拟实践",最终实现军事体系由机械化向信息化转变的过程。新军事革命的本质特征是数字化、网络化、智能化,战争形态正加速向信息化、智能化转变。新军事革命的主要内容体现在以下四个方面。

(一)创新军事技术,实现武器装备的信息化

武器装备的断代性发展,是军事领域出现革命性变化的重要标志。现阶段,主要是应用信息技术成果对现有武器装备进行改造,同时研制和发展新型信息化武器系统,从而实现武器装备的信息化、智能化和高效化。目前,发达国家军队已经实现了高度机械化和部分信息化。同时,在战争中大量使用经过信息化改造的精确制导武器。2003年5月,伊拉克战争结束不久,时任美国副总统的切尼就宣布:"从战场投放的精确制导弹药占总投弹量的比例看,海湾战争是9%左右,这次伊拉克战争则占到68%。"信息装备已成为现代战争的主战装备。

(二)创新体制编制,重塑军队组织结构

一场军事革命的完成,是以军队组织结构调整的最终实现为标志。调整改革军队的体制编制,是实现人与武器有机结合,最终完成军事变革的关键。世界各国为适应世界新军事变革的发展,高度重视优化军队的内部结构,使军队的体制编制向着精干、高效、合成的方向发展。总的趋势是,压缩常备军规模,裁减一般部队,增编高技术军兵种部队,使军队向小型化、多能化、一体化方向发展。现阶段,主要是建设便于灵活组合的中小型模块式部队,建立适合信息快速流通的扁平式作战指挥体制。伊拉克战争中,美军指挥方式上改变了以往各军兵种分别指挥的方式,由联合作战中心实行一体化指挥;在保障上,改变了以往逐级实施的方式,由后方基地统供,直接投送到前沿部队和分队,这就是所谓的"聚焦后勤"。

(三)创新军事理论,推动军队建设转型

随着高新技术武器装备的发展,传统的战争理论、作战原则以及战略、战役、战术之间

的关系等都随之发生变化,出现了一些建立在新的物质基础之上的军事理论。例如,信息化战争理论、信息战理论、联合作战理论、精确化作战理论、非对称作战理论、空间作战理论、非接触作战理论和网络中心战理论等。在伊拉克战争中,美军所使用的"快速决定性作战"作战理论,就是一种全新的作战理论。它强调作战行动必须充分利用信息化装备优势,采取"远程精确打击+小规模地面快速突击"的新战法,尽快由有限规模的战役行动达成战略目的。通过实战检验,这一理论得到了充分验证,说明适应信息化战争要求的创新军事理论是完全必需的,并要根据新的军事理论完成军队由机械化向信息化转型。

(四)创新作战方式,适应新的战争形态

20世纪90年代以来,非接触、非线式作战日益成为重要作战方式。网络中心战、太空攻防战等也将在不久的将来登上实战舞台。美军在伊拉克战争中所采用的基本作战方式就是非接触、非线性作战。这种作战方式不再是逐次突破推进,而是一开始就超越防御地带和自然地理屏障,直接对敌战役和战略纵深目标实施中远程精确打击,通过瘫痪对方的整个作战体系、摧毁对方的战争潜力和国家意志来达成战略目的。2003年3月20日凌晨,伊拉克战争一打响,美军第3机步师就从科威特出动,第二天便深入伊拉克腹地160千米,5天内急进400千米以上,直插首都巴格达外围。不少人认为,这样用兵是孤军冒险。其实,这正是为了以最快的速度推翻萨达姆政权。这种"闪电"行动,使伊拉克军队来不及纵火油田、炸毁桥梁、设置交通障碍,更来不及组织坚强有力的巴格达防御战。因此,创新作战方式是适应战争形态发展的需要,必须灵活多变。

四、新军事革命的发展趋势

当前,世界新军事革命进入了新的质变阶段,战争的制胜机理正发生前所未有的嬗变。准确把握新军事革命的发展趋势,积极适应新军事革命的飞速变化,有针对性地做好改革创新已成为各国军队争夺未来战争主动权的制胜密码。

(一)武器装备信息化建设将进一步向广度和深度发展

当前,世界各国武器装备发展的大趋势是由机械化逐步向信息化过渡。自海湾战争以来,人们发现,经信息化改造的武器装备都具有较强的综合作战效能,为此,世界各国开始投入巨大的人力、物力和财力大力发展信息化装备。信息化装备主要包括信息化作战平台、综合电子信息系统和信息化杀伤武器等。

此外,从发展的角度看,空间作战飞行器和空天飞机作为未来空间作战的威慑和实战力量,也将逐步由幕后走向前台。它可以在数十千米的高空或数百千米的近地轨道上执行多种作战任务,是21世纪遂行全球作战乃至控制空间、争夺制天权的"杀手锏"装备。当前,美国已把重点放在发展空间作战飞行器上,把研制空天飞机作为长远目标,近期将推出技术难度比较小的具有空天飞机部分功能的空间作战飞行器。

(二)军事组织体制将向便于信息快速流动与使用的方向发展

组织体制是军队的基本构成要素之一,使军事组织体制信息化,是新军事变革的重要

内容。随着机械化军队向信息化军队的演进,世界各国特别是美国等西方国家军队的组织体制正在进行由工业时代向信息时代的跨时代变革。这种变革的本质是:使信息这一主导要素能在军队内部和战场上快速、顺畅、有序地流动,以适应打赢未来信息化战争的要求。

一是改革领导指挥体制。工业时代构建的适用机械化战争要求的领导指挥体制已经不适应信息化战争的要求,在实战中暴露出的弊端有:信息流程长,平级单位之间、侦察系统与武器系统之间不能横向沟通,需经上级中转;抗毁能力差,被切断"一枝",就影响一片,切断"主干",则全部瘫痪。为了改变这种情况,世界各国正逐步建立外形扁平、横向联通、纵横一体的网状领导指挥体制。这种体制的最大优点是信息传输快、抗毁能力强。

二是进行陆军结构改革。局部战争表明,陆军的地位和作用与以往相比在下降,空军的作用在上升。2003年爆发的伊拉克战争本来是一场以地面作战为主的高技术局部战争,但依然是空中力量而不是地面部队是制胜的决定性力量。为此,改变陆军结构就成了世界各国面临的重大军事问题,小型化、轻型化、多能化,是军事强国陆军改革的大方向。

三是组建信息战部队。以争夺"信息优势"为主旨的信息战已经成为影响整个战争进程和结局的重要作战样式。为了实施和打赢信息战,一些国家开始组建信息攻防部(分)队。如美军已经建立了"黑客部队",空军也正在建立专门负责实施进攻信息战的航空队——第8航空队;英国、德国、澳大利亚等国军队也正在建立各种计算机应急反应分队和计算机网络防护分队等。这些新型部队的建立,将在未来信息化战争中发挥举足轻重的作用。

(三)作战双方的对抗方式将呈现出以网络为中心的体系对抗

以计算机为核心的网络技术的发展及其在军事领域的广泛运用,给军队作战带来了全面而深远的影响。其中最根本的,是使参战的多维空间作战力量可以通过信息网络联成一体,从单兵、单件武器、武器系统到各个作战单元,形成一个功能完备、整体协调的作战体系。可以说,战争中敌我双方实质上是以网络为纽带、以整体对抗为表现形式的体系与体系之间的对抗。在这种以网络为中心的体系对抗中,作战双方并不像过去那样仅仅依赖坦克、飞机、军舰等作战平台的单元作战性能,而是强调综合利用信息化装备系统的整体效能,突出武器装备系统的体系对抗。在对抗中,双方所面对的都是己方和敌方两大网络化的信息网络系统,一切作战资源都必须依赖信息网络才能发挥最大的作战效能。谁先获取信息,并以最快的速度处理信息、分发信息,谁就能夺取战场的控制权,进而掌握战争的主动权。

目前,西方发达国家军队都把主要着力点放在作战体系的建设上,不断用数字化技术将各种作战部队和各类武器装备联为一体,努力建立三军联合作战体系、作战部队之间的联合作战体系和作战单元之间的联合作战体系。可以预见,在未来战争中,计算机网络和通信网络将把信息化作战平台与各种探测系统、指挥控制系统、精确打击系统集成为一体化的军事信息系统,使武器装备体系的整体性更强、更完善,从而使信息化战争中体系对抗的特征表现得更为鲜明。

(四)战争形态将逐步由追求毁伤规模向夺取信息优势转变

战争形态是指战争这一事物所具有的外在形态或其内在的、本质的必然联系的外在表现。社会形态是战争形态的母体,有什么样的社会形态就会对应什么样的战争形态。机械化战争是工业时代的基本战争形态,它的特点是规模大、范围广、杀伤破坏极其严重;信息化战争是信息时代的基本战争形态,是由信息化军队在陆、海、空、天、信息、认知六维战略空间用信息化装备进行的,以信息和知识为主要作战力量的,附带杀伤破坏减到最低限度的战争。它的特点是作战节奏快、持续时间短、战争杀伤破坏小等。

20世纪后半叶,在机械化战争走向全面成熟的同时,以信息技术为核心的高新技术在全球迅猛发展,人类社会开始由工业社会向信息社会过渡。在这种背景下,一些国家的军队开始着手研制信息化装备,并逐步运用于战争实践。由于信息化装备的大量使用,使得战争双方在信息空间的争夺日趋激烈,继争夺制陆权、制海权和制空权之后,争夺制信息权已经成为战争双方争夺的新焦点,并出现诸如信息战、网络战、指挥控制战和心理战等许多新的作战样式,战场空间也从三维地理空间拓展到电磁空间、心理空间和信息空间等多维空间。

这些情况表明,在现代战争中,信息化战争的特点日益凸显。战争的形态已开始由机械化战争向信息化战争转变。然而,从工业时代的机械化战争到信息时代的信息化战争,不是一蹴而就的,需要经历一个战争形态从量变到质变、从部分质变到整体质变的漫长过程。在这个过程中的战争形态一部分是机械化战争,另一部分是信息化战争。而且,随着时间的推移,其机械化战争的成分会越来越小,信息化战争的成分会越来越大。可以预测,未来随着信息化装备的大量使用,将有力推进机械化战争向信息化战争的加速转型,并最终实现完全意义上的信息化战争。

思 考 题

1. 军事革命包含的要素有哪些?
2. 新军事革命的基本内涵是什么?
3. 新军事革命的主要内容有哪些?

第三节 机械化战争

机械化战争是人类战争经历冷兵器战争、热兵器战争两种形态后,进入的一种新的战争形态。

一、机械化战争的内涵

机械化战争是指:"主要使用机械化武器系统装备及相应作战方式进行的战争。具有机动速度快、火力毁伤强、战场范围广、战争消耗大等特点,是工业时代战争的基本形态。"每个时代都有属于自己的战争样式。工业革命以来科学技术飞速发展,带动了军事技术的发展,新式装备不断涌现,新武器的运用促使新军事思想的诞生,军队的编制、训练、战略战术也随之改变。

机械化战争作为工业时代战争的基本形态,其核心是军队实现机械化。军队实现机械化主要体现在两个方面:一是战斗补给的机械化,用汽车代替畜力;二是战斗机械化,用机械力代替人力。实现机械化后,军队的编成一改过去以步兵、骑兵、炮兵为主的观念,坦克代替骑兵成为陆军的主体。军队机械化对官兵的能力素质有较高的要求,兵役制度出现重大变革,由过去的短期服役制度改变为职业化军队的终身服役制;战争指导上强调坦克部队与航空兵协同,先敌发起进攻和突然袭击;战略战术上强调大纵深作战,重点打击对方首脑机关,摧毁其通信、补给系统和歼灭敌重兵集团。

机械化战争以具有高速机动能力的飞机、坦克、军舰成为作战的主要装备,战争中军队的进攻能力较之以前的战争大大增强,打破了防御的优势;战场范围空前扩大,战场情况变化急剧。机械化战争中,立体作战、纵深作战成为重要作战方式。各军兵种协同作战、联合作战发展迅速,破坏力强且消耗巨大。同时,由于高技术武器装备的大规模运用,机械化战争对参战人员的能力素质要求不断提高,战场保障人员大量增加。

二、机械化战争的发展演变

人类历史上的战争形态的演变从来不是一蹴而就的,都经历孕育形成、发展成熟的长期过程。机械化战争亦是如此。

(一)机械化战争孕育发展期

1916 年,英军在索姆河战役中首先使用了具有突击能力的坦克。1918 年,英国出现了装甲运输车,并组建机械化部队。随后欧洲各国也先后组建机械化军队。英国坦克军参谋长富勒 1918 年 5 月提出了陆军以坦克为主体并辅以飞机即可夺取战争胜利的思想;在 1918 年 5 月拟制的《1919 年计划》中提出了建立和使用机械化军队的新观点;之后又在《世界大战中的坦克》(1920 年)、《论未来战争》(1928 年,中译本名为《机械化战争论》)等著作中做了进一步阐述,创立了机械化战争理论,主张陆军实行机械化和依靠机械化军队取胜,亦称"坦克制胜论"。1934 年,奥地利的艾曼斯贝格尔出版《坦克战》;1937 年,德国的古德里安出版了《注意坦克!》。这些著作从不同角度阐述了坦克和机械化部队在未来战争中的作用以及机械化部队的组建和适用原则等问题。使机械化战争理论作为一种新的军事理论日益趋于完整并被人们所接受。

(二)机械化战争成熟衰微期

1945 年 8 月,美国在日本投下了两颗原子弹,宣告核时代的到来。各国军事装备不断升级。随后,苏联、英国、法国等工业强国也分别发展了核武器。原子弹、导弹的大量涌现,使机械化战争又发展到一个新的阶段。20 世纪 70 年代后期至 80 年代中期,世界军事强国进一步形成核威慑条件下常规战争理论。80 年代,美军提出"空地一体作战"理论,苏军的"大纵深战役"理论又发展为"大纵深立体战役"理论,机械化战争理论进一步得到发展。20 世纪 80 年代中后期,以信息技术为核心的高技术飞速发展并在军事领域广泛应用,引发新的军事技术革命。1991 年,海湾战争标志信息作战系统及其他高技术在军事领域的广泛应用。在机械化战争走向成熟的同时,诸多高技术群特别是信息技术群进一步飞速发展,一些国家的军队开始建设和逐步完善综合电子信息系统,着手研制与装备信息化武器,因而信息在作战力量诸要素中的地位开始日益凸显,在战争中的作用开始愈加重要。战争形态逐步开始由机械化战争向信息化战争过渡。

三、机械化战争的典型战例

历史上的机械化战争的经典战例很多,其中索姆河战役、康布雷战役、阿登反击战、库尔斯克战役比较具有代表性。

(一)索姆河战役

索姆河战役是1916年英法联军与德国在索姆河发起的一场会战,是机械化战争的典型战例(见图4-5)。同时也是第一次世界大战中规模最大的一次战役。

1916年6月24日,英法两国联军突破索姆河,7月1日联军在炮火的掩护下发起进攻,先后突破了德军的第一、第二阵地。7月中旬联军突破德军的第三阵地,但是7月以后的进攻中英法联军收效甚微。后期由于天气恶化,伤亡巨大,英法联军退出了战斗,作战计划宣告失败。英法联军虽然未达到突破德军防线的目的,但钳制了德军对凡尔登的进攻,进一步削弱了德军实力。双方伤亡约134万人,其中英军45万余人,法军34万余人,德军53.8万余人,是第一次世界大战中最惨烈的阵地战,又称"索姆河地狱"。

这次会战中机枪和坦克出现在战场上,改变了现代战争的形态。

图4-5 索姆河战役

(二)康布雷战役

康布雷战役是坦克战走向成熟的一个标志(见图4-6)。康布雷战役是第一次世界大战期间英军和德军于1917年11月20日—12月7日在法国北部斯海尔德河畔的康布雷地域进行的一次交战。交战中,英军首次大规模使用坦克,对德军发起进攻,根据战役意图,英国第3加强集团军,不经炮火准备,在步兵、航空兵和炮兵的协同下,在长达12千米的正面(斯海尔德河和迪诺尔运河之间)以坦克突击突破德第2集团军的防御,占领康布雷,向瓦朗谢讷发起进攻。战役的最后结果德军收复大部分失地,俘虏约9000人,缴获

716挺机枪、148门火炮和100辆坦克。英军将73辆坦克投入战斗,才得以制止敌人的反突击和推进。12月7日,战役结束。战役开创了不经炮火准备集中使用坦克的先例,是诸兵种协同作战的成功尝试。

图4-6　康布雷战役

在康布雷战役中,双方有生力量和技术装备都在此战中受到巨大损失且未分出胜负。同时,康布雷战役是大规模使用坦克的第一范例,对于军事学术的发展有重大影响。步兵与坦克的协同动作原则和对坦克防御原则的形成以及精密法决定开始诸元的炮兵射击方法的产生,均与这次战役有密切联系。这次战役在后世被认为是合同战术形成的重要实战标志。

(三)阿登战役

阿登战役发生于1944年12月16日至1945年1月25日,是指纳粹德国于第二次世界大战末期在欧洲西线战场比利时瓦隆的阿登地区发动的攻势(见图4-7)。当时的德国,处于被盟军东西夹击的困境。为了扭转败局,希特勒制订了西线反击计划,企图在西线集中优势兵力发动大规模反击,迅速突破盟军防线,迫使英美与德国媾和,随后再调转兵力对付苏军。德军的反击一度取得战果,但随即被盟军所阻,并逐步转入溃败。

图4-7　阿登反击战

阿登战役是第二次世界大战期间纳粹德国1944年西线最大的阵地反击战,在兵力部署方面,德军以北路的第6装甲集团军(共9个师)为主要突击力量;第5集团军(共7个师)负责掩护第 6 装甲集团军左翼;第 7 集团军(共 7 个师)负责掩护 B 集团军群的南翼和西南翼;另外 8 个师作为预备队,直接参战兵力共计 20 余万人,900 余辆坦克、800 余架飞机、2600 门火炮。西线的盟军共有 25 个装甲师、62 个步兵师、坦克 6500 辆、各型飞机 1 万余架。阿登反击战是典型的机械化战争的战例之一。

阿登反击战贯彻了希特勒的"进攻是最好的防御"作战理念,但最终却由于多方面的因素以失败而告终。德军伤亡 10 万人,损失坦克和重炮约 700 辆、飞机 1600 架。此战消耗了德军最后的有生力量,加速了其灭亡。德军的失败证明,指导战争必须遵循战争的规律,违背战争规律必将受到战争的严惩。

(四)库尔斯克战役

库尔斯克战役发生在 1943 年 7 月 5 日至 1943 年 8 月 27 日,是第二次世界大战期间苏德战场的决定性战役之一,是第二次世界大战欧洲东线战场中苏德于库尔斯克爆发的一场会战(见图 4-8)。双方参战兵力达 400 万之巨,火炮多达 6.9 万门,坦克数量更是高达 1.3 万辆,作战飞机也有 1.2 万架,是史上规模最大的坦克会战和单日空战。库尔斯克会战也是德军最后一次对苏联发动的战略性进攻,欲从南北两端向中央夹击,合围歼灭中央突出部的苏联红军,重夺战略主动权,但由于苏联红军已做好严密防务和驻守数量极为庞大的兵力,德军进攻步调缓慢且损失惨重,最后因为南线意大利被盟军登陆了西西里岛,不得不抽调兵力防卫意大利而被迫撤退。此次战役后,苏联红军发动一连串巨型攻势,歼灭德军大批有生力量且将德军赶出苏联领土,德军再也无法对苏联红军产生威胁。通过这场战役,苏军的战略战术得到了考验,完全掌握了战略主动权。德军从此彻底丧失了战略进攻能力,不得不转入全线防御。从一定意义上讲,库尔斯克战役是苏德战场的转折点。

图 4-8 库尔斯克战役

思 考 题

1. 什么是机械化战争?
2. 机械化战争的主要特点有哪些?
3. 机械化战争的典型战例有哪些?

第四节 信息化战争

一、信息化战争概念内涵

随着以信息技术为核心的众多高新科技广泛应用于军事领域,武器装备远程化、精确化、智能化、隐身化、无人化的发展趋势更为明显,战争形态也在发生着革命性的变化,信息化战争登上了人类历史舞台。世界发生的多场局部战争,如阿富汗战争、海湾战争、科索沃战争、伊拉克战争等都是信息技术主导下的现代战争,是向信息化战争发展的过渡阶段。

(一)信息化战争的基本含义

所谓信息化战争,是指依托网络化信息系统,使用信息化武器装备及相应作战方法,在陆、海、空、天和网络电磁空间及认知领域进行的以体系对抗为主要形式的战争。信息化战争是信息时代战争的基本形态。

这一定义,反映出信息化战争具有如下内涵:第一,信息化战争是信息时代的主要战争形态;第二,信息化战争的主体和骨干力量是信息化军队;第三,信息化军队作战的空间是陆、海、空、天、信息、认知"六维"战争空间,多维战争空间紧密相联,认知和信息空间占有相当大的比例;第四,信息化武器装备大量使用,参战部队的作战、指挥实现网络化、一体化,信息化战争的基本特征是信息对抗和知识对抗(过去是体力对抗、火力对抗);第五,信息成为能量和物质的调节器,信息在战争中起主导作用;第六,信息化战争依然是暴力冲突,战争仍然具有暴力性质,但是战争的附带损伤和破坏性将不断下降,与以往的战争相比,信息化战争是附带杀伤破坏减到最低限度的战争。

(二)信息化战争形成的基础

信息化战争作为全新的战争形态,其形成和发展有坚实的社会及技术基础,经历了若干阶段,是人类社会的政治、经济、科学技术和战争实践发展到一定阶段的必然产物。

社会形态发展是信息化战争产生的社会基础。不同的时代,对应着不同的战争形态。人类历史发展的长河中已经经历了两次社会形态转型并出现了三种社会形态:游牧社会、农业社会和工业社会。从游牧社会向农业社会,从农业社会向工业社会的转型都是在技术革命的推动下完成的,并且在转型过程中出现了两次全面的战争形态演变:徒手——冷兵器战争形态演变;冷兵器、热兵器——机械化战争形态演变。当今时代,在信息技术革命的推动下,人类社会正在由工业社会向信息社会过渡,全面的信息时代即将到来。这次的社会形态的转型已经并必然会导致战争形态新的一次演变:由机械化战争形态向信息化战争形态跃升。

高技术的发展是信息化战争产生的直接动因。战争形态的重大变革,通常发生在技术革命之后,而技术革命又往往是在科学技术迅猛发展情况下出现的。20世纪50年代以来,世界上陆续出现了以微电子技术、电子计算机技术、人工智能技术、新能源技术、航天技术等为代表的高技术群,新的科学技术成果往往是最先运用于军事领域,战争和军事领域也向科学技术不断提出新的需求,因而,高技术的发展成为战争形态发展演变的直接动因。

现代局部战争实践是信息化战争产生的催化剂。20世纪90年代以来先后发生的海湾战争、科索沃战争、阿富汗战争和伊拉克战争,每一场战争都给人以耳目一新的感觉:高技术及高技术武器装备在战争中运用越来越广泛;战争空间越来越向陆、海、空、天、电磁、网络等多维度拓展;信息攻击、远程精确打击、陆海空天电一体化作战成为主要的作战样式;传统的线式作战、梯次攻击、层层剥皮的作战方式已经被摒弃;每一场战争都运用着新的军事理论,同时又深刻地改变着以往的军事观念和思维方式。

二、信息化战争的基本特征

信息化战争作为人类进入信息化时代的主导战争形态,与机械化战争相比,具有以下基本特征。

(一)战场形态发生转变

信息技术革命的成果应用于军事领域,引起军事领域的巨大变革,战争形态正由机械化战争向信息化战争跃升,战场形态也相应地发生了一系列转变。所谓战场形态,是指作战活动展开的各个空间的组合状态。战场形态发生的深刻变化,是战争形态转变的最直观的体现。当今的战场正在实现机械化战场向信息化战场的升级,主要体现在以下几个方面:

一是战场空间由三维向六维扩展转变。信息化战争的作战行动,不但在传统的陆、海、空领域展开,还在太空、电磁、网络等领域进行,实体空间与虚拟空间相结合,争夺更加激烈。

二是战场空间的状态由线状向立体网点状转变。战线和阵地是千百年来战场的基本要素。随着信息化的不断深入发展,先进的战场信息探测系统、网络化指挥控制系统、远程精确制导武器的出现和发展,作战行动将突破以往可见的战线和阵地的限制,在战场的各个空间并行进行,持续了数千年的线性战场状态逐渐消失,取而代之的是整个战场将呈现出一种不规则的立体网点状态。

三是战场对抗方式由近距离对抗向遥控对抗转变。随着微电子技术、计算机技术、人工智能技术等高新技术的飞速发展,精确制导武器、无人机等高尖端武器正在逐步普及,智能机器人正逐步走向战场,远距离、超视距打击成为可能,战场对抗逐步由近距离对抗发展为远距离、遥控式对抗。

四是战场打击目标由有生力量向指挥信息系统转变。20世纪80年代前的战争制胜之道,主要是通过大量杀伤、消耗敌有生力量、毁灭敌国战争资源来改变作战双方力量对比,从而最终赢得胜利。信息化战争中,更强调通过精确打击敌军作战体系重心——计算机、通信、指挥、控制、情报搜集、侦察监视及杀伤系统(即指挥信息系统),通过瘫痪敌军作战体系,使敌军各部队成为"看不见""听不到""摸不着"的混乱状态,从而丧失战斗意志,最后投降。

(二)军队结构出现变化

不同的战争需要不同的军队。冷兵器时代靠自身的体能和简单的技能进行作战,军队的性质强调"人力";热兵器战争,军队主要装备的是火枪、火炮等热兵器,军队作战方式主要是在相对固定的战线上,发挥热兵器的杀伤力制胜,军队的性质是"人力+火力";机械化战争中,军队的装备发生了变化,不但装备有冷兵器、热兵器,还有飞机、坦克、军舰等作战平台。机械化战争时代军队的性质是"人力+机动力+火力";信息化战争中,除了火力、机动力之外,更加注重信息、知识的重要性。同样,由于科学技术发展带来的战争形态的转型及对军队性质的深刻影响,面向信息化战争需求的军队结构也发生了重大变化:

一是部队种类多元化。信息化战争强调通过数字通信系统将侦察探测、指挥控制及火力打击系统连成一体,以"信息流"来运作"物质流"和"能量流",实现人与武器的最佳结合。以数字化信息为基础的数字化部队及特种作战部队应运而生。

二是军队总体规模精干化。随着各国军队信息化程度和作战能力的不断提高,各国拥有庞大的常备军将成为历史。部队从以往的人力密集型发展为技术密集型,军队的总体规模日益趋向精干化。

三是军队的指挥体制扁平化。为了适应信息化战争对指挥控制的要求,发达国家的军队正在把指挥体制由以前的"树"状指挥体制向扁平型"网"状指挥体制转变。"网"状指挥体制,其外形扁平、横向联通、纵横一体,减少了指挥层次,缩短信息流程,提高指挥效率,并且还能提高生存能力。同时,还能够实现信息流程最优化,流动实时化,信息的采集、传递、处理、存储和使用的一体化。

四是内部比例科学化。在武装力量构成上,现役兵力比例下降,预备役兵力比例上升;在陆、海、空三军兵力对比上,陆军兵力所占比例下降,海、空军兵力比例上升;在战斗部队和保障部队的比例上,战斗部队的比例减小,保障部队的比例增大;在保障部队中,技术保障兵力增加,勤务保障兵力减少;在轻、重型部队的比例上,轻型部队的比例上升,重型部队的比例下降。

五是部队编组小型、一体、多功能化和模块化。这是信息化战争中对作战力量编成的必然要求。小型化是指将来军和师的编制可能最终消亡,旅、营或更低级别的战术单位将作为主要的作战建制单位;一体化是指信息化战争中作战部队编成必须打破军兵种界限,遵循"系统集成、合成一体"的原则,按任务需求进行诸军兵种合成的一体化编组;多功能化是指军队能够遂行多种作战任务;模块化是指采取灵活的"积木式"组合,根据战时任务需要,从现有军兵种中抽调合适的成员建制"模块化"部队,用搭"积木"的方式,迅速组建新的具有高度适应性的合成部队,以遂行不同的作战任务。

(三)制胜机理产生变革

习主席深刻指出:"现代战争确实发生了深刻变化。这些变化看上去眼花缭乱,但背后是有规律可循的,根本的是战争的制胜机理变了。我们要透过现象看本质,把现代战争的制胜机理搞透,否则的话只能是看西洋镜,不得要领。"①战争制胜机理,是指打赢战争的一般机制和道理,是战争中制敌取胜的内在规律及其基本原理。信息技术革命导致的信息化军事革命,不但改变了战争形态、战场形态、军队结构和作战方式,也改变了战争的制胜机理。信息化战争的制胜规律除了具有以往战争的强胜弱败、火力机动力制胜等规律外,又有了新的制胜规律:

一是信息制胜规律。在信息化战争中,信息优势取代火力、机动力成为衡量双方力量优劣的首要标志,成为整体作战和高效作战的前提和制胜基础,从信息优势中谋求整体对抗优势,成为信息化战争制胜的根本途径。

二是整体制胜规律。信息时代是经济全球化的时代,要打赢信息化战争,不仅需要军事能力,还需要由政治、经济、科技、文化、外交等多种因素结合在一起的国家战略能力。只有把国家的战略能力与军事打击能力相结合,把政治、经济、外交、科技、文化领域的斗争与战场作战相结合,才能赢得信息化战争的胜利。

三是虚拟主导现实规律。信息时代,一个国家政治、经济、科技、文化、军事的安全,不再仅仅局限于陆海空这些现实领土,而在很大程度上取决于是否有能力夺取"电磁""网络""心理"等"虚拟领土",是否有能力管辖好这些"虚拟领土"。如果一个国家不能拥有"制虚拟领土权",那么其保护传统领地的能力很值得怀疑。

四是人机融合规律。信息化战争是人机一体的战争,人的智能与武器的性能融为一体,赋予武器以智慧和灵性。人的高超智慧、指挥艺术等可先期融入到武器系统之中,也可在作战过程中通过对武器的实时控制来提高其作战效能。在这样的信息化战争中,如果人的头脑和计算机不能有效连接和沟通,不能实现有效的人机融合,那么人就没有办法进行战争思维,更没有办法实施指挥控制。因此,未来信息化战争,将是人机融合共同制胜,谁违背了这一规律就会失败。

五是体系对抗规律。信息化战争的基本特点就是信息主导,体系对抗。因此,着眼夺取以制信息权为主的综合制权,实施高度自主灵活的体系破击,是信息化战争制胜的基本机理,也是打赢信息化战争的基本途径。战争基本作战思想由以传统的歼灭敌人有生力量为主,转变为以破击敌人作战体系为主,反映了战争形态和作战方式的发展变化,体现了信息化战争与机械化战争的本质区别。

(四)战争思维发生嬗变

战争形态由机械化战争向信息化战争的转型,除了具体影响到军队、战争活动方式等方面,更深刻的影响是对人类的战争思维的冲击,主要表现在战争思维观念和战争思维方式方面。战争思维观念上的变化主要表现在:战争概念将进一步扩大,"战争"与"非战争","军事行动"与"非军事行动"之间的界限模糊了;影响作战效能的要素由机械化战争时代的人力、火力、机动力为主向以信息主导为主转变,信息成为作战效能中各要素发挥作用的黏合剂和催化剂;军队建设目标从提高火力和机动力为主向提高技术含量和获取信息优势为主转变,等等;战争思维方式的变化主要体现在:人们开始逐步确立了与信息化战争相适应的

---

① 韩林.推动联合作战训练迈向更高水平——《中国人民解放军联合作战纲要(试行)》施行一周年综述[N].解放军报,2022-1-5.

信息思维观念、知识思维观念、开放思维观念、创新思维观念和系统思维观念,引导和规范着信息化战争思维方式出现了不同于机械化战争思维方式的重要特征,如信息性、系统性、综合性、动态性、超前性和创造性等,因而信息化战争思维方式必然要从封闭走向开放、从静态走向动态、从单维走向多维、从程式化走向非程式化。

三、信息化战争的典型战例

20世纪90年代以来,世界范围内相继爆发了多场信息化战争,如海湾战争、科索沃战争、阿富汗战争、伊拉克战争、利比亚战争、叙利亚战争等,战争形态由机械化战争快速向信息化战争转变。下面以海湾战争、科索沃战争、伊拉克战争作为典型战例进行研究。

(一)海湾战争

海湾战争(Gulf War)又称沙漠风暴(见图4-9),指1990年8月2日至1991年2月28日期间,以美国为首的由34个国家组成的联军为恢复科威特领土完整而对伊拉克进行的局部战争。海湾战争主要战斗包括历时42天的空袭;在伊拉克、科威特和沙特阿拉伯边境地带展开的历时100小时的陆战。多国部队以较小的代价取得决定性胜利,重创伊拉克军队。伊拉克最终接受联合国660号决议,并从科威特撤军。这次战争是美国自越南战争后主导参加的第一场大规模局部战争,也是第一场联合国会员国之间的战争。在战争中,美军首次将大量高科技武器投入实战,展示了压倒性的制空、制电磁优势。比如"战斧""飞毛腿""爱国者""哈姆""海尔法""响尾蛇""霍克"等导弹的广泛使用,使海湾战争几乎变成了各类精确制导武器的格斗场;C^4I系统(又称指挥信息系统)的运用,将陆、海、空、电多维空间凝聚为一体,开创了多维空间力量一体化联合作战的成功先例;多国部队以电子战为主要形式的战场信息对抗优势,成为夺得战场主动权的关键。

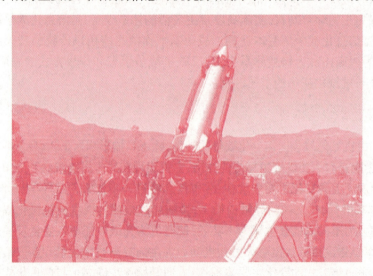

图4-9 海湾战争

海湾战争中,以美国为首的多国部队的电磁优势成为战争的新制高点,精确制导武器提高了空袭的准确性,又使平民伤亡程度降到最低;高技术武器大大提高了作战能力,使作战行动向高速度、全天候、全地域发展。这些特点均具有明显的信息化战争的特征,因此,一些学者把海湾战争称为信息化战争的开始,是世界战争史上第一次真正意义的信息化战争。

(二)科索沃战争

科索沃战争(Kosovo War),是一场由科索沃的民族矛盾直接引发,在以美国为首的北约的推动下,发生在20世纪末的一场重要的高技术局部战争。其持续时间从1999年3月24日至1999年6月10日。科索沃战争以大规模空袭为作战方式,美国为首的北约凭借占绝对优势的空中力量和高技术武器,对南联盟的军事目标和基础设施进行了连续78天的轰炸,造成了1800人死亡、6000人受伤、12条道路被毁、50座桥梁被炸、20所医院被毁、40%油库和30%的广播电视台受到破坏,经济损失总共达2000亿美元。

科索沃战争中以远距离非接触精确作战为主要交战方式。在78天的空袭中,美军凭借其强大的空中优势和电子战优势,频繁使用精确制导武器对南联盟几乎所有战略目标实施毁灭性精确打击。南联盟尽管也积极抗争,采取了大量的伪装、隐藏、抗击等手段,也取得了击落 F-117A 隐身战斗机(见图4-10)的重大战果,但是北约以信息化为核心的军事优势不可动摇,战争的结局几乎是无法逆转的。以非接触精确作战和信息作战为主要形式的科索沃战争,更加显现出信息化战争的诸多特征,标志着战争形态向信息化战争又迈进了一大步。

图4-10　F-117隐形战斗机

(三)伊拉克战争

伊拉克战争(Iraq War),是指以英、美军队为主的联合部队在2003年3月20日对伊拉克发动的军事行动,美国以伊拉克藏有大规模杀伤性武器并暗中支持恐怖分子为由,绕开联合国安理会,单方面对伊拉克实施军事打击。2003年3月20日(伊拉克时间凌晨5点半)美英联军向伊拉克发动代号为"斩首行动""震慑行动"的大规模空袭和地面攻势(见图4-11),伊拉克战争正式拉开帷幕。美英联军先后向巴格达、巴士拉、纳杰夫、摩苏尔、基尔库克、乌姆盖斯尔等10余座城市和港口投掷了各类精确制导炸弹2000多枚,其中战斧巡航导弹500枚。但由于供给线太长和伊拉克方面的抵抗,美英联军先期定下的"速战速决"目标未能实现,地面进攻曾一度受阻。伊军在伊中部的卡尔巴拉、希拉、欣迪耶等地与美英联军展开激战。2003年4月，美军从北部和南部两个方向推进到巴格达，并夺取了巴格达东南的拉希德军用机场。美国坦克开进巴格达，占领了萨达姆城。2003年4月15日美军宣布，伊拉克战争的主要军事行动已结束，联军已控制了伊拉克全境。

图4-11　美军对巴格达进行空袭

伊拉克战争中，美英联军共使用各类卫星110颗，在伊拉克上空形成了一个"天网"，与各种空中和地面侦察装备相结合，形成了全天候、全时空的立体侦察监视体系，整个伊拉克战场对美英联军基本上是单向透明的。卫星通信的使用率提高了75%。联军依靠信息优势，实施全面的精确打击。伊拉克战争所使用的武器相比海湾战争进行了改良设计。"爱国者"导弹保护的范围比过去扩大了六七倍。"战斧"式巡航导弹装备了摄像机，飞行过程中可以随时修改飞行路线。美军的主战飞机都可以使用联合直接攻击弹药，大大提高了命中精度；作战中尽量避免攻击平民住宅和重要经济目标，充分利用信息化作战系统，做到即时发现，即时攻击，扫清进攻障碍，大量杀伤伊军。从这些数据和特征上看，伊拉克战争的信息化程度又上了一个台阶。

四、信息化战争与国防建设

信息化战争时代的到来，不但加剧了世界各国战略力量对比的不平衡，而且对世界各国的国防和军队建设提出了严峻的挑战。我国必须正视信息化战争带来的新挑战，加强军事理论创新，加快国防信息化建设进程，加速培养国防信息化人才队伍，加大信息化武器装备发展力度，推动机械化、信息化、智能化融合发展，增强我国应对信息化战争的国家战略能力，以求在未来信息化战争中立于不败之地。

（一）高度重视军事理论的先导作用

先进的军事理论，历来是国防和军队建设的先导，是进行战争准备和打赢战争的重要制胜因素。因此，应对信息化战争挑战，加强信息化条件下的国防建设，必须高度重视军事理论的先导作用,加强信息化战争条件下的军事理论创新。

一方面要构建面向信息化战争的中国特色军事理论体系。加强国防建设,推进中国特色军事变革,打赢未来信息化战争,必然依赖于先进的军事理论体系的重塑。建设信息化军队,打赢信息化战争,谁都不能够沿用过去的东西,也不能照搬外军的理论,必须构建具有自身特色的信息化战争条件下的军事理论体系。

另一方面,要努力转变军事理论创新模式,增强军事理论创新的科学性和实用性。我军的军事理论创新,既继承了中华民族军事理论创新的传统,又形成了自己独特的理论创新模式和特点。但对比当代发达国家军队的理论创新及信息化战争对军事理论创新的需求来看,我军传统的理论创新模式有待进一步优化完善,以便更好地适应信息化战争和军事变革对理论创新的需求。要努力实现由定性研究为主向定性定量结合型研究转变,着力于面向信息化战争的军事理论创新机制的建设和健全。

(二)加快国防信息化建设进程

打赢信息化战争的根基在于国家国防信息化的总体水平,信息化条件下的国防建设,其目标指向也是国防信息化总体水平的提高。我国与发达国家相比,国防信息化水平还较落后,与打赢未来信息化战争的要求相比还有较大的差距。因此,必须加快国防信息化建设的进程,努力提高我国国防建设的信息化水平。

一是要大力加强国家信息基础建设。加快国家信息化网络系统建设,使国防和军事斗争能够切实依托国家完善的巨型网络系统,在网络信息空间斗争中具有优势和主动权。大力开发具有自主知识产权的各种软件技术,增强国家信息应用和信息安全能力,使国防建设和国防斗争建立在技术领先、安全可靠的信息技术之上。

二是要大力加强国防信息基础建设。我国在加强国家信息基础建设的同时,要充分考虑国防信息化的需要,在国家信息化基础建设中系统、配套地加强国防信息化基础建设。要促使传统的国家信息基础建设由民用向考虑国防和军队通用方向转变,实现民用信息基础平台和系统与国防和军用信息平台及系统的无缝衔接,满足国防和军队建设的需求。

三是要走军民融合式发展道路,提高国防信息化基础建设的整体效益。国家信息化建设和国防及军队信息化建设并不是脱节的,而是可以高度融合的,即必须走出一条中国特色的军民融合式发展道路。

(三)努力培养国防信息化人才队伍

习近平总书记在党的二十大报告中,将坚持人才强军作为国防和军队现代化的一项重要内容突出强调。人才是强国之本,也是兴军强军之本。信息化人才队伍建设,是强国之急务,是强国防的战略性问题。高素质军事人才是科学技术创新之基,打赢信息化战争之本。正因为如此,当前世界各国都把人才作为最珍贵的战略资源,把培养高素质的信息化人才队伍和军事人才队伍作为兴国强军的战略重点,纷纷抢占信息化人才这个制高点。加强国防和军队建设,增强我国打赢未来信息化战争的实力,必须努力培养高素质的国防信息化人才队伍。

一方面努力构建我国新型的信息化人才培养体系。要按照党的二十大精神的要求,树立超前意识,系统构建我国信息化人才培养体系,以科学的培养模式,高效的培养机制,大力推进我国的信息化人才队伍建设,迅速缩小我国与发达国家国民素质上的整体差距,缩小我国信息化人才队伍与发达国家信息化人才队伍的差距,适应国防信息化建设及未来信息化战争对人才的需要。

另一方面探索完善信息化军事人才培养机制。军事人才的选拔、培养、成长过程是一个长期的过程。做好长期性工作的根本出路就在于建立必要的规章制度。因为制度具有根本性、长期性、稳定性的特点。有了完善的军事人才培养制度,既可保障军事人才培养工作有法可依、有章可循地稳步进行,又可减少和防止军事人才选拔和培养工作中的人为因素的干扰。

(四)加速发展信息化武器装备

信息化战争的飞速发展,要求我军乘国家信息化发展之势,加速发展信息化武器装备,以适应未来信息化战争的需要。如果按部就班地先完成机械化,再发展信息化,我军就无法赶上发达国家军队建设的步伐。要努力实现我军武器装备建设的跨越式发展。目前,西方发达国家的军队在机械化和信息化武器装备发展上大致将出现三个趋势:2010年之前,基本实现机械化,具有一定的信息作战能力;2010—2020年,全面实现机械化,信息化能力有较大提升;2020—2050年,武器装备从信息化初期向中期发展,传统的机械化装备概念将不复存在,将以信息化和新概念武器为主。而我军仍然处于机械化尚未完成、信息化挑战又严峻的"双重历史任务"时期,在未来数十年中,既要努力实现武器装备的机械化,又要实现信息化,要两步并作一步走,实现机械化、信息化、智能化的融合发展。同时,要全力打造高水平的信息化武器装备系统。

(五)巩固提高我国的一体化国家战略体系和战略能力

信息化战争本质上是国家整体战略能力的较量,而不是单纯的军事力量的比拼。新中国成立几十年来,国家综合实力稳步提升,国家战略体系和战略能力得到较大的提高,但离打赢未来信息化战争仍然有一定的差距。因此,进一步提高我国的国家战略体系和战略能力,才能创造"先为不可胜""胜已败者"的战争能力。

一是要大力加强我国的信息能力建设。进一步加大国家信息能力建设,拥有强大的经济实力的同时,拥有领先的国家信息能力,才能把国家的政治、经济、军事、文化、科技等领域的实力和潜力转化为打赢信息化战争的能力,才能确保我军赢得未来信息化战争的胜利。

二是要大力加强国家战略组织力建设。信息化战争是对国家的包括战略情报获取与决策能力、政治组织力、外交能力、战争动员能力、战略输送能力、战略指导能力等在内的战略组织力的全面考验。为此,我国必须继续实行和平外交政策,完善国防动员体制,进一步建立"数量充足、质量较高、动员快速、机制完善"的后备力量体系,同时,还应进一步加强全民国防教育,尤其是高校和城市社区国防教育,激发全民爱国热情,提高全民国防能力。

三是要大力加强国家软实力建设。打赢未来信息化战争,不仅凭"硬实力",也要靠"软实力"。要提升我国的软实力,充分发挥我国政治制度的优越性;全面落实党的二十大精神的要求,加强社会主义先进文化建设,加强社会主义核心价值观教育,建设先进的文化软实力;加大人类命运共同体的宣传与践行,为世界和平与发展提供更多中国智慧和中国方案,缔造"和谐"软实力。

思 考 题

1. 为什么说信息化战争是21世纪的主要战争形态?
2. 信息化战争有哪些基本特征?
3. 信息化战争有何发展趋势?
4. 信息化战争对国防建设有何影响?
5. 如何增强我军打赢未来信息化战争的能力?

第五章 信息化装备

> **学习目标**
>
> 了解信息化装备的内涵、分类、发展趋势；了解信息化陆战装备、信息化海战装备、信息化空战装备的种类、发展趋势；了解综合电子信息系统的分类、对现代作战的影响、发展趋势；了解信息化杀伤武器的种类、发展趋势等；激发学生学习高科技的积极性，为国防科研奠定人才基础。

第一节 信息化装备概述

习近平总书记在党的二十大报告中，将武器装备现代化作为国防和军队现代化的一项重要内容突出强调。强国必须强军，强军必须利器。信息化武器装备，是军事斗争准备的重要基础，是国家安全和民族复兴的重要支撑，是国际战略博弈的重要筹码。在当今信息时代，一大批高新技术群以空前的规模飞速发展，推动着武器装备体系的飞速发展和根本性变化，深刻地改变着现代战争形态。现代战争的物质基础是信息化武器装备，认识现代战争的作战特点、作战样式、作战重心和制胜机理，必然要先了解信息化武器装备。

一、信息化装备的概念和特征

信息化装备是指信息技术含量高，信息技术对武器装备性能的提高及其使用、操纵、指挥起主导作用，具有信息探测、传输、处理、控制、制导、对抗等功能的作战装备和保障装备。它主要有信息化作战平台、综合电子信息系统，以及信息化杀伤武器等。

信息化武器装备有多种分类方法。根据武器装备的性质,分为进攻类、防御类和支援类;根据所处或所使用的空间,分为地面(含地下)、海上(下)、空中和太空等;根据机动方式,分为固定式和机动式,其中机动式又可分为车载式、机载式、舰载式和便携式等;根据武器与信息的关系,分为信息探测类、信息传输类、信息处理类、信息制导类、信息干扰类和信息攻防类等;根据武器装备的功能,分为信息化作战平台、信息化武器弹药、信息化电子系统等;根据杀伤效应,分为"硬杀伤"类和"软杀伤"类,或杀伤性和非杀伤性;等等。信息化装备的主要特征如下。

(一)信息化

利用信息技术和计算机技术,使预警探测、情报侦察、精确制导、火力打击、指挥控制、通信联络、战场管理等领域的信息采集、融合、传输、处理实现自动化和实时化。武器装备信息化沿着两个方向发展:一个是对机械化武器装备进行信息化改造和升级,即把信息技术和计算机技术以模块形式嵌入机械化武器装备之中,使机械化武器装备具备类似于人的"眼睛、神经和大脑"的功能,从而使其综合作战效能倍增,满足信息化战争的需要;另一个是研制新的信息化武器装备,如综合电子信息系统、一体化作战平台、智能化弹药、军事智能机器人、数字化单兵系统、计算机与网络病毒等。武器装备信息化使电子信息系统在武器装备体系中的比重越来越大,相关信息保障装备的地位和作用日益提高,并直接导致武器系统的智能化和作战系统的一体化。

(二)智能化

信息化装备采用信息技术、计算机技术以及人工智能技术,使武器部分具有人的大脑的思维功能,能利用自身的信号探测和处理装置,自主地分析、识别和攻击目标。智能武器通常由信息采集与处理分系统、知识库分系统、辅助决策分系统和任务执行分系统等组成。它与传统武器的一个根本区别,就是部分地具有了人的思维功能。智能化武器比普通的精确制导武器更先进,可以"有意识"地寻找、识别需要打击的目标,有的还具有辨别自然语言的能力,是一种"会听""会看""会说""会思考"的武器装备。其主要代表有智能军用机器人、智能无人机、智能坦克、智能导弹、智能地雷等。例如,智能导弹和智能无人机,能够在敌方上空自动搜索、识别、跟踪目标并进行优化处理,并根据目标特征选择最有效的打击方式。

(三)网络化

信息化装备就是利用信息网络将单件武器装备连接成为一个具有互联互通操作能力的大系统。在信息技术大发展的今天,由电缆、光缆、无线电台和卫星等各种通信电子设备构成的"信息公路",密布于陆上和地下、海上和水下、天空和太空等各种空间,这些"信息公路"连接在一起,就构成了一个无缝链接、无所不在的信息网络。这个信息网络,把分散在世界各地、部署于陆海空天的各种指挥体系和武器系统连接在一起,形成综合集成的作战大系统。无论坦克、舰艇、飞机和卫星怎样分散部署,无论这些武器身在何处,只要想用它来打仗,都能做到随时调用,指哪儿打哪儿。

(四)一体化

一体化包括两个方面的内容:一是功能上的一体化,即过去由几件装备遂行的作战职能,现在由一个武器系统来完成。例如,一台装甲步战车往往集成机关炮、并列机枪、反坦克导弹、通信电台等数种设备。二是结构上的一体化,即通过综合电子信息系统,把战场上各军兵种的武器装备联为一体,使各种作战力量紧密配合、协调行动,提高整体作战效能。例如,C^4KISR① 就是一个典型的集指挥、控制、通信、计算机、杀伤、情报、监视和侦察于一体的综合电子信息系统。值得注意的是,现代战争是体系与体系的对抗,不再是空中对空中、海上对海上、陆地对陆地的单一军兵种作战,而是通过信息系统将诸军兵种作战要素融合为一个有机的整体与另一个整体的对抗。因此,形成整体作战体系,是信息化装备的重要特点和发展方向。

二、信息化装备的发展历程

要完整地、系统地认识一个事物,通常要从事物的源头开始。了解信息化武器装备的发展历程,可以加深对信息化武器装备本质的认识,增进对信息化武器装备发展规律的理解。信息化武器装备的发展与信息技术的发展密切相关,按其功能特点,大致经历了四个时期。

(一)萌芽发展时期

这一时期大约从电报发明开始到第一次世界大战结束。信息化武器装备萌芽于电报的产生及其战场运用,从有线电报电话跨越到无线通信,人类就将作战空间扩展到了电磁空间。电子战作为信息化战争的早期作战样式,对敌电子干扰行动最早发生于 1904 年的日俄战争期间。据记载,1904 年 4 月 14 日凌晨,日本装甲巡洋舰"春日"号和"日进"号炮击了俄国在旅顺港的海军基地。一些小型的日本船只观测弹着点,并用无线电报告射击校准信息。在岸基无线电台上的一名俄国操作员听到了日本信号,并意识到其重要性,立即用火花发射机对它进行干扰。结果,日本炮击只造成了很小的损害和伤亡。这一时期电子对抗形式主要是无线电侦察和干扰两种,限于技术水平,无线电侦察成为当时主要的电子战方式。

(二)单一功能发展时期

这一时期指从第一次世界大战到第二次世界大战结束。许多现代意义的信息化武器装备开始出现,并伴随着战争迅速发展,如声呐、雷达、光学成像器材、无线电导航设备等信息感知定位装备都在这一时期产生。20 世纪 30 年代,英、法、德、美开始进行雷达研究。英国于 1937 年在其东南沿海建立了 20 个对空情报雷达站,为对付德军的空袭提供早期预警。由于雷达的贡献,在飞机数量上占劣势的英国挫败了德国空军的进攻,为扭转

---

① C^4KISR 系统:指包括指挥(Command)、控制(Control)、通信(Communication)、计算机(Computer)、杀伤(Kill)、情报(Intelligence)、监视(Surveillance)、侦察(Reconnaissance)等功能的军事指挥控制系统。

战局发挥了重要作用。第二次世界大战时,还出现了野战电话机、交换机、电传打字机、传真机和调幅调频无线电台等通信设备,它们虽然功能单一、性能落后,但在战场上发挥了不可估量的作用,表现出了巨大的发展潜力。

(三)系统发展时期

这一时期指从第二次世界大战结束到海湾战争,是各种信息化武器装备快速发展的时期。主要经历了以下阶段:

(1)第一台电子计算机的发明开辟了信息处理的新时代。

(2)各种信息感知装备飞速发展。自20世纪50年代起,红外照相机、红外夜视仪、微光夜视仪和激光测距机先后装备部队,红外制导技术、声呐技术、雷达技术快速发展。

(3)航天技术的发展,出现了天基信息平台。1957年,苏联成功发射了第一颗人造地球卫星,1961年,美国成功发射了第一代照相侦察卫星"萨莫斯"-2号。1965年,美国发射了"晨鸟"国际通信卫星1号,苏联发射了"闪电"1号,天基信息传输平台进入实用阶段。

(4)20世纪60年代以后,数据网和计算机网用于军事信息传输,提高了通信的自动化水平与快速反应能力。

(5)信息化弹药开始大量应用于战争。第二次世界大战时期,导弹开始出现,20世纪50年代以后,导弹开始进入大规模发展时期,各种制导方式开始应用。1972年,美国在越南战争中大量使用了激光和电视制导炸弹。20世纪70年代以后,信息技术的发展使小型化、低成本、高精度的制导系统研制成功,巡航导弹重新得到发展。海湾战争中,精确制导武器得到广泛应用,以美军为首的联盟军队共投放了17162枚精确制导炸弹,占整个投放量总吨重的10.9%,占发射导弹总数的7.6%。而根据专家们计算,一枚精确制导炸弹可替代30多枚普通型炸弹。

(6)军事电子信息系统建设开始起步。这个时期是各信息化装备电子信息系统的形成和完善时期,作战方式开始由单纯依靠武器装备的火力和机动力向信息化火力和机动力转变。这个阶段的一系列战争实践,如越南战争、第四次中东战争、英阿马岛战争、以叙贝卡谷战役、美军空袭利比亚、海湾战争等,使信息化武器装备大显神威并得到战争检验。各种军事电子信息系统的作用日益增大,电子战成为夺取战场优势的先导,信息战和网络战思想开始萌芽。但也暴露出了一些问题,如信息流通不畅,各个系统"烟囱林立"彼此缺乏互联互通机制,形成一个个相对闭塞的"信息孤岛"。

(四)体系发展时期

这个时期是由分散的武器装备系统向综合一体化武器装备体系迈进的重要阶段。海湾战争以后,信息化武器装备体系发展主要体现在以下几个方面:

1. 军事信息系统一体化

一体化的 C^4ISR 系统①是实现信息化武器装备系统综合集成的重要前提。从1989年

---

① C^4ISR 系统:是美军军事信息处理系统,又称信息通讯指挥攻击系统,涵盖指挥、控制、通信、计算机、情报、监视和侦察等方面,以信息化作战平台为依托,是现代军队的神经中枢。

开始,美军对其"烟囱"式的军事信息系统进行改革,重点发展一体化军事信息系统。1992年,美国参谋长联席会议推出了"武士"C^4I计划①。C^4I系统将战场信息获取与信息处理、传输和应用结合为一体,并隐含有电子战、信息战的功能,形成了完整的综合电子信息系统的概念。在阿富汗战争中,美军开创了利用无人侦察机实施火力打击的先例,使原有的指挥控制系统首次具备了杀伤的功能,形成了新的C^4KISR系统。

2. 新型国防信息基础设施网格化

2001年,美军提出全球信息网格(Global Information Grid,GIG)概念,又称全球信息栅格。GIG试图把网上所有的资源全面联通,从所有的行动地点(包括基地、哨所、兵营、站、所、机动平台和部署地点等)获取各种能力,为联军、盟军和非国防部等各种用户和系统提供接口,使计算机、传感器、作战平台等各类作战要素融入信息网格并互联互通,从而彻底改变各类指挥系统和武器平台各自为战的现象。在2003年的伊拉克战争中,GIG第一阶段建设的成效开始显现,包括后勤人员在内的30万大军的行动,已经表现出较强的协同性和适应性。

3. 武器装备作战平台信息化、无人化、智能化

各国普遍大力推进作战平台的信息化建设,一方面对传统作战平台实施信息化改造,另一方面研发和列装新型信息化、无人化、智能化装备。与新研相比,信息化改造效费比高、周期短、战斗力升幅大,受到各个国家的普遍重视。通过对传统机械化作战平台进行信息化改造,作战平台具有了高防护、远航(射)程、高机动性和高隐身性能,具备了对战场信息的获取、传递、处理、再生和应用等一种或几种信息能力,成为了C^4I系统②的一个作战节点。例如,信息化改造后,美军M1A1坦克的进攻能力提高了54%,抗毁伤概率提高了1倍;AH-64攻击直升机的杀伤力提高了4.2倍,抗毁性提高了7.2倍,总体作战能力增长了16倍。同时,各国加大武器装备科研创新力度,各类无人化、智能化作战平台开始出现并投入陆、海、空多维战场。美国的XQ-女武神、俄罗斯的S-70、英国的米雷电之神等无人机,美国的Hunter WOLF和TRX、英国的"黑骑士"等各类无人战车、作战机器人竞相亮相,在阿富汗战争、伊拉克战争、俄乌冲突、巴以冲突等局部战争和地区冲突中作用发挥越来越明显,对作战样式产生了深刻影响。

4. 武器装备体系构成网络化

作战理论创新牵引武器装备发展。美军网络中心战理论的提出,加速了信息化武器装备体系向网络化发展的趋势。2001年7月,美国国防部向国会呈交的一份网络中心战的报告,系统阐述了网络中心战的概念及发展思路。在阿富汗战争和伊拉克战争中,美军对网络中心战进行了一定程度上的检验,其表现更加坚定了美军推行的信心。伊拉克战争后,美军加紧推进C^4KISR系统、GIG系统和新型作战平台的信息化建设,加大关键技术的投资力度,网络状的信息化武器装备体系建设已经成为美军未来军事转型的物质基础。近年来,世界各国都在大力消除各军兵种间的壁垒,加速推进武器装备体系的网络互联互通。

---

① 武士C^4I计划:美军制定该计划旨在建立四个军种共同的一体化C^4I系统,以应对海湾战争中暴露出的军事信息系统缺陷。

② C^4I系统:代表了指挥、控制、通信、计算机、情报5个领域的集成,在现代军事领域,是实现战场信息化、网络化、一体化的重要手段。

三、信息化装备的分类及发展趋势

（一）信息化装备的分类

信息化装备是以计算机技术为核心，以信息技术为基础的一体化的作战系统，主要包括信息化作战平台、综合电子信息系统和信息化杀伤武器等。

信息化作战平台，是指装有大量电子信息设备，以信息和信息技术为核心的坦克、步战车、火炮、导弹发射车、飞机、舰艇等武器载体，是 C^4KISR 所依托的平台。它包括地面作战平台、水面（下）作战平台和空中作战平台等，是综合电子信息系统的节点，是发挥打击威力的重要物质基础。

综合电子信息系统，即 C^4KISR 系统。它是在信息化战争环境中，为诸军兵种联合作战提供信息作战能力与优势的系统。在信息化战争中，传统的集中兵力被在关键时间和地点精确集中战斗力所替代，信息化成为制胜的关键。综合电子信息系统则是信息化的关键，是双方必争的制高点，是战斗力的倍增器。

信息化杀伤武器，通常可分为硬杀伤性信息化武器、软杀伤性信息化武器，以及兼具软硬杀伤效能、正在研制发展中的新概念武器。硬杀伤性信息化武器装备，主要是指在信息系统支持下采用硬杀伤手段破坏、杀伤、摧毁武器装备、设施和人员的武器。软杀伤性武器装备，是指不直接摧毁敌方目标，但能够使其失效或效能降低的信息化武器装备。信息化武器，主要包括各种类型的精确制导武器、核生化武器以及不断出现的新概念武器。

（二）信息化装备发展趋势

进入 21 世纪以来，随着各种高新技术的快速发展、交叉渗透和综合运用，武器装备发展呈现出一体化、多元化、隐身化、智能化、无人化等新走向，使装备构成和作战效能发生了质的飞跃。

1. 一体化

近几场局部战争充分证明，现代作战是系统与系统、体系与体系的对抗，传统的单车对抗、单舰搏杀、单机格斗逐渐退出历史舞台，单件武器性能再好，若不能形成体系力量，也难以在对抗中取胜。单件武器装备和单个作战单元能否融入一体化作战体系，能否发挥整体作战效能，是评价军队作战效能的基本标准。例如，在科索沃战争中，美军的 F－16 战斗机具有电子战飞机、空中预警机等特种作战飞机和指挥信息系统的配合；相反，南联盟的米格－29 战斗机单机性能并不逊色，但由于孤立作战，只能沦为 F－16 战斗机的靶子被屡屡击落，甚至连寻求空中格斗的机会都没有。

2. 多元化

各国在发展武器装备上，更加注重武器平台的一专多能，力求将发现、跟踪、识别、打击等多种能力融为一体，提高武器装备遂行多样化任务能力。多能化能够显著提高作战效率，大幅降低整体成本。例如，在空中武器装备发展中，作战飞机正向集歼击、轰炸、侦察、电抗于一体的方向发展；海军舰艇等武器装备，也向具备多种打击能力、高防护性一体化发展。

3. 隐身化

现代战争侦察监视和精确打击能力不断增强,高隐身性、高机动性成为武器装备提高战场生存能力的主要途径。通过运用各类隐身技术降低武器装备的信号特征,能够有效降低被敌方的声、光、电子、雷达、红外等侦察设备发现、跟踪、识别和攻击的可能性。当前,世界各国都高度重视发展隐身技术,在结构隐身、材料隐身和辐射噪声隐身方面有了新的突破和发展。

4. 智能化

建立起高度可控的新型智能系统,将极大地提高武器装备的作战效能。随着计算机及智能技术的发展,越来越多的武器装备具有了高度智能化的特征。例如,具有智能化的精确制导武器,可以"有意识"地自主搜索、发现、识别、攻击高价值目标,能够在很短时间内完成对目标的发现和摧毁,还能够区分真假目标及其型号,筛选、判断和有选择地攻击敌方目标的薄弱环节和易损部位,达到"命中即杀伤"。在伊拉克战争中,美英联军所用的炸弹90%都是智能炸弹。随着人工智能等技术的发展,智能化武器装备正迎来新的发展高峰。

5. 无人化

现代战场,具有智能化和独立战斗能力的无人作战系统,可以替代人的进攻与防御。目前,无人作战系统从微型无人机到无人作战飞机、无人作战坦克、无人潜艇、作战机器人等,能够在各类恶劣的战场环境中执行多样化作战任务,具有持续作战能力强、无人员伤亡和被俘等优点,具有更高的成本优势,因此备受各国青睐,并对战争面貌、作战样式产生深远的影响。例如,大规模无人机集群作战,无论是运用于进攻还是防御,都能够发挥出惊人的作战效能。

思 考 题

1. 信息化装备的概念是什么?
2. 信息化装备的特征有哪些?
3. 信息化装备的发展历程是什么?
4. 信息化装备的分类有哪些?
5. 信息化装备的发展趋势包括哪些?

第二节　信息化作战平台

信息化作战平台是指装有大量电子信息设备,以信息技术为核心的坦克、火炮、飞机和舰艇等武器载体,是综合电子信息系统依托的平台。信息化作战平台集侦察、干扰、欺骗和打击功能于一体,既可实施战场探测,为精确打击和各种战场行动提供目标信息,还可实施信息攻防作战,是信息化战争的物质基础。

一、信息化陆战平台

陆战武器通常是指陆军实施战斗行动所采用的武器。现代陆军已经发展成为步兵、装甲兵、炮兵、陆军防空兵、陆军航空兵、工程兵、通信兵、防化兵、电子对抗兵、侦察兵、特种部队等多兵种组成的合成作战力量。陆战武器装备的种类也越来越多、分工越来越复杂,以一个陆军中型合成旅为例,往往包括不同专业用途的数十类、上百多个型号大型装备车辆,以及数十种便携式武器,其他各类兵种旅装备更是种类繁多。以下仅择要介绍几种典型的信息化陆战平台。

(一)坦克

坦克,是具有强大的直射火力、高度越野机动性和很强的装甲防护力的履带式装甲战车,是地面作战的主要突击兵器,因其卓越的战场表现被誉为"陆战之王"。它主要用于与对方坦克或其他装甲车辆作战,也可压制、消灭反坦克武器、摧毁工事、歼灭敌方有生力量,具有重型、中型、轻型等多种类型,是装甲车辆的基本车种之一。目前世界上先进的坦克主要包括美国的M1A2、俄罗斯的T-14、英国的"挑战者-2"、法国的"勒克莱尔"、德国的"豹-2"(见图5-1)、中国的99A等。

图5-1 德国"豹-2A7"主战坦克

(二)自行火炮

由于火炮可以在任何地形、全天候、昼夜条件下提供猛烈而持久的火力,所以在数百年的发展历史中一直备受青睐,在传统的地面战争中称为"战争之神"。现代火炮已经基本实现自行化,自行火炮越野性能好,进出阵地快,多数具有装甲防护,战场生存能力强,有些还具有水陆两栖作战能力。在信息化战争中,自行火炮作为地面进攻和防御火力的基本手段仍将占有重要的地位,并继续发挥重要作用。目前,世界上典型的自行火炮系统主要有美国的"帕拉丁"M109A6型155毫米自行火炮(见图5-2)、俄罗斯2S19型152毫米自行火炮、法国"凯撒"155毫米轮式自行火炮、中国05A式155毫米自行火炮等。

图 5-2　美国"帕拉丁"M109A6 型 155 毫米自行火炮

(三)武装直升机

武装直升机通常是指用来突击地面目标的攻击直升机,多配属于陆军航空兵,主要用于攻击地面、水面和水下目标,为运输直升机护航,有的还可与敌方直升机进行空战。武装直升机具有机动灵活、反应迅速、适于低空、能在运动和悬停状态开火等特点,是陆军航空兵实施直接火力支援的主要航空器。世界现役典型武装直升机有美国的 AH-64D"阿帕奇"(见图 5-3),俄罗斯的米-28N、卡-52,欧洲的"虎",意大利的 A-129"猫鼬",中国的武直-10 等。

图 5-3　美国 AH-64D"阿帕奇"武装直升机

二、信息化海战平台

海战武器装备系统大致可以分为潜艇、水面舰艇、海军飞机、海军陆战队装备和岸防装备五大分系统。从作战平台的特点及其使用性质来划分,现代海战武器装备系统主要由舰艇和海军飞机构成。其中,舰艇包括水面舰艇和潜艇,海军飞机包括舰载和岸基飞机与直升机。主要水面舰艇可分为航空母舰、巡洋舰、驱逐舰、护卫舰、快艇、巡逻舰艇、两栖战舰艇、水雷战舰艇和支援保障舰船;潜艇可分为战略导弹核潜艇、攻击型核潜艇、常规潜艇等。

(一)航空母舰

现代航空母舰是以舰载机为主要武器并作为其海上活动基地的大型水面战斗舰艇,是整合通信、情报、作战信息、反潜反导装备及后勤保障为一体的大型海上作战平台。按动力,分为常规动力航空母舰和核动力航空母舰;按排水量,分为大型航空母舰(6万吨以上)、中型航空母舰(3万~6万吨)和小型航空母舰(3万吨以下)。它主要用于攻击敌舰船,袭击基地、港口设施和陆上目标,夺取作战海区的制空权和制海权,支援登陆和抗登陆作战等。航空母舰是海军水面作战力量的核心,拥有航空母舰的海军通常围绕航空母舰进行作战编成。配备的舰载航空兵联队拥有战斗机、攻击机、预警机、电子战飞机、反潜飞机等各种飞机。现役比较典型的航空母舰有美国的"福特"级(见图5-4)、"尼米兹"级、俄罗斯的"库兹涅佐夫"、英国的"伊丽莎白女王"级、中国的"辽宁舰""山东舰""福建舰"等。

图5-4 美国"福特"级航空母舰

(二)驱逐舰

驱逐舰是装有导弹、舰炮、鱼雷、深水炸弹和直升机等武器系统,具有多种作战能力,能在中远海机动作战的中型水面战斗舰艇,是大多数国家海军的主力舰种。驱逐舰分为防空型驱逐舰、反潜型驱逐舰和多用途型驱逐舰等,通常满载排水量4000~9500吨,也有少数排水量超过1万吨的驱逐舰。驱逐舰主要用于攻击敌水面舰船和潜艇,担负己方舰艇编队的防空和反潜,以及护航、侦察、巡逻、警戒、封锁、搜索和救援,支援登陆和抗登陆作战等任务。目前,世界先进的导弹驱逐舰包括美国的"朱姆沃尔特"(DDG-1000)级(见图5-5)、"阿利·伯克"级驱逐舰、韩国的世宗大王级驱逐舰、日本的爱宕级驱逐舰、中国的055型驱逐舰等。

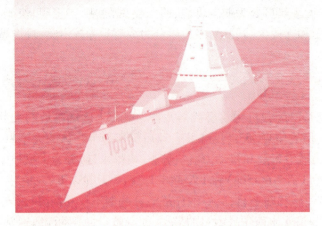

图 5-5　美国"朱姆沃尔特"(DDG-1000)级驱逐舰

(三)护卫舰

护卫舰是装有导弹、舰炮、鱼雷、深水炸弹和直升机等武器系统,能在近、中海机动作战的中小型水面战斗舰艇,又称巡防舰,较小型的护卫舰称巡逻舰,主要用于舰船编队护航,担负反潜、防空,以及巡逻、警戒、侦察、支援登陆和抗登陆作战等任务。护卫舰分为防空型护卫舰、对海型护卫舰、反潜型护卫舰和多用途护卫舰等。通常满载排水量 600~5000 吨,其中,500~1500 吨的称为轻型护卫舰,1500~3000 吨的称为中型护卫舰,3000 吨以上的称为大型护卫舰。当前,比较典型的护卫舰有俄罗斯的"戈尔什科夫"级、法国的 FREMM(见图 5-6)、德国的"萨克林"级、中国的 054A 型护卫舰等。

图 5-6　法国 FREMM 多任务护卫舰

(四)两栖舰艇

两栖舰艇是专门用于登陆作战的舰艇的统称,主要任务是输送登陆兵、登陆工具、战斗车辆、武器装备和物资,指挥登陆作战,并可为两栖作战提供火力支援。两栖舰船包括两栖攻击舰、登陆舰、运输舰等,其中最主要的是两栖攻击舰,又分攻击型两栖直升机母舰和通用两栖攻击舰两大类。攻击型两栖直升机母舰,排水量都在万吨以上,可运载 20 余架直升机或短距垂直起降战斗机,可利用直升机输送登陆兵、车辆或物资进行快速垂直登陆,在敌纵深地带开辟登陆场。通用型两栖攻击舰是一种综合多用途大型两栖舰,排水量数万吨,几乎与中型航空母舰差不多。它将各种两栖舰艇的优势集于一身,是最具发展前景的两栖舰艇。比较典型的两栖攻击舰有美国的 LHD"黄蜂"级、"USS America"(LHA-6)级(见图 5-7)、韩国的"独岛"级、日本的"出云"级、中国的 075 型等。

图 5-7 "USS America"(LHA-6)级两栖攻击舰

(五)潜艇

潜艇,是用于水下活动和作战的战斗舰艇。按作战任务,分为战略导弹潜艇和攻击潜艇;按动力,分为常规动力潜艇和核动力潜艇。战略导弹潜艇,又称弹道导弹潜艇,以核能为推进动力,以潜地弹道导弹为主要武器,用于对敌方陆上军事、政治、经济中心等战略目标实施核突击,是国家战略力量和核打击力量的重要组成部分。攻击型潜艇是在水下进行作战活动的舰艇,有常规动力和核动力之分,主要用于攻击敌大、中型水面舰船和反潜作战,攻击敌陆上重要目标,破坏敌海上运输线,并能执行侦察、布雷、救援和遣送特种人员登陆等任务。配载的武器有巡航导弹、鱼雷、水雷等,有的潜艇还配有防空导弹。目前比较有代表性的攻击型潜艇包括美国的"海狼"级、"弗吉尼亚"级(见图 5-8)、英国的"机敏"级、俄罗斯的"葛兰尼"级核潜艇等。

图 5-8 美国"弗吉尼亚"级核动力攻击型潜艇

三、信息化空战平台

空战武器装备按用途可分为主战装备、电子信息装备和综合保障装备,按兵种结构可分为航空兵装备、地空导弹兵装备、高射炮兵装备、雷达兵装备、电子战装备、空降兵装备等,按担负的作战任务可分为航空武器装备、地面防空武器装备和保障装备。航空武器装备又分为军用飞机、机载武器;地面防空武器装备可分为高射炮、地空导弹和弹炮结合防空武器;保障装备包括指挥信息系统、雷达、通信装备、电子对抗装备、导航装备、航空气象与测绘装备、空降装备、技术与后勤保障装备等。这里重点介绍以下几种军用飞机。

(一)轰炸机

轰炸机是一种专门用于向地面、水面、地下、水下目标投放大量弹药的飞机,具有突击力强、航程远、载弹量大等特点,是航空兵实施空中突击的主要机种。现代轰炸机装备的机载武器包括空地导弹、航空炸弹、航空鱼雷等,可在敌防空火力圈外实施轰炸突击。机上装备先进的火力控制系统,以保证轰炸机具有全天候轰炸能力和很高的命中精度。轰炸机按遂行任务范围分为战略轰炸机和战术轰炸机。战略轰炸机一般是指用来执行战略任务的中、远程轰炸机,主要用于攻击敌方城市和工厂等战略目标。战术轰炸机体型较小,主要用于攻击武装部队和辎重。图5-9所示为美国B-2A隐身轰炸机。

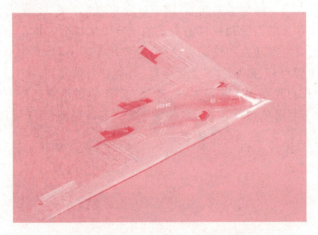

图5-9 美国B-2A隐身轰炸机

(二)预警机

预警机是空中预警飞机或空中预警与指挥飞机的简称,用于搜索、监视空中或海上目标,指挥引导己方飞机遂行作战任务。由于受地球曲率的影响,安装在地面或海面的雷达探测范围极其有限,而将雷达安装在空中平台上,将显著扩大雷达对地面和海面目标特别是低空与超低空飞行目标的探测范围。因此,在第二次世界大战中,美国开始发展预警机,并于1944年研制出世界第一架海军用舰载预警机TBM-3W。战后,美国、英国、苏联等国相继研制出多种预警机。1982年6月,以色列空军在E-2C预警机的指挥下,动用90架飞机,在两天的时间内,击落了叙利亚79架飞机,摧毁了19个导弹营,自身仅损失少量飞机,充分证明了现代作战中预警机的重要作用。目前世界上有代表性的预警机主要有美国的E-3A、E-2C,俄罗斯的A50,以色列的"费尔康",中国的空警-600(见图5-10)等。

图5-10　中国的空警-600预警机

(三)战斗机

战斗机,又称歼击机,主要用于夺取制空权,多用于执行空战任务,兼有一定的对地攻击打击能力。战斗机配备的武器以空空导弹为主、航空机关炮为辅,并装备有先进的综合火力与飞行控制系统。机载火控雷达具有远距离探测目标的能力;在电子干扰条件下,还会配备光电搜索跟踪系统;火力系统同时还承担着对空空导弹的制导任务;夜间作战的战斗机还装有红外夜视导航、瞄准设备。战斗机一直是各国空军重点装备的机种,其性能水平和作战方式不断演变。随着航空技术的不断发展,现代战斗机已经发展到以4S为标志的第四代[①],能执行制空作战、防空截击、纵深遮断和近距空中支援等多种任务。典型的第四代战斗机主要有美国的F-22A(见图5-11)、F-35,中国的歼20A,俄罗斯的T-57等。

图5-11　美国F-22A战斗机

---

①　战斗机划代有西方、苏联两个体系,其中西方体系的第四代等同苏联体系的第五代。此处采用西方体系的第四代战斗机的标准,通常称为4S标准,因为这四个标准的英文单词都以S开头,即Super Maneuverability,Supersonic Cruise,Stealth,Superior Avionics for Battle Awareness and Effectiveness,也就是超机动能力、超声速巡航、超隐身能力、超视距攻击。

(四)侦察机

侦察机是专门用于从空中获取情报的军用飞机,是现代战争中主要侦察工具之一。侦察机上装有各种侦察设备,如航空照相机、雷达、摄像机、红外、电子侦察设备等,有的还装有实时情报处理设备与传递装置。部分侦察机上还装有武器,用于自卫和进行攻击。侦察机按遂行任务范围可分为战略侦察机和战术侦察机。战略侦察机是为战略决策而搜集敌方的战略情报的专用飞机,其特点是飞行高度高、航程远,能从高空深入敌方领空对军事目标、核设施、导弹基地等重要目标实施战略侦察。战术侦察机是对战场和战区目标实施侦察的飞机,多利用战斗机加装侦察设备而成,其主要任务是对敌纵深300～500千米范围内的兵力布置、火力配置、地形地貌以及对敌攻击效果等进行侦察,获取战役战术情报,以协助战役指挥员了解敌情和制定作战计划。典型的侦察机有美国的U-2高空高速侦察机(见图5-12)、SR-71"黑鸟"战略侦察机(已退役),俄罗斯的米格-25R侦察机等。

图5-12 美国U-2侦察机

四、信息化作战平台发展趋势

未来战争中,信息化作战平台不仅自身将成为高生存力的重要网络节点,而且担负着保证己方其他关键节点安全和摧毁敌方网络节点的重任,呈现出一体化、无人化和隐身化发展趋势。

(一)一体化成为信息化作战平台建设的基本要求

现代作战是体系与体系的较量,信息化装备已由各军兵种分散、独立发展走向互通、兼容,抛开体系作战能力单纯比较单件装备的性能参数,并以此认识装备的战斗力往往只能盲人摸象,融入并形成整体作战体系,成为信息化作战平台建设的重点。近几场战争中,美军一体化的精确定位打击系统、联合监视与目标攻击雷达系统、超智能监视和目标截获系统等,均采用多种先进信息装备与C^4KISR系统的各功能组合,把战场目标的侦察定位、数据处理、情报传输和指挥引导火力攻击组成一个有机的整体,发挥出传统作战无法比拟的体系优势。

(二) 无人化是信息化作战平台发展的一个显著趋势

无人作战系统因人员伤亡率低、功能齐全、费效比高受到世界各国重视而大力发展，并在侦察监视、通信指挥、精确打击、特种作战等方面得到广泛应用。无人驾驶的智能化坦克、飞机和舰船必将规模化地投入战场。无人机在战争中已经发挥了重要的作用，众多类型不同、功能各异的机器人也将投入战场。随着智能化无人技术的发展，各军事强国加紧形成完备的无人作战体系，大中小型结合、远中近程搭配，可执行监视、侦察、打击、特种作战、战场保障等作战任务。美国把无人作战系统技术视为未来美军五大技术支柱的核心，认为未来由无人机实施的远程火力打击将是美军全球力量投送的主要手段之一。在不久的将来，无人作战系统将会深刻地改变战争面貌和作战样式，甚至在军事领域产生革命性、颠覆性的影响。

(三) 隐身化是信息化作战平台追求的重要目标

隐身化的实质是降低目标自身的声、光、电磁、红外特征，从而降低被敌探测装备侦察发现的可能，提高平台的生存能力和突防能力。当前，隐身技术已经扩展到飞机、导弹、舰船、装甲车辆、水雷等各类武器装备，隐身武器正朝着多兵种、全方位、更隐蔽的方向发展。新一代战机均采用了超扁平化布局设计，进一步拓展隐身的频段范围，提高战机全面隐身能力；新一代水面舰艇及潜艇采用全新隐身设计，如采取集成桅杆增强雷达隐身，应用新型推进系统减少噪声信号，采用低红外辐射的燃料电池系统降低红外辐射等，以提升战场生存能力；新概念装甲车辆在外形、材料、发动机等方面进行技术创新，全面对抗声、光、红外等侦察手段。

思 考 题

1. 信息化陆战平台的种类有哪些？
2. 信息化海战平台的种类有哪些？
3. 信息化空战平台的种类有哪些？
4. 信息化作战平台的发展趋势有哪些？

第三节 综合电子信息系统

综合电子信息系统是为诸军兵种联合作战提供信息作战能力的一体化军事信息系统，是信息系统与武器系统、保障系统等各系统的黏合剂，是形成整个武器装备体系的纽带，涉及战略级、战役级、战术级等多个作战指挥层次。综合电子信息系统包括对各种武装力量的综合、对各种电子信息系统手段的集成，其主要目的是全面提高军队的信息作战能力、信息业务支持能力、武器装备体系集成能力，建立整体最优的大系统，从而提升整体作战效能。

一、综合电子信息系统分类

综合电子信息系统由预警探测、情报侦察、电子对抗、导航定位、通信联络、指挥控制、综合保障等多个分系统综合集成。以下择要介绍几种。

(一)预警探测系统

预警探测系统通过一系列传感和遥控探测手段,发现、定位和识别对己方军事安全构成威胁的陆海空天目标,确认其具体威胁对象,监视其当前行动路线,预测其未来运动方向,发出警报信号,为己方抗击或打击敌方目标提供相应情报和反应时间。目前,美军具有多层次、全方位、世界最先进的预警探测系统,该系统由天基预警卫星、空中预警机、陆基和海上预警系统组成。俄罗斯的预警探测系统,由空间预警探测系统、防空预警探测系统、弹道导弹预警探测系统和舰载预警探测系统等组成,形成了由导弹预警卫星、大型雷达站、预警机组成的多功能预警探测网。

(二)情报侦察系统

情报侦察系统主要是航天、航空、地面、海上侦察系统等,侦察领域包括目标和信号侦察。航天侦察主要由雷达成像卫星、光学成像卫星、信号情报卫星和海洋监视卫星组成。航空侦察以战略侦察机、战术侦察机、无人侦察机侦察作为主要手段。地面侦察以使用各种类型的侦察车为主,其侦察装备主要包括战场侦察雷达、红外传感器、高分辨率电视、激光测距机等。海上侦察系统主要由侦察船、蛙人输送艇、微型潜艇及侦察潜艇等组成。

(三)电子战系统

电子战系统是把单个或多个作战平台上的不同种类、不同型号、不同频段、不同用途的电子战装备,有机组合成一个完整的、通用的多功能电子战系统。电子战系统可以适应电子对抗领域协同作战、系统和体系对抗的发展要求。以美军电子战系统为例,美国空军除了拥有专用电子战飞机外,在其他各型作战飞机上也广泛配置了自卫式的电子战系统,具有强大的电子战能力;美国海军的电子战系统主要是由舰载电子战系统和机载电子战系统组成,舰载电子战系统主要用于探测和干扰反舰导弹、干扰雷达,海军机载电子战系统主要用于自卫作战;美国陆军现已具有对整个电磁频谱范围内的信号进行有效侦察、分析和干扰的能力。

(四)通信联络系统

通信联络系统是军队为实施指挥,运用通信工具或其他方法进行的信息传递系统,是军队战斗力的要素之一。现代战争广泛应用高技术兵器,作战空间广阔,部队高度机动,作战样式转换频繁,军事信息量大,电子斗争激烈,这些因素大大增加了军队指挥对通信联络系统的依赖。现行通信系统可分为战略通信系统和战术通信系统,主要通信传输手段为依托卫星和光缆组成的自动电话网、自动密话网和自动数据网等。

(五)指挥控制系统

指挥控制系统以电子计算机技术为核心,综合运用现代科学技术和设备,集侦察、监视、情报、指挥、控制、通信等于一体,形成一个多功能的统一系统。指挥控制系统主要由信息获取、信息处理、信息传输和综合控制这四个分系统构成。信息获取系统,是由遍布陆海空天的各种侦察与监视平台以及各类传感器组成的情报信息获取应用系统;信息处理系统,是借助输入输出设备和计算机系统对获取的各种情报信息进行整理、管理和更新的系统;信息传输系统,是保证信息通过各种信道、交换设备和通信终端,实现迅速、准确、保密和不间断传输的系统;综合控制系统,是确保对各作战单元进行精确控制的系统,包括精确计算、作战模拟、决策支持和实时控制等,是指挥控制系统的核心。

二、综合电子信息系统对作战的影响

综合电子信息系统是现代战争的耳目、神经和大脑,是信息化战争的中流砥柱和基础支撑。其对现代作战的影响集中体现在以下方面。

(一)提高反应速度

现代战争在综合电子信息系统的支撑下,作战节奏骤然加快,谁能够在最短时间内搜集情报、定下决心并组织部队投入战斗,谁就能赢得主动权并取得战争胜利。综合电子信息系统可以大大缩短作战准备时间,加速决策过程,提高作战指挥的时效性,使指挥员做出快速反应。可以说,综合电子信息系统是确保快速反应的基本保证,其系统效能的高低极大地影响着军队战斗力高低和战争胜负。正是在综合电子信息系统的支撑下,战争开始以天、小时甚至是分钟计。例如,在以色列和黎巴嫩战争中,以军在预警机和电子干扰机的支持下,不到6分钟就摧毁了叙利亚贝卡谷地19个导弹阵地,同时还在其后的空战中取得了击落叙利亚29架作战飞机自身无一伤亡的战绩。

(二)实现精确控制

现代作战参战各军兵种类别多样、协同复杂,各类装备数量类别多,既自成体系又相互配合,要实现对所有参战部队、装备的精确指挥控制和协同联动,必须依靠综合电子信息系统。正是依托综合电子系统,作战指挥机构才能实时了解情况和进行指挥控制,判定打击效果。例如,在海湾战争中,E-3A预警飞机装有功能齐全的指挥、控制和预警设备,在9000米高空飞行时,机载三坐标雷达能探测到500~650千米范围内的高空飞机、300~400千米范围内的低空飞机和270千米范围内的巡航导弹,可同时发现、掌握600个目标,并对其中200个重点目标进行识别定位,指挥引导数十架飞机作战。随着技术发展,面对日益精良的武器装备,传统的指挥手段只能望洋兴叹,只有综合电子信息系统才能使其真正发挥作用。

(三)提升指挥效率

科学的进步,使武器系统及其支援、保障系统越来越复杂,专业分工越来越细,各武器系统、诸军兵种部队等作战要素之间的协调配合更加紧密,汇集于作战指挥系统中的信息量急剧增加,其传递和处理任务异常艰巨,对作战指挥的效益提出了极高的要求。如果没有高效的综合电子信息系统,必然给指挥员和指挥机构带来难以承受的重荷,严重影响指挥员的科学决策和高效指挥。实现指挥自动化以后,可以把指挥员从繁忙的手工作业中解放出来,集中精力从事创造性的指挥活动,从而确保其实施高效率、高质量的指挥决策。

(四)实现联合作战

综合电子信息系统集信息收集、传递、处理、显示、控制、检查功能于一体,将情报、通信、指挥、控制连接成有机整体,极大地提高了军队联合作战的能力。海湾战争中,以美军为首的多国部队涵盖20多个国家陆军、海军、空军、海军陆战队等诸军兵种,总兵力达78万人,全部依托美军中央总部的协调指挥。在战略空袭阶段,多国部队的战斗机、轰炸机、攻击机、电子战飞机、预警机、电子侦察机和空中加油机等20余种、44个机型的飞机,分别从数十个机场和6艘航空母舰上起飞,对伊拉克上千个目标进行昼夜空袭。在地面进攻中,13个国家的部队密切协同,基本做到按作战计划统一行动,充分发挥了整体作战威力。多国部队之所以能够及时做出有效反应,协调一致地行动,主要得益于其灵活、高效、可靠的综合电子信息系统。

三、综合电子信息系统发展趋势

综合电子信息系统是各国竞相发展的对象,与之相关的技术、装备快速迭代更新,随着大数据、云计算、人工智能等技术的发展,综合电子信息系统在未来必将取得新的更大的突破。

(一)加快推进系统的一体化建设

现代作战是系统对系统、体系对体系的全面对抗,只有综合电子信息系统本身构成完备而严密的整体,才能快速、灵活、高效地组织协调各种作战力量,形成整体作战优势。为此,各国都在加强综合电子信息系统的一体化建设,统一规划、统一标准和统一管理,通过系统硬件和软件的标准化,逐步解决各系统之间的兼容性问题,使各级各类在地理上分散的指挥机构和业务部门甚至相关的民用系统,能够紧密地连接在一起,从而大大提高作战指挥的及时性和有效性,最终实现各军兵种综合电子信息系统之间的网络互联、信息互通和用户互操作,以及陆海空天电网一体化的联合作战行动。

(二)大力提高系统综合抗毁能力

由于综合电子信息系统在现代作战中发挥着中枢神经的作用,已不可避免地成为各种硬摧毁和软杀伤的首选目标,武器装备的信息化程度越高,对综合电子信息系统的依赖程度越大。因此,各国在大力开发电子战装备、反辐射导弹等进攻性信息武器的同时,也想方设法采取措施确保己方的综合电子信息系统不受侵害,如开发雷达对抗、通信对抗、计算机网络对抗和情报密码对抗等电子对抗新技术,积极发展光纤通信、极高频卫星通信和自适应高频通信等抗干扰能力强、保密性能好、机动灵活的信息传输手段,并采取加固、隐身、机动、冗余备份、分散配置、滤波和屏蔽等防护措施,提高综合电子信息系统的抗毁抗扰能力。

(三)提升与各类作战系统的互联

当前,各国在大力推进战略级综合电子信息系统的同时,也更加积极地发展战术综合电子信息系统,并努力实现与作战武器系统的有效互联,以提高作战武器系统的作战效能和攻击精度。这一发展趋势表现为两个方面:一是战术综合电子信息系统向作战单元和火力单元延伸;二是主战武器依托综合电子信息系统向信息化平台扩展,最终实现指挥控制系统与作战武器系统的一体化。如将作战单元或主战装备的信息设备构成一个小的综合电子信息系统,可随时进行侦察探测、目标识别、定位导航等信息处理活动,并通过通信设备加入到上级指挥控制中心乃至全球综合电子信息系统上,及时接收各种作战命令和控制指令,发送各种战场信息和执行结果。

(四)努力实现系统高度的智能化

随着计算机硬件设备的迭代升级、算法的不断演进以及人工智能的发展,自动、高速地进行大量数据计算和信息处理的现代化智能电子设备广泛应用于军事领域,一些生物计算机、光子计算机、量子计算机等新型计算机也开始出现,加速推进着综合电子信息系统向高度的自动化、智能化发展。更加自动化、智能化的综合电子信息系统,将真正实现侦察监视、情报搜集、通信联络、火力打击和指挥控制的无缝链接,成为作战指挥与控制的信息高速公路,更好地确保指挥员近实时地感知战场,定下决心,协调控制部队和武器平台的作战与打击行动,使军队指挥员观察战场和指挥作战的能力大幅提升。

(五)系统作用空间向太空延伸

太空是未来信息化战争的制高点,控制和利用太空已成为综合电子信息系统发展的重点。各类军用卫星将继续高速发展,为支援作战提供更及时、更准确的侦察、预警、通信、导航、气象等信息。在卫星通信方面,各国将大力发展和完善军事战略、战术和中继通信系统,用于指挥控制战略和战术部队,转发从卫星和其他信息源得到的情报信息。在预警和侦察卫星方面,各国将大力研制和部署新一代红外遥感系统、光学成像系统、雷达探测系统等,不断增加系统功能以及监视的范围和精度,提高战术预警和攻击评估能力。

思 考 题

1. 综合电子信息系统的概念是什么?
2. 综合电子信息系统的分类有哪些?
3. 综合电子信息系统对现代作战有哪些影响?
4. 综合电子信息系统的未来发展趋势是什么?

第四节　信息化攻防武器

信息化杀伤武器,按照杀伤性质可分为硬杀伤性武器和软杀伤性武器,硬杀伤性武器对敌方目标具有直接的杀伤、破坏作用,软杀伤性武器则主要对敌方目标和功能起干扰、削弱和压制作用。信息化杀伤武器主要包括各种精确制导武器、核生化武器及新概念武器等。

一、精确制导武器

精确制导武器是指采用精确制导技术,直接命中概率较高的武器,如各类导弹以及制导炸弹、制导炮弹和制导鱼雷等。一般认为直接命中概率达到50%以上的制导武器才能称为精确制导武器。

(一)精确制导武器概述

精确制导武器的出现,是第二次世界大战后军事技术最引人注目的进展之一。各类精确制导武器的迅猛发展、快速列装和广泛应用,对战争进程乃至结局都产生了巨大的影响。

1. 精确制导武器的特点

(1)命中精度高。这是精确制导武器最基本的特征。目前,世界上现役的主要精确制导武器命中概率已超过80%,红外成像导弹的最高命中精度已小于1米。此外,精确制导武器命中概率和精度的提高,特别是首发命中概率的提高,在军事上具有重要意义,因为如能首发命中,敌人就丧失了二次反击的能力。

(2)作战效能高。精确制导武器的效能是用精度、威力、射程、效费比、可靠性、全天候作战能力等主要战术技术性能指标来衡量的。精确制导武器虽然单发(枚)武器成本比较高,但它的作战效益更高。例如,一枚数万美元的反坦克导弹,可以摧毁数百万美元一辆的坦克;一枚10万美元的防空导弹,可以击落几千万美元一架的飞机;数十万美元一枚的"飞鱼"反舰导弹,曾击沉一艘价值2亿美元的"谢菲尔德号"导弹驱逐舰。

(3)射程远。传统的弹药由于没有发动机等动力装置,射程都比较近。导弹出现后,依靠自身发动机使射程大大提高,空防能力显著增强。以飞机之间的空战为例,以前飞机空战都是使用航炮,有效射击距离最多只有几千米,而美国最先进的空空导弹,最远可以打到200千米,完全是超视距攻击。美国的战斧式巡航导弹航程达2500千米,完全在敌防空火力圈以外发射,令对方难以发现和防范。

2. 精确制导武器的制导方式

精确制导武器的制导方式,主要包括自主制导、寻的制导、遥控制导、复合制导等。

(1)自主制导。利用弹载测量装置测定武器内部或外界某些固定的参考基础作为依据,产生控制信号,控制武器按预定的方案(弹道)飞行,直至命中目标。

常用的自主制导方式包括惯性制导、程序制导、地形匹配制导、景象相关匹配制导、星光制导、全球定位系统制导等。自主制导对外界依赖性小,抗干扰能力强,武器射程远,但也有一经发射飞行弹道就不可改变的弊端,主要用于远程精确制导武器(弹道导弹、巡航导弹)的初始飞行段,适合于攻击固定目标。

(2)寻的制导。又称自寻的制导,通过弹上的导引系统(导引头或寻的器)感受目标辐射或反射的能量,自动跟踪目标,导引制导武器飞向目标。寻的制导精度高,但作用距离短,多用于末制导,适合打击运动目标。

(3)遥控制导。通过设在精确制导武器以外(地面、飞机、舰艇)的制导站,来测定目标与武器之间的相对运动参数并形成制导指令,再通过弹上的控制系统,控制武器飞向目标,可分为指令制导和波束制导两大类。指令制导的方式主要有无线电指令制导、有线指令制导和电视制导,波束制导有雷达波束制导和激光波束制导。

(4)复合制导。指在一种武器中采用两种或两种以上制导方式组合而成的制导技术。各种单一制导方式各有其优缺点,若要精确制导武器系统既具有作用距离远、精度高,又具有较强的抗干扰能力,显然依靠单一的制导方式难以实现。因此,先进的精确制导武器及远程精确制导武器系统,往往采取复合制导方式和复合制导系统。

3. 精确制导武器的分类

(1)导弹。指依靠自身动力推进,能控制飞行弹道和轨迹,将战斗部导向并杀伤目标的武器。通常由战斗部、推进系统、控制系统和弹体等部分组成。按作战任务,可分为战略导弹和战役战术导弹等;按弹道特征,可分为弹道式导弹和飞航式导弹等;按射程,可分为近程导弹(1000千米以内)、中程导弹(1000~3000千米)、远程导弹(3000~8000千米)、洲际导弹(8000千米以上)等;按发射点和目标位置,可分为地空导弹、地地导弹、空空导弹、空地导弹、舰舰导弹、舰空导弹和潜地导弹等;按攻击目标,可分为反坦克导弹、反舰导弹、反潜导弹、反卫星导弹、反辐射导弹和反导弹导弹等;按发动机和推进剂的种类,可分为固体导弹、液体导弹和固液导弹等;按发动机装置的级数,可分为单级导弹和多级导弹等。

(2)精确制导弹药。多数自身无动力装置,通常由火炮发射或由飞机投掷,分为末制导弹药和末敏弹药两种。末制导弹药主要有制导炮弹、制导炸(航)弹和制导鱼雷等,有寻的器和控制系统,在其弹道末端能根据目标和弹药本身的相对位置自行修正或改变弹道,直至命中目标。末敏弹药主要是反装甲子母弹,不能自动跟踪目标,也不能改变飞行弹道,只能在可散布的范围内利用其自身的探测器(寻的器)探测和攻击目标。目前,美国、俄罗斯、德国、中国均掌握该技术。例如,美国的"萨达姆"末敏弹的子弹头以4转/分的速度旋转、以9米/秒的速度下降,下降中对地面进行持续的螺旋形扫描,发现目标后向该方向发射出弹丸。

4. 精确制导武器对作战的影响

(1)提高了作战效能。1973年的第四次中东战争中,开战头3天,以军就损失坦克300余辆,其中77%是被埃及的反坦克导弹击毁的。1982年6月,以色列军队在电子干扰机掩护下,使用多种空地精确制导武器对贝卡谷地进行空袭,仅6分钟就一举摧毁叙利亚19个苏制"萨姆"-6防空导弹连阵地。海湾战争中,虽然美军投入的精确制导弹药数量仅占全部弹药消耗量的8%,却摧毁了伊拉克80%以上的重要目标。目前,几乎所有国家都或多或少地拥有水平不等的精确制导武器,精确制导武器已经成了现代战场的主战武器。

（2）改变了作战样式。利用精确制导武器，实施超视距、全天候、多模式和多目标的精确打击，已成为现代作战主要的作战样式。精确制导武器可以同时连续精确地打击整个战场纵深，减少前沿短兵相接，使前后方界线模糊，战场呈现非线性、非接触化。例如，海湾战争中，交战双方兵力超过120万人，坦克8000余辆，装甲车8300多辆，但地面战斗仅约100小时就结束了，且未发生大规模步兵交战和坦克大战，主要原因是伊军的装甲部队被多国部队机载的上万枚反坦克导弹所摧毁。

（3）改变军事力量对比。现代战争表明，精确制导武器正在改变坦克、飞机、大炮、军舰等传统武器装备的军事价值，成为改变战争双方军事力量对比的重要杠杆。精确制导武器与电子战的密切配合，成为决定战争胜负的重要因素，改变军事力量平衡的作用越来越明显。拥有先进的精确制导武器和电子战能力的一方，可以轻易战胜具有数量优势而精确制导武器陈旧落后且缺乏电子战配合的一方。此外，精确制导武器还促进了常规威慑力量的形成，以对点目标的摧毁能力而言，部分精确制导武器的威力已经与小型核武器相差无几。

（二）精确制导武器发展趋势

当前，精确制导武器的发展几乎融入了当今信息时代所有最先进的技术成果，并仍处在高速发展当中，呈现出以下发展趋势。

1. 增强打击效果

（1）提高命中精度。命中精度主要取决于制导系统，各国都在不断提高末制导系统对目标的分辨率，重点发展合成孔径雷达、毫米波雷达、红外成像、电视成像和激光制导等末制导技术，同时发展更先进的复合制导技术。

（2）实现智能化。智能化精确制导武器具备自主搜索、发现、识别、攻击高价值目标的能力，能够区分不同目标及其型号，快速筛选、判断和首先攻击对己方威胁最大的目标，并有选择地攻击敌方目标的薄弱和易损部位，以保证获得更快的打击速度、更好的摧毁效果。

（3）研制新型战斗部。注重发展战斗部技术，特别是研制打击点状硬目标的新型弹药，以提高杀伤破坏效果，满足各种作战任务的需要。

2. 扩大打击范围

（1）增大射程。防区外发射的精确制导武器，已成为空地武器发展的重点。主要军事大国正在发展各种远射程的精确制导武器，以提高打击范围并增强发射平台的生存概率。

（2）填补火力空白。精确制导武器的射程一般有最大与最小之分。为满足现代作战的需要，其最大射程正日趋增大，以满足远距离精确打击的需要；而最小射程要尽可能小，以对付各类超低空、超近程的目标，减少攻击盲区和死角。

3. 提高突防能力

（1）采用隐身技术。目前，世界上研发的新一代精确制导武器，大多具备良好的隐身性能，以降低其可探测性。如通过小型化和隐身外形设计、弹体采用吸波材料、外表面涂覆吸波层，以实现雷达隐身；采用热辐射较小的发动机或无动力推进的末弹道，以减小红外辐射特征，实现红外隐身。

（2）提高飞行速度。直接采用超高速攻击，使敌方防御系统来不及做出反应。

4. 改善通用程度

对精确制导武器进行改进，使其适应其他各种作战任务需要。当前通用化的渠道至少有三种：将精确制导子系统模块化，如美国"陆军战术导弹系统"（ATACMS）为攻击不同目标，可以携带不同种类的攻击弹头；将一种导弹经过改造满足另一种作战任务要求，如美国"麻雀"空空导弹，经过加装高度表，改造弹翼，重新设计发射装置，就成了"海麻雀"航空导弹；同一种导弹经改进后可由不同平台搭载，但仍完成同一种任务，如"飞鱼"导弹和"战斧"巡航导弹既可航载，也可以由潜艇发射。大批导弹经改进后，遂行任务的范围更加广阔，并大大降低了技术与经费成本。

5. 研发新型导弹

新型精确制导武器研发的方向主要有：着重开发毫米波、长波红外和多模制导技术；提高目标识别及在复杂战场环境下的自适应跟踪和抗干扰能力；发展新的探测技术，增大作用距离，使其能在敌防区外攻击目标；导引头模块化、多样化，实现一弹多头，以满足多种作战要求。因此，新型精确制导武器将是自主式、高精度、全天候、抗干扰、模块化、有智能的高效能武器，武器系统轻小型化，种类将减少，但将比现有武器更灵活、更有效。

二、核生化武器

核生化武器，即核武器、生物武器、化学武器。核生化武器作为战争的一种手段，其发生和发展是不以人的意志为转移的，在一定历史阶段不会轻易退出战争舞台。

（一）核生化武器概述

1. 核武器

（1）核武器的基本概念。核武器是利用爆炸性核反应释放出的能量造成大规模杀伤破坏作用的武器。核武器又称原子武器，包括原子弹、氢弹和中子弹等。核武器的威力用"TNT当量"表示，即核爆炸时放出的能量相当于多少质量（单位：吨）的TNT炸药爆炸时放出的能量。第二次世界大战期间，美国将两颗原子弹分别投向日本的广岛和长崎，累计造成广岛伤亡约25万人、长崎伤亡约24万人的人间惨剧（包括后期因核辐射导致的死亡）。从此，人类多了一种恐惧，地球多了一份威胁。此后，苏、英、法、中、印度和巴基斯坦等多个国家相继研制成功核武器，并进行核爆炸试验。

（2）核武器的爆炸方式。核武器的爆炸方式用比高表示，比高就是实际爆炸高度（米）与爆炸当量（千吨）三次方根的比值。比高小于0的爆炸，称为地下（水下）爆炸，一般用于破坏地下目标。比高大于或等于0但小于60的爆炸称为地面（水面）爆炸，主要用于破坏地面和浅地下的坚固目标。比高大于60的爆炸，称为空中爆炸（简称空爆）。空中爆炸又分为低空爆炸、中空爆炸、高空爆炸和超高空爆炸。核武器在空中和地面爆炸时，会依次出现闪光、火球和蘑菇状烟云，在一定范围内还能听到核爆炸的巨大响声。核武器在地下爆炸时，通常看不见闪光和火球，在一定距离上能感觉到强烈的地震。

（3）核武器的杀伤破坏因素。核武器爆炸瞬间产生光辐射、冲击波、早期核辐射、核电磁脉冲和放射性沾染5种杀伤破坏。光辐射是核爆炸后1～10秒内的闪光以及几千万摄氏度以上的高温辐射出来的强光和热,从而引起大面积火灾,引燃、引爆其他易燃易爆物。冲击波是核爆炸几十秒内高温高压火球猛烈膨胀急剧压缩周围空气而形成的高速、高温、高压气浪,对人员、物体造成挤压、抛掷伤害。早期核辐射是在核爆炸最初十几秒内放出的丙种射线和中子流。丙种射线和中子流贯穿人体引起机体组织的原子电离,产生急性放射病。核电磁脉冲是核爆炸时产生的强电磁脉冲,作用半径可达数千千米,对人员没有直接的杀伤作用,但会对电子设备造成严重损坏。放射性沾染是核爆炸后从蘑菇状烟云中散落下来的放射性物质,随风飘移逐渐沉降,使爆心周围和下风方向地区的地面、人员、空气、水和物体受到沾染,并形成不同程度的放射性沾染区。

2. 生物武器

(1) 生物武器的基本概念。在战争中用来伤害人、畜,毁坏农作物的致病微生物及其所产生的毒素统称为生物战剂。生物武器,是指利用生物战剂的致病作用杀伤有生力量和毁伤动植物的武器,包括装有生物战剂的炸弹、导弹和气溶胶发生器、布撒器等各种施放装置。最早的一次细菌战发生在1346年,鞑靼人围攻克米亚半岛卡法城的热那亚人,3年不克,便把死于鼠疫的尸体投入城内,结果使全城鼠疫流行,后来蔓延到整个欧洲,流行达8年,死亡人数高达2500万,约占当时欧洲人口的1/3。第二次世界大战期间,日本、德国、美国、英国、加拿大、苏联都研制了大量的生物武器。日本帝国主义从1930年起,在我国东北研制细菌武器的731部队,曾大量培养鼠疫、霍乱、伤寒、炭疽等细菌,给中国人民造成很大灾难。1952年,美国在朝鲜和我国东北地区多次使用生物武器。

(2) 生物战剂的伤害特点。一是致病力强,污染范围广。人员吸入一个普氏立克次体就能使人患病,吸入0.003毫克甲型肉毒素即可致死。二是伤害途径多。生物战剂通常能通过下列3种途径侵入人体,即吸入、误食(饮)和皮肤接触。三是具有传染性。有的生物战剂,如鼠疫、天花、霍乱和斑疹伤寒等,有很强的传染性,发病后如不及时采取防疫措施,能很快形成疾病流行。四是危害作用时间长。生物战剂气溶胶的危害时间通常为数小时,条件适宜,时间更长。鼠疫杆菌在背阴处可存活数周。炭疽杆菌芽胞在土壤中能存活几十年。五是没有立即杀伤作用。生物战剂从侵入人体到发病,有一定的潜伏期,其长短主要取决于战剂的种类和侵入的剂量等,一般短者数小时,长者十几天。

(3) 生物战剂的分类。生物战剂的种类很多,大致可分为6类20种。细菌类,主要有鼠疫杆菌、霍乱弧菌、炭疽杆菌、类鼻疽杆菌、野兔热杆菌、布氏杆菌、军团杆菌等;病毒类,主要有天花病毒、黄热病毒、委内瑞拉马脑炎病毒、东方马脑炎病毒、西方马脑炎病毒、森林脑炎病毒、裂谷热病毒、登革病毒、拉沙病毒等;立克次体类,主要有Q热立克次体、立氏立克次体、普氏立克次体等;衣原体类,主要有鸟疫(鹦鹉热)衣原体等;毒素类,主要有肉毒杆菌毒素、葡萄球菌肠毒素等;真菌类,主要有球孢子菌、荚膜组织胞浆菌等。

3. 化学武器

(1) 化学武器的基本概念。战争中用来毒害人、畜的化学物质,称为毒剂。装有毒剂的各种炮弹、炸弹、火箭弹、导弹、毒烟罐、手榴弹、地雷和布(喷)洒器等,统称化学武器。首次大规模使用化学武器是在第一次世界大战初期,1915年4月22日,德军与英法联军在伊普雷地区对峙,德军以突然袭击的方式,向英法联军的阵地施放了180吨氯气,使英法联军15000人中毒,其中5000人死亡,5000人被俘。此后,化学战在第一次世界大战中全面展开,许多交战国家相继使用了化学武器。第二次世界大战中,日军在侵华战争中曾大量使用毒剂,先后在我国13个省的81个县镇地区,使用毒剂2000余次,造成我国20余万人伤亡。第二次世界大战后,美军在朝鲜战争中使用毒剂200多次,造成中朝军民较大伤亡;在越南战争中,美军把越南作为化学武器的试验场,使用毒剂7000吨,植物杀伤剂13万吨,中毒军民达150多万人。

(2)化学武器的杀伤特点。杀伤范围大,毒剂能使较大范围的空气或地面染毒,染毒空气能随风扩散到一定的地域;伤害途径多,化学武器能造成空气、地面、水源、物体等染毒,人员吸入染毒空气,皮肤、黏膜(或伤口)接触毒液,误食染毒的水或食物,都会引起中毒;持续时间长,有些持久性毒剂污染地面或物品后,其毒害作用可持续几小时或几天,甚至更长的时间。

(3)毒剂的战斗性能。目前,各军事强国装备的毒剂约有6类14种。神经性毒剂是破坏神经系统正常功能的毒剂,包括沙林、梭曼、塔崩、维埃克斯等。人员中毒后迅速出现流口水、流汗、流泪、瞳孔缩小、呼吸道收缩、胃肠道收缩、肌肉收缩,最后呼吸停止而死亡。全身中毒性毒剂是破坏组织细胞氧化功能,使全身缺氧的毒剂,主要有氢氰酸、氯化氰等。如氢氰酸,主要通过呼吸道吸入中毒,中毒后迅速出现口舌麻木、头痛头晕、呼吸困难、眼球突出、瞳孔散大、皮肤泛红、强烈抽筋、角弓反张等症状,最后心脏停止跳动而死亡。糜烂性毒剂是使细胞坏死、组织溃烂的毒剂,主要有芥子气、路易氏气、芥路混合毒剂等。如芥子气,皮肤染毒后,经2~6小时潜伏期,染毒处红肿、痒痛,开始起珍珠状小水泡,后来连成大水泡,尔后溃烂数月无法痊愈。失能性毒剂是使人的思维和运动机能发生障碍,暂时失去战斗能力的毒剂,主要有毕兹。毕兹通过呼吸道进入人体,半小时后即出现头晕、心跳加快、瞳孔散大、精神错乱,严重者身体瘫痪。窒息性毒剂是伤害肺部使人员缺氧窒息的毒剂,主要有光气。光气通过呼吸器官进入人体伤害肺部,引起肺水肿,使肺吸不进氧气也排不出二氧化碳,造成缺氧窒息、剧烈咳嗽,最后因肺水肿而死亡。刺激剂是直接刺激眼睛、上呼吸道和皮肤的一类化学物质,又称控制剂,主要有苯氯乙酮、亚当氏气、西埃斯、西阿尔等。如苯氯乙酮,主要制造成烟状使空气染毒,也可制成粉状使地面染毒,主要刺激眼睛,引起流泪,浓度高时皮肤刺痒、辣痛。

(二)核生化武器威胁形势及走向

未来核生化武器的发展将呈现以下趋势。

1. 大规模使用核生化武器的威胁降低

20世纪,美苏两个超级大国共生产核弹头12万枚,核大战一度甚嚣尘上,大规模使用核武器的危险和恐怖笼罩着人类。冷战结束后,美国失去了主要对手,俄罗斯国力和地位下降,美俄均采取适度规模的核战略,削减核武器数量的政策难以逆转。加之各国都充分认识到核战争将导致两败俱伤,全面核大战的危险越来越小。生物、化学武器历来为多数国家和人民所反对,国际社会1972年签署了《禁止生物武器公约》,1993年签署了《禁止化学武器公约》,像20世纪那样大规模全面、公开使用化学、生物武器的威胁可能减少。

2. 核生化武器扩散问题更加严重

冷战结束后,由于苏联解体,俄罗斯国力减弱,研制核化生武器的人才、技术大量流失,从国际黑市上可以买到核专家、核材料和核技术资料,甚至可能买到核武器,如苏联曾制造手提箱式的小型核武器，每件当量为1000吨，质量为60～100磅①，1997年发现132枚中有48枚不知去向。与此同时，因地缘战略对抗态势升级，许多国家都在谋求拥有核武器，事实拥有核武器的国家正在增多。此外，拥有核反应堆及核电站的国家被认为是具有核能力的国家，世界核工业的发展将使更多的国家具有核能力，核威胁将具有更广泛、更庞大的物质基础。而一般生物、化学武器技术更是几乎无秘可言。

3. 核生化武器使用概率增大

虽然大规模、全面、公开使用核生化武器的威胁降低，但局部条件下使用核生化武器的概率却在增大。首先，技术发展为使用核生化武器提供了方便。美俄等国正在发展小型和微型核武器，这类武器只对特定目标进行摧毁性打击而不产生附带效应，使用方式更加灵活。如一些国家正在进行"第四代"核武器的探索，它不会产生剩余核辐射，是一类高度小型化、低当量（1～1000吨）的核武器，可能不被视为大规模杀伤性武器。化学生物武器本身就是一个广泛的范畴，各类生物、化学战剂的毒性有很大差异。由于有毒化学品毒性大小不同、伤害程度不同，在长期的化学军控与裁军谈判中，究竟哪些算化学武器，应被禁止发展和使用，一直存有争议。像控暴剂、植物杀伤剂等有毒化学品由于毒性较小，不是公约禁止的重点，使用时的政治风险较小，未来作战中可能得到广泛应用。其次，局部战争为使用核生化武器提供了舞台。在近几场局部战争和武装冲突中，指控使用化学武器的事件频繁发生。再次，军事政策和打击手段的调整将使使用方式多样化。例如出台有限使用核武器政策，广泛使用刺激剂及非致命性武器等。刺激性毒剂在和平时期平定暴乱时称为控暴剂，虽然国际公约明文规定不得使用控暴剂，但有些国家对此作了保留。在未来局部战争和武装冲突中，刺激剂一类的化学武器可能被广泛应用。此外，利用常规武器打击核化设施，也可能引发核化危害。

三、新概念武器

新概念武器与传统武器相比，在基本原理、杀伤破坏机理和作战方式上都有很大区别，是尚处于研制或探索之中的新型武器。新概念武器的出现和陆续实用化，将对军事理论、作战方式和军队体制编制等产生一系列革命性的影响。目前，新概念武器主要包括以下种类。

（一）激光武器

激光武器是以激光能量直接杀伤目标或使其丧失作战效能的定向能武器。根据激光功率大小和用途的不同，激光武器可分为激光干扰与致盲武器、战术激光武器、战区激光武器和战略激光武器。激光干扰与致盲武器是低能激光武器，在武器装备的分类中属光电对抗装备；后三者则为高能激光武器。高能激光武器又称强激光武器或激光炮，其杀伤破坏效应，主要是烧灼效应、激波效应和辐射效应。

激光武器具有许多独特的性能：一是反应迅速。光速以每秒近30万千米的速度传输，打击战术目标瞬发即中。二是不受电子战环境影响。激光传输不受外界电磁波的干

---

① 1磅=0.454千克。

扰,目标难以利用电磁干扰手段避开激光武器的打击。三是转移火力快。激光束发射时无后坐力,可连续射击,能在很短时间内转移射击方向,是拦截多目标的理想武器。四是作战效费比高。化学激光武器仅耗费燃料,每次发射费用为数千美元,远低于防空导弹的费用。

目前,强激光武器以发展高能氟化氘化学激光武器技术和高能氧碘化学激光武器技术为主,现已形成战术、战区和战略多层次防空、反导及反卫星激光武器技术体系。当前各国正在发展的第一代强激光武器体积和重量大,机动性和灵活性比较差。下一代强激光武器将实现小型化,可实现在战斗机等小平台上使用。

(二)微波武器

微波是一种高频电磁波,波长范围为 0.01 毫米~1 米,频率为 0.5~100 吉赫,在空中以光速沿直线传播。微波武器是指利用定向发射的高功率微波束毁坏敌方电子设备或攻击敌方作战人员的定向能武器,也称射频武器,一般由微波发生器、天线、定向微波发射装置、控制系统等组成,微波发生器发射微波电磁脉冲,天线将微波束聚成方向性极强、能量极高的窄波束。微波武器能以极高的强度或密度照射和轰击目标,利用高温、电离、辐射等综合效应,杀伤人员、引爆各类装药或直接摧毁目标。与激光武器和粒子束武器相比,微波武器具有独特的优势,它波束更宽,作用距离更远,受天候影响小,且只需大致指向目标,不必精确跟踪、瞄准,便于火力控制,敌方对抗措施更加困难。微波武器的主要作用对象是雷达、战术导弹、预警飞机、卫星、通信设备、军用计算机、隐身飞机、车辆点火系统和人员等。20 世纪 80 年代以来,美、俄、英、法等国家纷纷大力开展高功率微波武器的研制工作,并取得了显著进展。

微波武器的杀伤破坏作用主要表现为以下三种:一是干扰作用。当使用 0.01~1 微瓦/厘米^2 功率密度的微波束照射目标时,能干扰在相应频段上工作的雷达、通信设备和导航系统,使其无法正常工作。二是"软杀伤"作用。使用功率密度为 10~100 瓦/厘米^2 的强微波束照射目标,辐射形成的电磁场可在金属目标表面产生感应电流,通过天线、导线、金属开口或缝隙进入飞机、导弹、卫星、坦克等武器系统电子设备的电路中。如果感应电流较大,会使电路功能产生混乱,出现误码,中断数据或信息传输,抹掉计算机存储或记忆信息等;如果感应电流很大,则会烧毁电路中的元器件,使电子装备和武器系统失效。三是"硬杀伤"作用。使用功率密度为 1000~10000 瓦/厘米^2 的强微波束照射目标,能在瞬间摧毁目标、引爆炸弹、导弹、核弹等武器。高功率微波武器对人员的杀伤分为"非热效应"和"热效应"两类。"非热效应"由较弱的微波能量照射引起,使人烦躁、头痛、神经紊乱、记忆力减退。"热效应"是由强微波辐射照射人体引起,短时间内产生高温高热造成人员伤亡。

(三)粒子束武器

粒子束武器以电子、质子、离子或中性粒子为弹丸,通过高能加速器将其加速到接近光速,聚集成密集的束流射向目标,以束流的动能或其他效能杀伤破坏目标。粒子束武器具有快速、高能、灵活、干净、全天候使用等特点,发射不用提前量,千分之一秒就能改变射向,在极短的时间内从容地对付多批目标,是打击空间飞行器、洲际导弹和其他高速运动点状目标的理想武器。粒子束武器的原理尽管不复杂,但要实战化使用还有一系列关键技术需要解决。高能粒子束主要有三种破坏作用:一是使目标结构材料汽化或融化;二是提前引爆目标中的炸药或破坏目标中的热核材料;三是使目标的电子元器件破坏、电子装置失灵。

(四)动能拦截弹

动能拦截弹是以火箭发动机增速获得巨大动能,通过精确直接碰撞方式杀伤目标的动能武器。动能拦截弹作为新型的防空导弹,能够对飞机、巡航导弹等目标实施防御,将成为未来空间战的主战武器之一。动能拦截技术从 20 世纪 80 年代初开始迅速发展,目前在关键技术方面已取得重大突破,是目前最为现实和可行的弹道导弹防御技术,已经成为当前弹道导弹防御武器系统、反卫星武器系统和其他防御武器系统发展的主要方向。美国和其他国家在研的绝大部分导弹防御系统,都是利用动能拦截弹作为拦截和摧毁来袭弹道导弹的武器。英、法、俄和以色列等国都在致力于发展动能拦截弹技术,美国是世界上最积极发展动能拦截弹技术的国家,正在研制五种动能拦截弹,主要用于导弹防御计划和动能反卫星计划。2008 年 2 月,美国利用"标准 - 30"导弹,成功击毁失效间谍卫星 USA193,证明其动能拦截技术已经达到实战水平。

(五)电炮

电炮总体上分为电磁炮和电热炮两大类。它利用脉冲能源提供的电能,或利用电能与化学能相结合,使弹丸或其他有效载荷达到的速度或动能大大超过传统发射方式,是全新原理的发射技术。电磁炮是利用运动电荷或载流导体在磁场中切割磁力线,以此产生电磁力来加速弹丸,是完全依赖电能和电磁力加速弹丸的一种超高速发射装置。与常规火炮相比,电磁炮炮口初速大、质轻型小、隐蔽性好、射击速率高、可控性好。电磁炮独特的优点,使其在众多领域中拥有重要的应用价值。在防空防天与反导方面,电磁炮可广泛用于反飞机、反巡航导弹、反弹道导弹甚至反卫星作战;在反装甲方面,电磁炮将成为侵彻各种新型装甲的有效武器,炮口动能 15 兆焦以上的电磁炮可以击毁常规火炮难以击毁的装甲目标。此外,在反舰、航天发射等方面也具有非常广泛的应用前景。

电热炮则是利用放电方法产生的等离子体,在封闭的放电管或炮膛内做功来推动弹丸。按照等离子体形成方法的不同,电热炮又分为直热式和间热式两种。直热式电热炮就是纯电热炮,它完全依靠电能工作,利用高功率脉冲电源放电产生高温高压等离子体,以等离子体膨胀做功直接推动弹丸前进;间热式电热炮是先利用高功率脉冲电源放电产生高温高压等离子体,然后再用此等离子体去加热化学工质,产生高温高压燃气,膨胀做功来推动弹丸。

(六)环境武器

环境武器是指通过利用或改变自然环境状态所产生的巨大能量来打击目标的武器。随着科学技术的发展,未来战争中军队将有能力借助先进技术,利用自然环境中潜在的巨大能量,用人力让自然灾难降临到敌人头上,达到"呼风唤雨""开天辟地"之效。目前,环境武器主要分三种类型:一是气象型。即利用云和大气中微粒的微观不稳定性,人为地制造出洪暴、干旱、闪电、冰雹和大雾；利用大气的不稳定性人工引起飓风、龙卷风以及台风等自然灾害,进而对目标造成危害。二是地震作用型。地壳中隐藏的热应力分布不均,具有极强的不稳定性,因此通过人为激发(如地下引爆核弹等)可以诱发"人造地震"。三是生态型。即通过向敌方地区撒播能阻止地球表面热量散发的化学物质,使敌国的大地变成干燥的沙漠,导致生态环境变化；还可以把大量的溴或氯释放到敌方上空,破坏臭氧层使之形成"空洞",让大量的紫外线辐射到敌国,造成生态灾难。

(七)次声武器

次声武器是利用低于20赫兹的低频声波,在短时间内使人体器官产生强烈的共振,致使共振的器官或部位发生位移、变形甚至破裂,从而造成损伤乃至死亡,其主要症状有全身不适、无力、头晕目眩、恶心呕吐、眼球震颤,严重时可发生神志失常、癫狂不止、腹部疼痛、内脏破裂等。次声武器有四个基本特点:一是传播速度快。次声在空气中以时速约1200千米的速度传播；在水中传播速度更快,时速可达6000千米。二是不易察觉,便于突袭。次声不能为人耳所直接察觉,使用时隐蔽性强。三是不易被吸收,传播距离远。由于空气的热传导、黏滞和分子吸收效应与频率的平方成正比,而次声的频率低,所以衰减小。四是穿透力强,不易防护。声波的穿透能力与频率成反比。例如,7000赫兹的声波可用一张厚纸挡住,而对于7赫兹的次声,墙壁也阻挡不住。次声可穿透十多米的钢筋混凝土、建筑物、坦克、装甲车、深水下的潜艇等。

(八)非致命武器

非致命武器是指为达到使人员或装备失能,并使附带破坏最小化而专门设计的武器系统。由于它不以杀伤人员和毁坏装备、设施为目的,而是针对人员、装备、基础设施的薄弱环节,使其失去作战能力或不能正常发挥作用,从而达到作战目的,因此又称作失能武器或非杀伤武器。从广义上讲,目前,国外发展的非致命武器,按照用途基本可分为反装备非致命武器和反人员非致命武器两大类。

反装备非致命武器,主要是通过破坏装备本身的材料结构或外部条件,使其无法正常发挥作用,通常以阻止装备快速实施机动为主要目的。主要有强力黏结剂武器、特种润滑油武器、超级腐蚀剂武器、金属致脆剂武器和动力系统熄火弹等。反人员非致命武器可使敌方造成沉重的伤员负担和减员。目前,国外正在研究开发几种专门的反人员非致命武器种类,包括各类化学失能剂、刺激剂,给人造成巨大痛苦并失能的豆包弹(装有铅砂的包)、痛球弹、环翼射弹,通过电击使目标失能的电击武器,通过强光、高强度声响致盲、失聪的各类声光武器,撞车钉排、抓捕网、黏性泡沫等抓捕武器。

(九)军用机器人

科学意义的机器人是指具有某种仿人功能的自动机的总称。随着超大规模集成电路、超级计算机(特别是超级微型机和神经网络计算机)和传感器技术、人工智能技术的发展,军用机器人与人工智能车辆开始走向实战化,并发挥出令人瞩目的作用。目前军用机器人已在各个领域广泛研究和应用,展现出广阔的发展前景。例如,已经研制出现的地面军用仿生机器人、智能车辆,可执行各类作战、侦察、工程保障等任务；近几场局部战争中表现抢眼的无人机,圆满完成了各类侦察和打击任务,甚至改变了以往人们对空军的认知,对空军的未来发展产生革命性影响;其他还有水下机器人、空间机器人等。

(十)计算机病毒武器

计算机病毒是指能够修改或破坏计算机正常程序的一种特殊软件程序,能像生物病毒那样,不但能传染给其他程序,而且能通过被传染的程序进行活动,并能在计算机中自我繁殖、扩散,使其不能正常运行。计算机病毒武器的攻击目标,包括敌方的各种信息系统,计算机控制的各种武器系统。使用计算机病毒进行作战,就是通过某种手段或途径把计算机病毒投放到敌方目标计算机里,可以对敌方的通信联络、作战指挥和武器系统的使用造成极大破坏。计算机病毒武器作用范围广,破坏效应大,使用成本低,隐蔽性好,可用多种方式投放。随着计算机在军事装备和武器系统中的应用,计算机病毒武器的危害性越来越大。

思 考 题

1. 信息化杀伤武器的概念是什么?
2. 精确制导武器的制导方式有哪些?
3. 核生化武器的威胁主要有哪些?
4. 新概念武器的种类有哪些?

第六章
共同条令教育与训练

> **学习目标**
>
> 了解中国人民解放军三大条令的主要内容,掌握队列动作的基本要领,养成良好的军事素养,增强组织纪律观念,培养学生令行禁止、团结奋进、顽强拼搏的过硬作风。

第一节 共同条令教育

一、《中国人民解放军内务条令(试行)》

《中国人民解放军内务条令(试行)》(以下简称《内务条令(试行)》)是规定军人基本职责、军队内部关系和日常生活制度的法规。目的是使每个军人明确和认真履行职责,维护军队良好的内外关系,建立正规的战备、训练、工作与生活秩序,培养优良的作风和严格的纪律,确保圆满完成上级交给的各项任务。

现行的《内务条令(试行)》主要包括:总则,军人宣誓,军人职责,内部关系,礼节,军人着装,军容风纪,与军外人员交往,作息,日常制度,日常战备,军事训练和野营管理,日常管理,国旗、军旗、军徽的使用和国歌、军歌的奏唱,附则,共15章325条,另附10个附录等内容。

《内务条令(试行)》基本内容节录如下：

(一) 总则

总则是条令的总纲,明确了制定《内务条令》的目的和依据,内务建设的指导思想和原则,我军的性质、任务和党在新时代的强军目标与方略。

(二) 军人誓词

公民入伍后,必须进行军人宣誓。入伍誓词的内容为:

我是中国人民解放军军人,我宣誓:服从中国共产党的领导,全心全意为人民服务,服从命令,忠于职守,严守纪律,保守秘密,英勇顽强,不怕牺牲,苦练杀敌本领,时刻准备战斗,绝不叛离军队,誓死保卫祖国。

(三) 军人职责

1. 士兵职责

中国人民解放军义务兵的基本职责:

(1) 努力学习马克思列宁主义、毛泽东思想、邓小平理论、"三个代表"重要思想、科学发展观、习近平新时代中国特色社会主义思想,贯彻党的路线、方针、政策,遵守国家的法律法规,执行军队的法规制度;

(2) 服从命令,听从指挥,英勇顽强,不怕牺牲,坚决完成任务;

(3) 刻苦训练,熟练掌握军事技能,努力提高打仗本领;

(4) 熟练操作使用和认真维护武器装备,使其经常保持良好状态;

(5) 严守纪律,服从管理,尊重领导,团结同志,爱护集体荣誉,维护良好形象;

(6) 艰苦奋斗,厉行节约,爱护公物;

(7) 积极学习科学技术和文化知识,提高科学文化素养;

(8) 落实安全要求,严格保守国家和军队的秘密。

军士除履行义务兵基本职责外,还应当履行以下基本职责:刻苦钻研专业技术,精通本职业务;勇挑重担,以身作则,积极发挥骨干作用;协助军官做好思想政治工作和行政管理工作;尊重领导,团结同志,积极发挥纽带作用。

2. 军官职责

中国人民解放军军官的基本职责:

(1) 深入学习马克思列宁主义、毛泽东思想、邓小平理论、"三个代表"重要思想、科学发展观、习近平新时代中国特色社会主义思想,贯彻党的路线、方针、政策,遵守国家的法律法规,执行军队的法规制度;

(2) 服从命令,听从指挥,身先士卒,冲锋在前;

(3) 精通本职业务,掌握打仗本领,坚决完成各项任务;

(4) 熟练掌握和认真管理所配备的装备,使其保持良好状态;

(5) 忠诚勇敢,敢于担当,清正廉洁;

(6) 爱护士兵,尊重下级,团结同志,自觉接受教育、管理和监督,处处做好表率;

(7) 拥政爱民,维护军队良好形象;

(8）带头落实安全要求，严格保守国家和军队的秘密，防范事故、案件。

（四）军人仪容举止

军人应当军容严整。军人头发应当整洁。军人发型应当在规定的发型中选择，不得蓄留怪异发型。男军人不得蓄胡须，鬓角发际不得超过耳廓内线的二分之一，蓄发（戴假发）不得露于帽外，帽墙下发长不得超过1.5厘米；女军人发辫不得过肩。军人染发只准染与本人原发色一致的颜色。

军人服役期间不得纹身。着军服时，不得化浓妆，不得留长指甲和染指甲；不得围非制式围巾，不得戴非制式手套，不得在外露的腰带上系挂钥匙和饰物等，不得戴耳环、项链、领饰、戒指、手镯（链、串）、装饰性头饰等首饰；不得在非雨雪天打伞，打伞时应当使用黑色雨伞，通常左手持伞；除工作需要和眼疾外，不得戴有色眼镜。

军人必须举止端正，谈吐文明，军语标准，精神振作，姿态良好。不得袖手、背手和将手插入衣袋，不得边走边吸烟、吃东西、扇扇子，不得搭肩挽臂。

（五）军旗、军徽和军歌

1. 军旗

军旗是人民解放军的标志，是我军荣誉、勇敢、光荣的象征。全体军人必须维护和捍卫军旗的尊严。

我军现在的"八一"军旗，是1949年6月15日由中央军委以命令正式规定的。样式为长方形，横竖比例5∶4，红底，靠旗杆上方缀金黄色五角星和"八一"两字，表示在中国共产党领导下，我军自1927年8月1日南昌起义诞生以来，经过长期奋斗，以其灿烂的星光普照全国。

2. 军徽

军徽，是中国人民解放军的象征和标志。军人必须爱护军徽，维护军徽的尊严。

1949年6月，中国人民解放军的军徽样式定为镶金黄色边的五角红星，中嵌金黄色"八一"两字，亦称"八一"军徽。1951年起，中国人民解放军海军、空军的军徽定为以"八一"军徽为主体，海军军徽藏蓝色底，衬以金黄色铁锚，蓝色象征海洋，铁锚代表舰艇；空军军徽衬以金黄色飞鹰两翼，象征人民空军英勇果敢，飞行无阻。

3. 军歌

中国人民解放军军歌是我军性质、宗旨和精神的体现。原名为《八路军进行曲》，解放战争时期，歌词做了多次修改，更名为《人民解放军进行曲》。1965年定为《中国人民解放军进行曲》。1988年正式确定为《中国人民解放军军歌》。

二、《中国人民解放军纪律条令（试行）》

《中国人民解放军纪律条令（试行）》（以下简称《纪律条令（试行）》）是我军规定纪律、维护纪律的法规，是军队实施奖惩、统一纪律的依据，是军人遵守纪律的标准。目的在于贯彻全面从严治军方针，加强中国人民解放军纪律建设，维护和巩固铁的纪律，确保军队绝对忠诚、绝对纯洁、绝对可靠，保证军队的高度集中统一，加强革命化、现代化、正规化建设,巩固和提高战斗力。

现行的《纪律条令(试行)》主要包括:总则,纪律的主要内容,奖励,表彰,纪念章,处分,特殊措施,控告和申诉,首长责任和纪律监察,附则,共10章262条,另附8个附录等内容。

《纪律条令(试行)》基本内容节录如下:

(一)奖励

奖励的目的在于鼓励先进,维护纪律,调动官兵的积极性和创造性,发扬爱国主义、共产主义和革命英雄主义精神,保证作战、训练和其他各项任务的完成。

对个人和单位(没有八一勋章)的奖励项目,依次从低到高的排序是:嘉奖;三等功;二等功;一等功;荣誉称号;八一勋章。

(二)处分

处分的目的在于严明纪律,教育违纪者和部队,强化纪律观念,维护集中统一,巩固和提高部队战斗力。

对义务兵(士官)的处分项目有:警告;严重警告;记过;记大过;降职或者撤职;降衔;开除军籍。

以上规定的处分项目,依次以警告为最低处分,开除军籍为最高处分。降职不适用于副班长,降衔不适用下士。

对军官(文职人员)的处分项目有:警告;严重警告;记过;记大过;降职(级)或者降衔(级);撤职;开除军籍。

三、《中国人民解放军队列条令(试行)》

《中国人民解放军队列条令(试行)》(以下简称《队列条令(试行)》)是规定军队队列动作、队列队形和队列指挥的条令。目的是规范中国人民解放军的队列动作、队列队形和队列指挥,保证整齐划一和严格正规的队列生活,培养全体军人良好的军姿、严整的军容、过硬的作风、严明的纪律性和协调一致的动作,落实全面从严治军要求,促进军队正规化建设,巩固和提高战斗力。

现行的《队列条令(试行)》主要包括:总则,队列指挥,队列队形,单个军人的队列动作,分队、部队的队列动作,分队乘坐交通工具,国旗的掌持、升降和军旗的掌持、授予与迎送,阅兵,仪式,附则,共10章89条,另附4个附录等内容。

《队列条令(试行)》基本内容节录如下:

(一)队列纪律

坚决执行命令,做到令行禁止;姿态端正,军容严整,精神振作,严肃认真;按照规定的位置列队,集中精力听指挥,动作迅速、准确、协调一致;保持队列整齐,出列、入列应当报告并经允许。

(二)队列指挥

规定了队列指挥的位置、队列指挥的方法和队列指挥的要求。

(三)队列队形

规定了队列的基本队形,如班、排、连、营、旅的队形,列队的间距,以及班、排、连、营、团各级的队形要求。

(四)单个军人的队列动作

规定了单个军人的队列动作,如立正、跨立、稍息、停止间转法、行进、立定、敬礼等。

(五)分队、部队的队列动作

规定了班、排、连、营、旅等分队、部队的队列动作。

(六)国旗的掌持、升降和军旗的掌持、授予与迎送

规定了国旗的掌持、升降的人员要求与升降旗的要领;规定了军旗的掌持、授予与迎送的人员要求,掌旗姿势与要领、授旗权限、授旗与迎送军旗的要领、程序等。

(七)阅兵

规定了阅兵的时机和权限、阅兵形式、阅兵指挥、阅兵程序。

(八)仪式

规定了队列生活中各项仪式的程序与要求。

第二节　单个军人队列动作

一、立正、稍息、跨立

(一)立正

立正是军人的基本姿势,是队列动作的基础。军人在宣誓、接受命令、进见首长和向首长报告、回答首长问话、升降国旗、迎送军旗、奏唱国歌和军歌等严肃庄重的时机和场合,均应当立正。

口令:立正。

动作要领:两脚跟靠拢并齐,两脚尖向外分开约60°;两腿挺直;小腹微收,自然挺胸;上体正直,微向前倾;两肩要平,稍向后张;两臂下垂自然伸直,手指并拢自然微曲,拇指尖贴于食指第二节,中指贴于裤缝;头要正,颈要直,口要闭,下颌微收,两眼向前平视(见图6-1)。参加阅兵时,下颌上仰约15°。

图6-1 徒手立正姿势

动作要求:精神振奋,表情自然,姿态端正。做到:"三收一顶(即:收臀部、收小腹、收下颌,头向上顶)""三挺一睁(即:挺腿、挺胸、挺颈,眼睛自然睁大)""两平(即:两肩要平,两眼向前平视)"。

(二)稍息

稍息是队列动作中用于调整姿势的动作,可与立正互换。

口令:稍息。

动作要领:左脚顺脚尖方向伸出约全脚的2/3,两腿自然伸直,上体保持立正姿势。身体重心大部分落于右脚;携枪时,携带的方法不变,其余动作同徒手;稍息过久,可以自行换脚,动作应当迅速。

动作要求:两腿自然伸直,上体保持立正姿势。做到:"两快(即:出脚快、收脚快)""两准(即:出脚的距离准、方向准)""一稳(即:上体要稳)"。

(三)跨立

跨立即跨步站立,主要用于训练、执勤和舰艇上分区列队等场合,可以与立正互换。

口令:跨立。

动作要领:左脚向左跨出约一脚之长,两腿挺直,上体保持立正姿势。身体重心落于两脚之间;两手后背,左手握右手腕,拇指根部与外腰带下沿或者内腰带上沿同高;右手手指并拢自然弯曲,拇指贴于食指第二节,手心向后,携枪时不背手(见图6-2)。

图6-2 跨立

动作要求:左跨平移距离准,两手后背高度准。上体不变右腕直,两腿挺直重心正。做到:"两快"(即:跨脚收脚快、背手放手快)、"三准"(即:跨出的距离准、背手高度准、左手握右手腕的位置准)、"一稳(即:上体要稳)"。

二、停止间转法

停止间转法是停止间变换方向的方法。分向右(左)转、向后转。

(一)向右(左)转

口令:向右(左)——转。

半面右(左)——转。

动作要领:听到"向右(左)——转"的口令,以右(左)脚跟为轴,右(左)脚跟和左(右)脚掌前部同时用力,使身体协调一致向右(左)转90°,身体重心落在右(左)脚,左(右)脚取捷径迅速靠拢右(左)脚,成立正姿势。转动和靠脚时,两腿挺直,上体保持立正姿势。

半面向右(左)转,按照向右(左)转的要领转45°。

(二)向后转

口令:向后——转。

动作要领:听到"向后——转"的口令,按照向右转的要领向后转180°。

注意:在练习转法时,身体、两脚要同时用力,上体不要晃动,靠向后转脚时,要以脚跟的靠力和腿的并力迅速靠脚,不要外扫腿,不要跺脚。

(三)整体要求

上体不变形,两腿不打弯。做到:"两快(即:转体快、靠脚快)""一正(即:转体方向正)""一稳(即:身体稳)""一停顿(即:转体和靠脚之间稍有停顿)"。

三、行进与立定

行进的基本步法分为齐步、正步和跑步,辅助步法分为便步、踏步、移步和礼步。这里仅介绍齐步、正步、跑步、便步、踏步和立定的动作要领。

(一)齐步

齐步是军人行进的常用步法。

口令:齐步——走,立——定。

动作要领:听到"齐步——走"的口令,左脚向正前方迈出约75厘米,按照先脚跟后脚掌的顺序着地,同时身体重心前移,右脚照此法动作;上体正直,微向前倾;手指轻轻握拢,拇指贴于食指第二节;两臂前后自然摆动,向前摆臂时,肘部弯曲,小臂自然向里合,手心向内稍向下,拇指根部对正衣扣线,并高于春秋常服或者冬常服最下方衣扣约5厘米,离身体约 30 厘米;向后摆臂时,手臂自然伸直,手腕前侧距裤缝线约 30 厘米,如图 6-3 所示。行进速度每分钟 116~122 步。

听到"立——定"的口令,左脚再向前大半步着地,脚尖向外约 30°,两腿挺直,右脚取捷径迅速靠拢左脚,成立正姿势。

图 6-3 齐步

动作要求:精神振奋,姿态端正,臂腿协调,节奏分明,摆臂自然大方、定型、定位,步幅步速准确,两眼注视前方。做到:脚跟先着地,脚腕稍用力,膝盖向后压,身体向前移;走直线,身体稳,臂腿协调,靠脚准。

(二)正步

正步主要用于分列式和其他礼节性场合。

口令:正步——走,立——定。

动作要领:听到"正步——走"的口令,左脚向正前方踢出约 75 厘米,腿要绷直,脚尖下压,脚掌与地面平行,离地面约 25 厘米,适当用力使全脚掌着地,同时身体要前移,右脚照此法动作;上体正直,微向前倾;手指轻轻握拢,拇指伸直贴于食指第二节;向前摆臂时,肘部弯曲,小臂略成水平,手心向内稍向下,手腕下沿摆到高于春秋常服或者冬常服最下方衣扣约 15 厘米处,离身体约 10 厘米;向后摆臂时,左手心向右、右手心向左,手腕前侧距裤缝线约 30 厘米(见图 6-4)。行进速度每分钟 110~116 步。

听到"立——定"的口令,左脚再向前大半步着地,脚尖向外 30°,两腿挺直,右脚取捷径迅速靠拢左脚,成立正姿势。

动作要求:精神振作,姿态端正,步伐稳健,刚劲有力,臂腿协调(脚着地臂不动,踢腿摆臂同时动、同时到位),节奏分明,摆臂自然大方,定型、定位,步幅、步速准确,两眼目视前方。做到:迅速踢压小(腿)带大(腿),前(臂)端后(臂)砍猛用力,臂腿到位规格准,身体正直向上拔。"四直(即:前腿绷直,后腿蹬直,臂向后摆直,上体正直)""两平(即:就是向前摆臂小臂约成水平,腿踢出脚掌与地面平行)""两快(即:踢腿摆臂快。踢腿时,脚尖下压,脚面绷直,脚腕用力带动小腿,小腿带动大腿迅速踢出。向前摆臂时,手腕适当用力带动小臂,小臂带动大臂,当小臂过身体侧面后,在腹前向上端,另外一只臂则向后砍,快速到位后稍停顿;着地跟体快。脚掌适当用力着地,重心前移快跟进,跟进又要快踢腿,到位稍稳再着地)""两准(即:踢腿摆臂定位。踢腿时,脚掌与地面平行,离地面约25厘米。摆臂时,轻贴身体前后摆,路线准确要自然;步幅步速准。行进时,每步约75厘米,每分钟110~116步)""一停(即:臂腿到位后要稍有短停)""一协调(即:踢腿摆臂要协调)"。

图 6-4　正步

(三)跑步

跑步主要用于快速行进。

口令:跑步——走,立——定。

动作要领:听到预令,两手迅速握拳(四指蜷握,拇指贴于食指第一关节和中指第二节),提到腰际,约与腰带同高,拳心向内,肘部稍向里合。听到动令,上体微向前倾,两腿微弯,同时左脚利用右脚掌的蹬力跃出约85厘米,前脚掌先着地,身体重心前移,右脚照此法动作(见图6-5);两臂前后自然摆动,向前摆臂时,大臂略垂直,肘部贴于腰际,小臂略平,稍向里合,两拳内侧各距衣扣线约5厘米;向后摆臂时,拳贴于腰际。行进速度每分钟170~180步。

图 6-5　跑步

听到"立——定"的口令,继续跑2步,然后左脚向前大半步(两拳收于腰际,停止摆)着地,右脚取捷径靠拢左脚,同时将手放下,成立正姿势。

动作要求:迅速握拳提腰际,屈腿倾体跃出去,臂腿运动规格准,协调轻松要牢记。做到:"一快一跃八十五""一平一合两不露"。"一快",即:握拳提臂快;"一跃",即第一步向正前方跃出约85厘米;"一平",即小臂略平;"一合",即向前摆臂时,小臂稍向里合;"两不露",即向前摆时不露肘,向后摆时不露手。

(四)便步

便步用于行军、操练后恢复体力及其他场合。

口令:便步——走,立——定。

动作要领:用适当的步速、步幅行进,两臂自然摆动,上体保持良好姿态。听到"立——定"的口令,两脚自然靠拢,成立正姿势。

动作要求:步速、步幅适当,保持好良好的队列纪律和基本队形,略低于正常的行进速度。

(五)踏步

踏步用于调整步伐和整齐。

停止间口令:踏步——走,立——定。

行进间口令:踏步,立——定,或踏步,前进,立——定。

动作要领:两脚在原地上下起落(抬起时,脚尖自然下垂,离地面约15厘米;落下时,前脚掌先着地),上体保持正直,两臂按照齐步或者跑步摆臂的要领摆动。

齐步踏步时,听到"立——定"的口令,左脚踏1步,右脚靠拢左脚,原地成立正姿势。跑步踏步时,听到"立——定"的口令,继续踏2步,再按照上述要领进行(见图6-6)。

踏步是原地的动作,应注意不要移动位置;上体要保持正直。

踏步时,听到"前进"的口令,继续踏2步,再换齐步或跑步前进。

图6-6 踏步(齐步踏步)

四、步法变换

步法变换,均从左脚开始。步法变换包括齐步与正步互换、齐步与跑步互换以及齐、跑步与踏步互换。

(一)齐步与正步互换

口令:正步——走;齐步——走。

动作要领:听到口令(动令落于左脚),右脚继续走1步,即换正步或齐步行进。

(二)齐步与跑步互换

口令:跑步——走;齐步——走。

动作要领:齐步换跑步时,听到预令,两手迅速握拳提到腰际,两臂前后自然摆动;听到动令,即换跑步行进。跑步换齐步时,听到动令,继续跑2步,然后换齐步行进。

(三)齐、跑步与踏步互换

口令:踏步;前进。

动作要领:齐步换踏步,听到口令,即换踏步。跑步换踏步,听到口令,继续跑2步,然后换踏步。踏步换齐步或跑步,听到"前进"的口令,继续踏2步,再换齐步或者跑步行进。

动作要求:变换步法左脚始,听到动令再换步。正、齐互换令落左,其他动令均落右。变换时,动作衔接自然,节奏变换明显。

五、行进间转法

行进间转法,是行进间变换方向的方法。分为向右转走、向左转走和向后转走。需要指出的是,向左转走的口令,动令应落于左脚。

(一)齐步、跑步向右(左)转

口令:向右(左)转——走。

动作要领:左(右)脚向前半步(跑步时,继续跑2步,再向前半步),脚尖向右(左)约45°,身体向右(左)转90°时,左(右)脚不转动,同时出右(左)脚按照原步法向新方向行进。

半面向右(左)转走,按照向右(左)转走的要领转约45°。

(二)齐步、跑步向后转

口令:向右(左)转——走。

动作要领:左脚向右脚前迈出约半步(跑步时继续跑2步、再向前半步),脚尖向右约45°,以两脚的前脚掌为轴,向后转180°,出左脚按照原步法向新方向行进。

动作要求:转动时,保持行进时的节奏,两臂自然摆动,不得外张;两腿自然挺直,上体保持正直。

六、敬礼与礼毕

敬礼分为举手礼、注目礼和举枪礼。

(一)举手礼

口令:敬礼;礼毕。

动作要领:上体正直,右手取捷径迅速抬起,五指并拢自然伸直,中指微接帽檐右角前约2厘米处(戴卷檐帽、无檐帽或者不戴军帽时微接太阳穴,约与眉同高)。手心向下,微向外张(约20°),手腕不得弯曲,右大臂略平,与两肩略成一线,同时注视受礼者(见图6-7)。

听到"礼毕"的口令,将手放下。

图6-7 敬礼

动作要求:精神饱满,姿态端正。取捷径,抬起快,手心向下微向外;20°,2厘米,腕直臂平正上体。做到:"两快(即:抬手快,放手快)""两准(即:中指位置准,手外张角度准)""一稳(即:上体要稳)"。

(二)注目礼

口令:敬礼;礼毕。

动作要领:面向受礼者成立正姿势,同时注视受礼者,并目迎目送,右、左转头角度不超过约45°。

动作要求:动作迅速准确协调,两眼注视受礼者。做到:立正姿势站立好,目迎目送随头转,左右不超45°,敬礼不动脚和手。

(三)举枪礼

举枪礼用于阅兵式或者执行仪仗任务。

口令:向右看——敬礼。

动作要领:右手将枪提到胸前,枪身垂直并对正衣扣线,枪面向后,离身体约10厘米,枪口与眼同高,大臂轻贴右肋;同时左手接握表尺上方,小臂略平,大臂轻贴左肋;同时转头向右注视受礼者,并目迎目送,右、左转头角度不超过约45°。

动作要求:提枪迅速;枪身垂直,位置准确;转头迅速明显。做到:双手提枪到胸前,枪身垂直面向后,枪口高度同眼齐,目送目迎莫忘记。

(四)礼毕

口令:向右看——敬礼。

动作要领:行举手礼者,将手放下;行注目礼者,将头转正;行举枪礼者,将头转正,右手将枪放下,使托前踵轻轻着地,同时左手放下,成持枪立正姿势。

七、坐下、蹲下与起立

(一)坐下与起立

口令:坐下,起立。

动作要领:左小腿在右小腿后交叉。迅速坐下(坐凳子时,听到口令,左脚向左分开约一脚之长;女军人着裙服坐凳子时,两腿自然并拢),手指自然并拢放在两膝上,上体保持正直。

当听到起立的口令时,全身协力迅速起立,左脚取捷径靠拢右脚,成立正姿势。

动作要求:上体正直,姿态端正,动作迅速。坐下起立有诀窍,身体重心最重要,协力坐起稍前倾,用力正顶重心好。

(二)蹲下与起立

口令:蹲下,起立。

动作要领:右脚后退半步,前脚掌着地,臀部坐在右脚跟上(膝盖不着地),两腿分开约60°(女军人两腿自然并拢),手指自然并拢放在两膝上,上体保持正直(见图6-8)。蹲下过久,可以自行换脚。

当听到起立的口令时,全身协力迅速起立,右脚取捷径靠拢左脚,成立正姿势。

动作要求:上体正直,姿态端正,动作迅速。两腿分开的角度准确,起立时身体重心前移要快,靠脚迅速有力,方向要正。

图6-8 蹲下

八、脱帽、戴帽

口令:脱帽、戴帽。

动作要领:立姿脱帽时,双手捏帽檐或者帽前端两侧,将帽取下,取捷径置于左小臂,帽徽朝前,掌心向上,四指扶帽檐或者帽墙前端中央处,小臂略成水平,右手放下(见图6-9)。

坐姿脱帽时,双手捏帽檐或者帽前端两侧,将帽取下,置于桌面前沿左侧或者膝上,使帽顶向上、帽徽朝前,也可以置于桌斗内。

听到"戴帽"的口令,双手捏帽檐或者帽前端两侧,取捷径将帽迅速戴正。

脱、戴帽时,双手取捷径,上体保持正直,不得晃动。

图6-9 脱帽

动作要求:精神振作,姿态端正,动作协调,节奏分明,定型定位,两眼注视前方。做到:脱帽时,双手捏檐(墙)徽边垂,取帽置于左小臂。小臂端成水平线,四指扶檐(墙)徽朝前。戴帽时,双手捏帽速戴正。"两快(即:双手捏握帽檐动作快,放手动作快)""一稳(即:上体稳)""一正(即:帽的方向要正)"。

第三节 分队的队列动作

分队的队列动作是指班、排、连、营等级别建制单位的队列动作。本教材主要介绍连(含)以下队列动作。

一、班的队列动作

(一)集合、解散

1. 集合

集合是使单个军人、分队、部队按照规范队形聚集起来的一种队列动作。

集合时,指挥员应当先发出预告或者信号,如"全班注意",然后,站在预定队形的中央前,面向预定队形成立正姿势,下达"成××队—集合"的口令。所属人员听到预告或者信号,原地面向指挥员成立正姿势;听到口令,跑步到指定位置面向指挥员集合(在指挥员后侧的人员,应当从指挥员右侧绕过),自行对正、看齐,成立正姿势。

口令:"成班(二列)横队—集合""成班(二路)纵队—集合"。

动作要领:基准兵迅速到班长左前方适当位置,成立正姿势;其他士兵以基准兵为准,依次向左排列,自行看齐。成班二列横队时,单数士兵在前,双数士兵在后。成班二路纵队集合时,单数兵在左,双数兵在右。

2. 解散

口令:"解散"。

动作要领:队列人员迅速离开原列队位置。

动作要点:

(1)实施集合时,指挥员发出预告后,要略加停顿,尔后选定方向(位置),成立正姿势下达集合的口令。

(2)集合时,基准兵选择位置要准确,并迅速到位,其他士兵动作要迅速准确,自行对正、看齐、成立正姿势。

(3)解散时,全班人员迅速离开原队列位置。

(二)整齐、报数

1. 整齐

整齐,是使列队人员按照规定的间隔、距离,保持行、列齐整的一种队列动作。整齐分为向右看齐、向左看齐和向中看齐。

口令:"向右看——齐、向前——看、向左看——齐、向前——看"。

动作要领:基准兵不动,其他士兵向右(左)转头,眼睛看右(左)邻士兵腮部,前四名能通视基准兵,自第五名起,以能通视到本人以右(左)第三人为度。后列人员,先向前对正,后向右(左)看齐。听到"向前——看"的口令,迅速将头转正,恢复立正姿势。

向中看齐时口令:"以×××为准(或以第×名为准),向中看——齐、向前——看"。

动作要领:当指挥员指定"以×××为准(或以第×名为准)"时,基准兵答"到",同时左手握拳高举,大臂前伸与肩略平,小臂垂直举起,拳心向右。听到"向中看——齐"的口令后,其他士兵按照向左(右)看齐的要领实施。

听到"向前——看"的口令后,基准兵迅速将手放下,其他士兵迅速将头转正,恢复立正姿势。

一路纵队看齐时,可以下达"向前——对正"的口令。

2. 报数

口令:"报数"。

动作要领:横队从右至左(纵队由前向后)依次以短促洪亮的声音转头(纵队向左转头)报数,最后一名不转头。

动作要点:

(1)看齐时,横队要做到"三线"整齐,即脚尖线齐、胸线齐、头线齐。纵队要做到前后对正。要用小碎步迅速调整。

(2)报数时,要正直转头(约45°)依次按顺序连贯进行。

(三)出列、入列

口令:"×××(或第×名),出列、入列"。

动作要领:出列军人听到呼点自己姓名或者序号后应当答"到",听到"出列"的口令后,应当答"是"。然后按规定动作进到指定位置,面向指挥员成立正姿势(指挥员转体面向出列人员)。

听到"入列"口令后,出列人员回答"是",然后按照出列的相反程序入列。

动作要点:

1. 班长口令要准确、清楚、洪亮,便于队列人员实施动作。
2. 出、入列士兵动作规范,精神振作,入列后要自行看齐。

(四)行进、停止

班横队行进以右翼为基准,班纵队行进以先头为基准。行进为齐、正、跑三种步法。

口令:"×步——走、立——定"。

动作要领:听到口令,基准兵向正前方前进,其他士兵向基准翼标齐,保持规定的间隔、距离行进。行进中,可用"一二一"(调整步伐的口令)、"一、二、三、四"(呼号)或者唱队列歌曲,以保持步伐的整齐和振奋士气。

听到"立——定"的口令,按照立定的要领实施,全班的动作要整齐一致。停止后,听到"稍息"的口令,先自行对正、看齐,再稍息。

动作要点:

(1)班横队行进时,班长指挥位置位于队列右侧前适当位置,并随全班行进而转换方向;班纵队行进时,班长位于队列左侧中央前,随全班行进。

(2)行进时,基准兵要保持好行进方向、步幅、步速;其他士兵向右标齐,保持好规定的间隔、距离。

(3)全班人员动作整齐、协调,要达到"四线"齐,即头线、胸线、脚线、臂线整齐。

(五)队形变换

队形变换,是由一种队形变为另一种队形的队列动作。

班队形变换分为停止间和行进间两种。停止间包括班横队和班纵队的互换、班横队和班二列横队的互换、班纵队和班二路纵队的互换。行进间只进行班横队和班纵队的变换。

1. 班横队和班纵队的互换

停止间口令:"向右——转、向左——转"。

行进间口令:"向右转——走、向左转——走"。

动作要领:停止间班横队变为班纵队时,班长应先跑步到队列排头一侧3~5步处,面向队列,尔后下达"向右——转"的口令,班纵队变为班横队时,班长先跑步到队形右侧中央前5~7步处,面向队列,再下达:"向左——转"的口令。

行进间横队和纵队互换时,班长先跑步到队形左侧前适当位置,下达:"齐步——走"的口令,然后在再达变换队形的口令。

全班士兵听到口令,按照单个军人"向左(右)——转"或"向左(右)转——走"的要领实施。

2. 停止间班横队和班二列横队的互换

口令:"成班二列横队——走;间隔一步,向左离开、成班横队——走"。

动作要领:变换前,先报数。班横队变为班二列横队时,听到"成班二列横队——走"的口令,双数兵左脚后退1步,右脚(不靠拢左脚)向右跨1步,左脚向右脚靠拢,站到单数士兵之后,自行对正、看齐。

班二列横队变为班横队时,听到"间隔1步,向左离开"的口令,取好间隔;听到"成班横队——走"的口令,双数士兵左脚左跨1步,右脚(不靠拢左脚)向前1步,左脚向右脚靠拢,站到单数士兵左侧,自行看齐。

3. 停止间班纵队和班二路纵队互换

口令:"成班二路纵队——走;距离2步,向后离开、成班纵队——走"。

动作要领:班纵队变为班二路纵队时,听到口令,双数士兵右脚右跨1步,左脚(不靠拢右脚)向前1步,右脚向左脚靠拢,站到单数士兵右侧,自行对正、看齐。

班二路纵队变为班纵队时,听到"距离2步,向后离开"的口令,按口令要求调整好距离;听到"成班纵队——走"的口令,双数士兵右脚后退1步,左脚(不靠拢右脚)站到单数士兵之后,自行对正。

动作要点:

(1)停止间变换队形前后以小碎步迅速取好间隔或距离。

(2)行进间变换队形,全班人员变换动作准确,步伐一致,排面整齐。

(六)方向变换

方向变换是改变队列面对的方向的一种队列动作。班的方向变换,可分为班横队和班纵队的方向变换两种。分别进行停止间和行进间动作的变换。

1. 班横队方向变换

停止间口令:"左(右)转弯,齐步——走"。

行进间口令:"左(右)转弯——走"。

下面以停止间和行进间向左变换方向为例。

动作要领:横队方向变换时,听到口令,轴翼士兵踏步,并逐渐向左转动;外翼第一名士兵用大步行进并同相邻士兵动作协调,逐步变换方向(越接近轴翼者,其步幅越小),其他士兵用眼睛的余光向外翼取齐,并保持规定的间隔和排面整齐,转到90°或者180°时踏步并取齐,听口令前进或者停止。听到"立——定"的口令,按照齐步立定的动作要领实施。

向右变换方向动作相同方向相反。

2. 班纵队方向变换

停止间口令:"左(右)转弯,齐步——走。左(右)后转弯,齐步——走"。

行进间口令:"左(右)转弯——走。左(右)后转弯——走"。

动作要领:班纵队方向变换时,基准兵在左转弯时,按照单个军人行进间转法(停止间,左转弯走时,左脚先向前1步)的要领实施,在左后转弯时,用小步边行进边变换方向,转到90°或者180°后,照直前进;其他士兵逐次进到基准兵的转弯处,转向新方向跟进。

向右变换方向动作相同方向相反。

动作要点:

(1)班横队方向变换时,士兵要用两眼余光标齐排面,保持好间隔和行进的步速步幅,变换顺序为先左后右。

(2)班纵队方向变换时,行进时向前对正,其他士兵进到基准兵的转弯处按要领变换方向。变换方向按向左、左后、右、右后的顺序进行,回到原位。

二、排的队列动作

(一)集合、离散

口令:成排横队——集合;成排纵队——集合。

动作要领:当听到"成排横队——集合"的口令时,基准班跑步带至在指挥员前方适当位置,成班横队迅速站好后转体面向指挥员;其余班成班横队列,以基准班为准,向基准班看齐,在基准班的后方依次向后排列,自行对正看齐。

当听到"成排纵队——集合"的口令时,基准班跑步带至在指挥员右前方适当位置,成班纵队迅速站好后面向指挥员;其余班成班纵队列,以基准班为准,向基准班看齐,在基准班的右方依次向右排列,自行对正看齐。

离散口令:以班为单位——带开(回);解散。

动作要领:当听到"距离××米,各班——带开"的口令时,在排队列中的各班迅速跑步带领本班离开原队列位置;当听到:"解散"口令时,单个军人迅速跑步离开原列队位置。

(二)整齐、报数

整齐可以分为向右、向左看齐和向中看齐。报数通常用于清点人数或队形变换等时机。

整齐口令:向右看——齐;向左看——齐;以×××为准,向中看——齐。

动作要领:在排横队列整齐时,可使用两种及以上的整齐口令,并保持人员和各列之间保持正确的间隔和距离。

报数口令:报数;1、2报数;1~3报数。

动作要领:报数时,基准列从右至左依次以短促洪亮的声音转头报数,最后一名不转头,后列最后一名报"满伍"或"缺×名"。排纵队整齐时,基准路(左路)迅速对正,右两路排头迅速取好间隔,其他人员先向前对正,后向左看齐;报数时,基准路(左路)报数。

(三)出列、入列

主要包括单个军人和班出列入列时的动作。

1. 单个军人出列、入列

口令：×××（或第×名）出列；入列。

动作要领：出列军人听到呼点自己姓名或者序号后应当答"到"，听到"出列"的口令后，应当答"是"。位于第一列的军人，取捷径出列，通常是半面向左转，迅速跑步至指挥员右侧适当测试位置；位于中列的军人向后转，等待后列同序号的军人向后退1步让出缺口后，从队尾出列，而位于"缺口"位置的军人，待出列军人出列后恢复到原来位置；位于最后一列的军人出列时，先后退1步，而后按照规定从队尾出列，当听到"入列"口令后，应当回答"是"，并按照出列的相反程序进入队列。

2. 班出列、入列

口令：第××班，出列；入列。

动作要领：当听到"第××班"的口令后，由出列班的指挥员答"到"，听到"出列"的口令后，由出列班的指挥员回答"是"，并用口令指挥本班，以班纵队的形式从队尾出列；在听到"入列"的口令后，由入列班的指挥员回答"是"，并用口令指挥本班以班纵队形式从队尾入列。

（四）行进、停止

横队行进以右翼为基准，纵队行进以左翼为基准。

口令：齐（跑、正）步——走；立——定。

动作要领：当分队听到"齐步——走"的口令后，基准兵向正前方前进，其他人员向基准侧标齐，保持规定的间隔距离行进。纵队行进时，排通常成二路纵队，也可成一、二路纵队，行进中需要用"一二一""一二三四"，或唱队列歌曲，目的是保持队列步伐的整齐及振奋士气。当分队到达预定位置时，指挥员应下达"立——定"的口令，人员按照立定的动作要领实施，分队内人员动作保持整齐一致，停止后，听到"稍息"的口令后，先自行对正，看齐，再稍息。

（五）队形变换

1. 停止间横队和纵队互换

口令："向右——转""向左——转"。

动作要领：人员听到口令后，按照单个军人向右转的要领实施。

2. 行进间横队和纵队互换

口令："向右转——走""向左转——走"。

动作要领：人员听到口令后，按照单个军人向右转走的要领实施。变换时分队动作要整齐一致，分队变换后，排以上指挥员应当进至规定的列队位置。

（六）方向变换

可分为排横队方向变换和排纵队方向变换。

1. 排横队方向变换

停止间排横队方向变换。

口令："左（左后、右、右后）转弯，齐步——走""立——定"。

行进间排横队方向变换。

口令:"齐步——走";"左(左后、右、右后)转弯——走";"立——定"。

2. 排纵队方向变换

停止间排纵队方向变换。

口令:"左(左后、右、右后)转弯,齐步——走";"立——定"。

行进间纵队方向变换。

口令:"齐步——走";"左(左后、右、右后)转弯——走";"立——定"。

动作要领:排横队方向变换时,第一列轴侧人员踏步,其他人员向内侧靠拢,向外侧标齐,保持排面整齐,或成"关门式"转向新方向,第二列、第三列的人员,边向右前行进边向前对正,并保持排面整齐。排纵队方向变换时,轴侧士兵踏步,并逐渐向左转动,外侧士兵用正常步幅边行进边变换方向,转到90°或180°标齐后,要照直行进,其他各伍均在第一伍转弯处转向新方向跟进。

三、连的队列动作

(一)连的集合、离散

连的集合分为连横队、连纵队、连并列纵队集合三种,按照规范队形聚散和离开原列队位置时采用,其口令及动作要领如下。

集合口令:全连注意;成连横队—集合;成连纵队—集合;成连并列纵队—集合。

解散口令:各(排、班)带开(带回);解散。

集合动作要领:当听到"成连×队"的口令时,所属人员听到预告或信号,原地面向指挥员成立正姿势;听到"集合"口令后,跑步到指定位置面向指挥员集合(在指挥员后侧的人员,应从指挥员右侧绕过),自行对正、看齐,成立正姿势。

离散动作要领:当听到"距离××米,各排(班)—带开"的口令时,在连队列中的各排(班)迅速跑步带领本班离开原队列位置;当听到"解散"口令时,单个军人迅速跑步离开原列队位置。

(二)连的整齐、报数

整齐可以分为向右、向左看齐和向中看齐。

连整齐的口令和要领同排整齐的口令和要领。

报数通常用于清点人数或队形变换等时机。

整齐口令:向右看——齐;向左看——齐;以×××为准,向中看齐。

动作要领:在连横队列整齐时,可使用两种及以上的整齐口令,并保证人员和各列之间保持正确的间隔和距离。

报数口令:报数;各排报告人数。

动作要领:连集合时,由各排长在队列内向指挥员报告人数,如"第×排到齐"或"第×排实到××名";必要时,连也可统一报数。连实施统一报数时,各排不留间隔,要补齐,成临时编组的横队队形。报数前,连指挥员先发出"看齐时,以一排长为准,全连补齐"的预告,尔后下达"向右看——齐"的口令,待全连看齐后,再下达"向前——看"和"报数"的口令,报数从一排长开始,后列最后一名报"满伍"或"缺×名"。

(三)连的行进与停止

横队和并列纵队行进以右翼为基准,纵队行进以左翼为基准。

口令:×步——走,立——定。

动作要领:听到口令,基准兵向正前方行进,其他人员向基准翼标齐,保持规定的间隔距离行进。

听到立定的口令后,按照立定的要领实施,动作要整齐一致。停止后,听到"稍息"的口令,先自行对正、看齐,再稍息。

(四)连的队形变换

1. 连横队和连纵队的互换

停止间口令:向右(左)——转。

行进间口令:向右(左)转——走。

动作要领:停止间,按照单个军人向右(左)转的要领实施。行进间,按照单个军人向右(左)转走的要领实施。全连动作要整齐一致。队形变换后,排以上指挥员应进到规定的列队位置。

连、排指挥员位置的变换方法:连横队变连纵队时,停止间,队形变换后,均右跨一步,站到本分队中央前(连纵队的列队位置);行进间,边行进边进到连纵队的列队位置。连纵队变连横队时,停止间,均向前1步,站在本分队第一列的右侧;行进间,边行进边进到本分队第一列的右侧。

2. 连纵队和连并列纵队的互换

(1)连纵队变连并列纵队

停止间口令:成连并列纵队齐步——走。

行进间口令:成连并列纵队——走。

动作要领:连指挥员或基准排踏步,其他排和连部、炊事班逐次进到连指挥员或基准排左侧踏步并取齐,而后,听口令前进或停止。

连、排指挥员位置的变换方法:听到口令,连长左脚继续踏1步,右脚向右前1步,进到政治指导员前方仍踏步,政治指导员继续踏步,副连长向前2步(未编有副政治指导员时,副连长向左前2步),进到连长左侧,副政治指导员向左前1步,进到政治指导员左侧,排长、司务长进到预定列队位置,继续踏步并取齐。

(2)连并列纵队变连纵队

停止间口令:成连纵队,齐步——走。

行进间口令:成连纵队——走。

动作要领:连指挥员或基准排照直前进,其他排和连部、炊事班停止间和行进间均踏步,待连指挥员或基准排离开原位后,各排按排长、连部和炊事班按司务长的口令依次跟进。

连、排指挥员位置的变换方法:听到口令,连长向左前1步,进到副连长前方踏步,政治指导员向前2步,进到连长右侧继续踏步,副政治指导员向右前1步,进到副连长右侧继续踏步(未编有副政治指导员时,副连长右跨半步并踏步),排长、司务长进到预定列队位置继续踏步,取齐后照直前进。

(五)连的方向变换

1. 连横队和连并列纵队方向变换

停止间口令:左(右)转弯,齐步——走或左(右)后转弯,齐步——走。

行进间口令:左(右)转弯——走或左(右)后转弯——走。

动作要领:第一列轴翼人员停止间用踏步、行进间用小步,外翼人员用大步行进,保持排面整齐,边行进边变换方向,转到90°或180°后,听到口令前进或停止;后续各列按上述要领,保持间隔、距离,进到前一列转弯处,转向新方向跟进。

2. 连纵队方向变换

停止间口令:左(右)转弯,齐步——走或左(右)后转弯,齐步——走。

行进间口令:左(右)转弯——走或左(右)后转弯——走。

动作要领:轴翼人员用小步行进,外翼人员用大步行进,保持排面小列整齐,边行进边变换方向,转到90°或180°后,照直行进;后续人员按照本路纵队基准兵步幅保持相应的间隔、距离,进到转弯处,转向新方向跟进。

思考与练习

1. 《内务条令》有哪些主要内容?其作用是怎样的?
2. 《纪律条令》的主要内容是什么?其作用是怎样的?
3. 《队列条令》的主要内容是什么?其作用是怎样的?
4. 单个军人常用的队列动作有哪些?其动作要领是怎样的?
5. 分队队列动作的主要内容有哪些?

第七章
射击与战术训练

> **学习目标**
>
> 了解轻武器的战斗性能,掌握射击的动作要领,体会射击;学会单兵战术的基础动作,了解战斗班组攻防的基本动作和战术原则,培养良好的战斗素养。

第一节 轻武器射击

轻武器又称轻兵器,是由单兵或班(组)携行使用的武器的统称。其主要作战用途是在近距离内杀伤敌有生力量,毁伤敌轻型装甲目标、低空飞行目标,破坏敌武器装备和军事设施。本教材仅介绍95式自动步枪的有关常识与理论。

一、武器常识

(一)战斗性能和主要诸元

95式5.8毫米自动步枪与95式5.8毫米班用轻机枪组成班用枪族,活动机件和弹匣、弹鼓可以互换,并能用实弹直接从枪管发射40毫米系列枪榴弹,使射手具有点面杀伤和反装甲的能力,是近战中消灭敌人有生力量的自动武器和步兵分队反装甲目标的辅助武器。

1. 战斗性能

95式自动步枪对单个目标在400米内射击效果最好,集中火力可射击500米内的敌机降、伞降以及集团目标。

供弹方式:弹匣供弹,必要时也可使用弹鼓供弹。

射击方法:可实施短点射(2~5发),还可实施长点射(6~10发)和单发射。

战斗射速:点射击每分钟100发,单发射每分钟40发。

枪管寿命:10000发。

2. 主要诸元(见表7-1)

表7-1 95式自动步枪主要诸元

名称	数值	名称	数值
口径	5.8mm	枪全重(含一个弹匣)	3.5kg
初速	920m/s	枪全长(不装刺刀)	746mm
有效射程	400m	刺刀长(不含刀鞘)	300mm
表尺射程	500m	刺刀宽	35mm
瞄准基线长	325mm	弹匣容弹量	30发

(二)各部机件的名称、用途及自动原理

1. 各部机件的名称和用途

95式自动步枪由刺刀、枪管、导气装置、瞄准装置、护盖、枪机、复进簧、击发机、枪托、机匣和弹匣组成(见图7-1);另有1套附品。

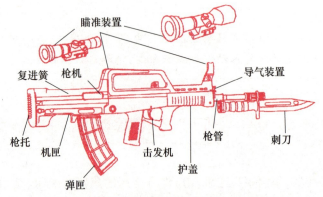

图7-1 95式自动步枪

刺刀(或匕首) 用以刺杀敌人,也可作为格斗匕首和野战工作用刀。多功能刺刀由刺刀和刀鞘组成。刺刀上有剪刀部位、剪刀轴孔、挫削部位、刀环、刀柄座、砍削部位和锯割部位。刀鞘上有挂带、带扣、磨刀石、平口起子、剪板座和轴(见图7-2)。

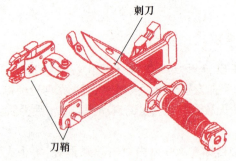

图7-2 刺刀

枪管　用以赋予弹头及枪榴弹的飞行方向。枪管内是枪膛,枪膛分为弹膛和线膛。弹膛用以容纳子弹,线膛能使弹头在前进时旋转运动,以保持飞行的稳定性。枪口装置用来减小发射时枪口的跳动和火焰,并与后定位器配合,作为榴弹发射器及刺刀连接座使用(见图7-3)。

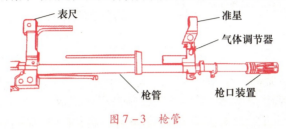

图7-3　枪管

导气装置　由气体调节器、活塞及活塞簧组成。气体调节器用以调节火药气体的大小,标有"0""1""2"的数字,分别表示闭气、小孔和大孔位置。通常装定在"1"上,当武器过脏来不及擦拭或在严寒条件下射击时,可装定在"2"上。发射枪榴弹时,须将调节塞转动到"0"的位置,以防损坏活动机件。活塞用以承受火药气体的压力,推动枪机向后。活塞簧用以使活塞回到原来位置(见图7-4)。

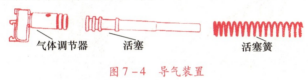

图7-4　导气装置

瞄准装置　用以对目标进行瞄准。有机械瞄准具、白光瞄准镜和微光瞄准镜等。表尺上有觇标,有"1""3""5"三个字样,分别表示100米、300米和500米,表尺"0"上荧光点与准星两侧的荧光点组成准星、照门倒置式简易夜瞄装置,其使用同表尺。机械瞄准装置的准星部件由准星座、准星连接座、准星护圈和准星四部分组成(见图7-1)。准星可拧高、拧低,准星移动座可以左右移动,准星移动座和准星座上各刻有一条刻线,用以检查准星位置是否正确。

护盖　由上护盖与下护盖组成。上护盖有提把,用以提枪前进;下护盖有握把、扳机护圈、小握把、护盖锁孔、挂合杆,主要用以操持武器和射击。握把内为附品筒巢,用以容纳附品筒,前端小提把有通气孔,用以及时散热冷却枪管(见图7-5)。

枪机　由机体和机头组成。用以送弹、闭锁、击发和退壳,并能使击锤向后成待发状态。机体上有圆孔和导笋槽,用以容纳机头,并引导机头旋转形成闭锁和开锁;还有解脱凸笋、机柄和复进簧巢。机头上有击针(用以撞击子弹底火)、抓弹钩(用以从膛内抓出弹壳和子弹)、还有导笋、送弹凸笋、开闭锁凸笋、导槽和弹底巢(见图7-6)。

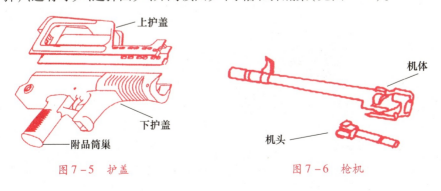

图7-5　护盖　　　　图7-6　枪机

复进簧 作用是储存枪机、枪机框的部分后坐能量,以便赋予枪机、枪机框向前复进及完成推弹、抓弹、闭锁、解除不到位保险等所必需的能量(见图 7-7)。

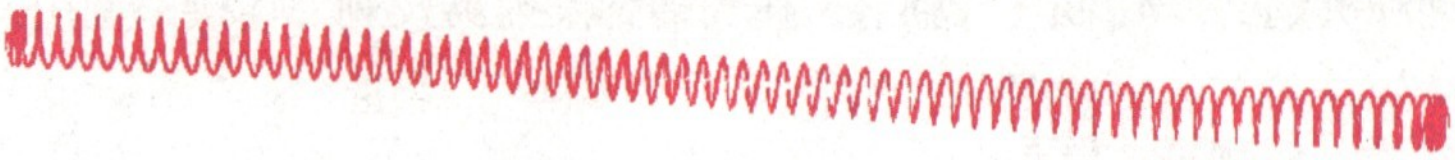

图 7-7 复进簧

击发机 由扳机、扳机拉杆、阻铁杠杆、击发阻铁、单发阻铁、不到位保险机、解脱杠杆、快慢机、击锤、击锤簧、击锤簧导杆、顶头及击发机座组成,用以控制待发、操纵击发及保险。快慢机上的"0""1""2"分别为保险、单发射和连发位置(见图 7-8)。

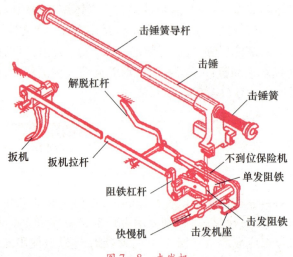

图 7-8 击发机

机匣 用以容纳枪机、固定快慢机和弹匣。机匣外有弹簧卡笋和弹匣结合口,用以结合弹匣或弹鼓。机匣内有:闭锁卡槽,能脱枪机闭锁枪膛;拨弹凸笋,用以拨出弹壳(子弹)。

枪托 用以保证机匣内部免沾污垢和便于操作(见图 7-9)。枪托右侧有抛弹壳(子弹)口,枪托内有杠杆式缓冲器和后端的变刚度托底钣组成双缓冲机构,可降低活动机件后坐时的撞击。

弹匣 由弹匣体、托弹钣、托弹钣簧、卡钣、弹匣盖组成,用以容纳和托送子弹(见图 7-10)。弹匣体的后端有三个观察孔,分别对正第 10 发、第 20 发和第 30 发子弹的底缘,用以观察子弹的余量。

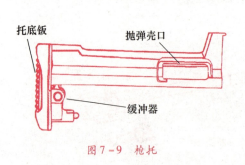

图 7-9 枪托

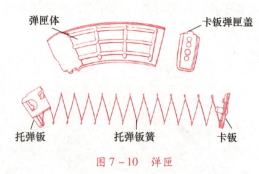

图 7-10 弹匣

附品 用以分解结合、擦拭上油、携带和排除故障。附品有通条头、通条连接杆(共7根,图中仅展示1根作为示例)、铳子、铳杆、准星扳手、油刷、油壶、油刷和油壶。使用时,将通条连接杆与通条头或油刷拧结在一起,用以清除枪管内脏物及涂油;铳杆用以拆卸击针销、拉壳钩轴等;准星扳手用以矫正射效时调节准星的高低;铳子用以清除枪管导气孔的火药残渣(见图7-11)。

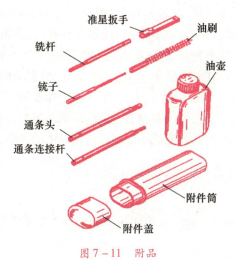

图 7-11 附品

2. 自动原理

扣扳机后,扳机拉杆拉下击发阻铁,击锤平移向前打击击针,击针撞击子弹底火,点燃发射药,产生火药气体,推送弹头沿膛线向前运动;当弹头经过导气孔时,部分火药气体通过导气孔,涌入导气箍,冲击活塞,推动枪机向后,压缩复进簧,完成开锁抛壳,并使击锤向后成待发状态;当枪机退到最后方时,由于复进簧的伸张,使枪机向前运动。推动次一发子弹入膛、闭锁。此时,如快慢机定在连发位置,扳机未松开,击发阻铁不能卡住击锤,击锤再次打击击针,形成连发;如快慢机定在单发位置,击锤被单发阻铁卡住不能向前,若再次发射,必须松开扳机再扣;如快慢机定在保险"0"的位置,快慢机轴阻挡击发阻铁使其不能回转,成保险状态。当击锤位于后方(即待发状态)保险时,扣不动扳机,不能击发;当击锤位于前方(即击发状态)保险时,活动机件不能压击锤向后成待发,枪机不能推弹进膛。

二、简易射击学理

(一)发射与后坐

1. 发射

发射:发射药燃烧时所产生的火药气体压力将弹头从膛内推送出去的现象。

发射过程:击针撞击子弹底火,使起爆药发火,火焰通过导火孔引燃发射药,产生大量的火药气体,在膛内形成强大的压力,迫使弹头脱离弹壳,沿膛线旋转加速前进,直至推出枪口。

2. 后坐

发射时,由于火药气体压力的作用,使武器向后运动的现象称为后坐。

后坐的形成:发射药燃烧时,产生的气体同时作用于各个方向,作用于膛壁周围的压力为膛壁所抵消;向前作用于弹头后部的压力推送弹头前进;向后作用于子弹壳底部的压力经过枪机传给整个武器,使武器向后运动,形成后坐。武器后坐和弹头的运动是同时开始的。在弹头脱离枪口瞬间,大量的火药气体随弹头后部从枪口向外喷出,形成了反作用力,使武器后坐更加明显。

后坐对命中的影响:后坐对单发(连发首发)射击的命中影响极小。因为弹头在膛内运动的时间极短(约1/1000秒),弹头在脱离枪口以前,枪的后坐距离只有约1毫米。射手感觉到的后坐,主要是弹头在脱离枪口的瞬间,火药气体猛烈向枪口外喷出形成的反作用力造成的。此时,弹头已脱离枪口,因此,后坐对单发(连发首发)射击的命中影响极小。后坐对连发射击的命中影响则较大。因为连发射击时,第一发子弹发射后,由于枪的后坐明显改变了原来的瞄准线,所以对第二发以后的射弹有一定的影响。但只要射手据枪动作要领正确,掌握武器连发射击时的后坐规律,就能减小后坐对连发命中的影响,提高射击精度。

(二)初速及其实用意义

1. 初速

弹头底部脱离枪口瞬间的速度,称为初速。初速以"米/秒"为单位表示。如95式自动步枪初速为920米/秒。

2. 决定初速大小的因素

影响射弹初速的原因很多,主要有弹头的质量(单位:克)、装药的质量(单位:克)和燃烧速度、枪管的长度等。

3. 初速的实用意义

初速是判定武器战斗性能的重要因素之一,它的大小对射击效果具有重要意义。初速大则实用意义就大:一是弹道低伸、射程远、危险界大;二是受外界条件影响小,命中精度高;三是弹头的杀伤力和侵彻力大。

三、弹道形成及弹道要素

(一)弹道及其形成

弹头运动中,其重心所经过的路线称为弹道。

弹道的形成:弹头在空气中飞行时,一方面受到地球引力的作用,逐渐下降;另一方面受到空气阻力的作用,越飞越慢。因此,形成了一条不均等的弧线。升弧较长较直,降弧较短较弯曲(见图7-12)。

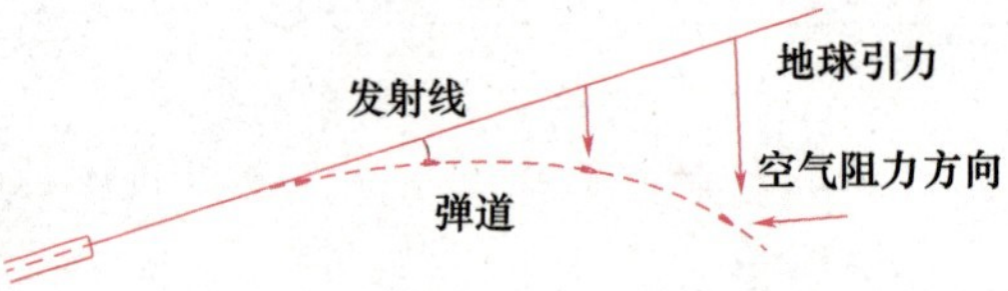

图7-12 弹道的形成

(二)弹道要素

弹道要素如图7-13所示。

起点:火身口中心点(外弹道开始点)。

火身口水平面:通过起点的水平面。

落点:弹道与火身口水平面的交点(射表落点)。
射程:起点到落点的水平距离。
射线:发射前火身轴线的延长线。
射角:射线与火身口水平面所夹的角。
发射线:发射瞬间火身轴线的延长线。
发射角:发射线与火身口水平面所夹的角。
发射差角:发射线与射线所夹的角。
弹道最高点:火身口水平面上弹道最高的一点。
升弧:由起点到弹道最高点的弹道。
降弧:由弹道最高点到落点的弹道。
弹道高:弹道上任何一点到火身口水平面的垂直距离。
最大弹道高:弹道最高点到火身口水平面的垂直距离。

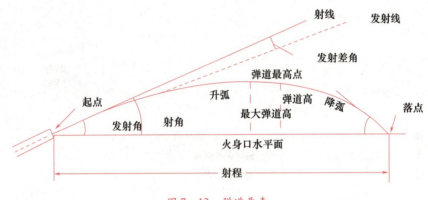

图 7-13　弹道要素

(三)危险界、遮蔽界和死角

危险界:包括表尺危险界和实地危险界。表尺危险界指瞄准线上的弹道高没有超过目标高的部分。实地危险界指在实际地形上弹道高没有超过目标高的一段水平距离。

遮蔽界:从弹头不能射穿的遮蔽物顶端到弹着点的一段水平距离,称为遮蔽界。

死角:目标在遮蔽界内不会被杀伤的一段水平距离(见图 7-14)。

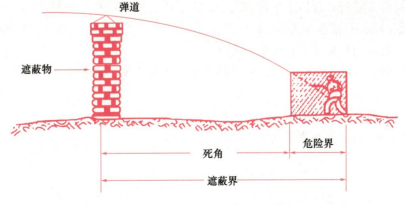

图 7-14　危险界、遮蔽界和死角

四、瞄准具(镜)的作用和瞄准要素

(一)瞄准具(镜)的作用

由于地球引力和空气阻力的作用,如果用枪管直接瞄向目标,射弹就会打低。为了命中目标,必须将枪口抬高,使火身轴线与瞄准线之间形成一定的角度,即瞄准角。瞄准角的大小是根据射弹在不同距离上的降落量来确定的。距离越远,降落量越大,所需要的瞄准角也就越大。瞄准具(镜)就是根据上述原理设计而成的。

(二)瞄准要素

瞄准要素是影响瞄准精度的各项因素的总称(见图7-15)。

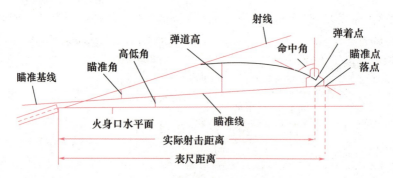

图7-15 瞄准要素

瞄准基线:缺口的上沿(或觇孔中央)到准星尖的直线距离。
瞄准线:视线通视觇孔中央(或缺口上沿)和准星尖的延长线。
瞄准线上的弹道高:弹道上任何一点到瞄准线的垂直距离。
落点:弹道降弧与瞄准线的交点。
瞄准点:瞄准线所指向的一点。
瞄准角:射线与瞄准线的夹角。
高低角:瞄准线与火身口水平面的夹角(目标高于火身口水平面时,高低角为"+";目标低于火身口水平面时,高低角为"-")。
弹着点:弹道与目标表面或地面的交点。
命中角:弹着点的弹道切线与目标表面或地面所夹的角。命中角通常以小于90°的角计算。
表尺距离:起点到落点的距离。
实际射击距离:起点到弹着点的距离。

五、选定表尺(瞄准镜)分划和瞄准点

为了使射弹准确地命中目标,射击时,射手应根据目标的距离、大小和武器的弹道高,正确地选定表尺(瞄准镜)分划和瞄准点。其方法如下。

(一)定实距离表尺(瞄准镜)分划,瞄目标中央

目标距离为百米整数时,可根据目标的距离装定相应的表尺分划,瞄准点选在目标中央。如95式自动步枪对100米距离上人胸目标射击时,定表尺"1",瞄准目标中央射击,即可命中目标中央。使用瞄准镜用第1个"∧"尖点瞄准目标中央射击,即可命中目标中央。

(二)定大于或小于实距离表尺分划,适当降低或提高瞄准点

目标距离不是百米整数时,通常选定大于实距离的表尺分划,根据武器在该距离上的弹道高,相应降低瞄准点射击。也可选定小于实距离的表尺分划,根据武器在该距离上的负弹道高,相应提高瞄准点射击。

(三)定常用表尺分划,小目标瞄下沿,大目标瞄中央

战斗中,步枪对300米(狙击步枪400米)距离以内的目标射击时,通常定常用表尺"3"("4")分划,小目标瞄下沿,大目标瞄中央射击,即可命中目标。如95式自动步枪定常用表尺对300米以内的人胸目标高(50厘米)射击时,瞄目标下沿,则整个瞄准线上的最大弹道高为21厘米(约176米处),没有超过目标高,目标在300米距离内,都会被杀伤。

六、外界条件对射击的影响及修正

武器弹道基本诸元是在标准条件下标定的。射击时,若外界条件不符合标准条件,就会改变弹道的形状,影响射击精度。

(一)风对射弹的影响及修正

风是一种具有速度和方向的气流,它能改变射弹的飞行方向和距离。准确判定风向和风力,根据风对射弹的影响进行修正,可以提高射弹命中精度。

横(斜)风能对弹头的侧面施以压力,使射弹偏向一侧,产生方向偏差(斜风还能使射弹产生距离偏差,因偏差很小,故不考虑)。风力越大,距离越远,偏差就越大。风从左吹来,射弹偏右;风从右吹来,射弹偏左。

横(斜)风条件下,使用机械瞄准具对重点目标或精度射击时,应按气象条件和弹道变化修正量表中数据进行修正。

纵风能影响射弹的飞行距离。顺风时,空气阻力减小,使射弹打远(高);逆风时,空气阻力增大,使射弹打近(低)。但近距离内,风速小于10米/秒时,纵风对射弹影响很小。

因此,步枪、轻机枪在400米(狙击步枪、重机枪600米)内,风速小于10米/秒,可不修正。如对远距离目标射击时,应适当降低或提高瞄准点。

(二)阳光对瞄准的影响及克服方法

阳光对瞄准影响的大小和机械瞄准具构造有关,95式自动步枪所采用的觇孔式照门,阳光对瞄准的影响相对较少。81-1式自动步枪采用的"U"形照门影响相对较大。瞄准时,由于阳光的照射作用,"U"形照门产生虚光,形成三层缺口:虚光部分、真实缺口、黑实部分(见图7-16)。如不注意辨清真实缺口的位置,就容易产生误差,使射弹产生偏差。

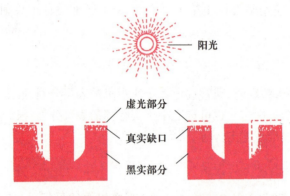

图7-16 阳光照射时景况

如果用虚光部分瞄准,射弹就偏向阳光照来的方向;如果用黑实部分瞄准,射弹就偏向阳光照来的相反方向。

在阳光照射下,缺口和准星尖同时产生虚光时,若用虚光部分瞄准,射弹偏低;若用黑实部分瞄准,射弹偏高。

克服的方法:一是在不同方向的阳光照射下练习瞄准,采取遮光瞄准不遮光检查,或不遮光瞄准遮光检查的方法,反复练习,确实辨清真实缺口的位置和正确的瞄准景况;二是在阳光下瞄准的时间不宜过长,以免眼花而产生误差;三是平时要注意保护好瞄准具,不使其磨亮而反光。

除此之外,射击时还应考虑气温、气压和高低角对射弹的影响。

七、射击动作

(一)验枪

口令:"验枪""验枪完毕"。

动作要领:当听到"验枪"的口令后,以右脚掌为轴,身体半面向右转,左脚顺势向前迈出一步(两脚分开约与肩同宽),同时右手放开枪背带,枪自然下落,移握大握把,将枪向前送出,左手接握下护盖,枪托夹于右胁与右大臂之间,枪口约与肩同高。左手大拇指打开保险,卸下弹匣,弹匣口向上、挂耳向后,交给右手握于大握把左侧,食指或中指向前扣住机柄。

当指挥员检查时或听到"自验"的口令后,拉机柄向后;验过后,自行送回枪机,装上弹匣,扣扳机,关保险,左手移握下护盖。

听到"验枪完毕"的口令后,左手反握上护盖,右手移握右肩前背带,身体半面向左转,在右脚靠拢左脚的同时,两手协力恢复肩枪姿势。

动作要点:上步出枪;开保险、卸弹匣、移握机柄;拉枪机、送枪机、装弹匣、击发、关保险、移握下握护;枪上肩成肩枪姿势。

动作要求:姿态端正,表情自然,目视前方,动作准确,协调迅速。

(二)卧姿装退子弹及定复表尺

口令:"卧姿——装子弹""退子弹——起立"。

动作要领:听到"卧姿——装子弹"的口令后,右手移握提把,枪口向前(背带从肩上脱下),左脚向右脚尖方向迈出一大步(也可右脚顺脚尖方向迈出一大步),左臂伸出,掌心向下(手指稍向右),按照膝、手、肘的顺序顺势卧倒。身体左侧着地,以左肘和身体左侧支持身体。右手将枪向目标方向送出,左手掌心向上托握下护盖,稍向左侧身,然后,枪面稍向左,枪托着地,右手卸下空弹匣,将空弹匣(弹匣口朝后、挂耳向下)交给左手握于护盖右侧,开弹匣袋扣,换上实弹匣,将空弹匣装入弹匣袋内扣好;打开保险,拉枪机送子弹上膛,关上保险。装定表尺(使用瞄准镜时,解开袋扣,取出瞄准镜装在枪上并锁紧,摘下物镜护罩),然后,右手移握大握把,全身伏地,两脚分开约与肩同宽,身体右侧与枪身略成一线,目视前方,准备射击。

听到"退子弹——起立"口令后,稍向左侧身,右手卸下实弹匣交给左手,打开保险,慢拉枪机向后,送回枪机,将从膛内退出的子弹压入弹匣内,解开袋扣,换上空弹匣,把实弹匣装入弹袋内并扣好,扣扳机,关保险;表尺分划归"3"(使用瞄准镜时,右手盖上瞄准物镜护盖,卸下瞄准镜,装入袋内并扣好),右手移握提把,将枪收回,同时左小臂向里合,屈左腿于右腿下。以左手和两脚撑起身体,右腿向前一大步,左腿再向前一步,左手反握上护盖前端,将枪倒置于胸前,右手挑起背带,在右脚靠拢左脚的同时,两手协力将枪送上右肩,恢复肩枪姿势。

动作要点:卧姿装子弹时,持枪上步;卧倒出枪;装子弹、定表尺;全身伏地,准备射击。退子弹起立时,侧身收枪;退子弹复表尺;"三收起立";枪上肩成肩枪姿势。

动作要求:程序正确,动作迅速,敌情观念强。

(三)据枪、瞄准、击发

据枪、瞄准、击发是相互联系和相互影响的动作,稳固持久的据枪,正确一致的瞄准,均匀正直的击发,三者正确的结合,是射击训练的重点和难点。因此,必须经过刻苦练习,才能熟练掌握动作技能。

1. 依托物的利用

射击时利用好依托物,会大大地提高据枪的稳固性,从而提高射击精度。依托物的高低,应根据射手的大臂长短而定,一般高度为25~30厘米。依托物过高或过低,都会使射手两肘过分里合或外张,而造成据枪不稳。

2. 据枪

良好的据枪姿势和正确的用力,是提高射击精度和连发命中率的基础。

动作要领:下护盖放在依托物上,枪身要正,身体右侧与枪身略成一线。右手拇指将快慢机扳到所需的位置,虎口向前紧握握把,食指第一节靠在扳机上;右大臂与地面略成垂直,肘部外撑使肘皮固定。左手握弹匣(也可握护盖),左肘着地外撑,两肘保持稳固。胸部挺起,身体稍前跟(右肘不离地),上体自然下塌,两手用力保持不变,使枪托确实抵于肩窝。头稍前倾,自然贴腮。

为便于记忆和掌握,据枪要领可归纳为"正、握、定、抵、塌,不耸也不拉"10个字。

正:据枪时将枪下护木放在依托物上,枪面要平正(缺口上沿与地面平行),身体右侧、枪身、目标略成一线,两脚分开略宽于肩。

握:右手虎口向前握握把,食指第一节贴在扳机上,用手掌肉厚部分(小鱼际肌)和余指合力握住握把,右手腕内合、下塌、挺住。

定:指两肘稳固地支撑于地面,保持上体稳固,即右大臂内合夹紧,与地面略成垂直,右肘着地外撑,肘皮控制在内前侧。左手虎口向前握弹匣,也可掌心向右握弹匣或握下护盖,左手向下稍向后用力,左肘稍向内合着地前撑,将肘皮控制在内后侧。

抵:两手协同将枪托抵于肩窝(右肩锁骨右下侧),抵肩位置不能过高或过低,肩不可前迎,使枪托与肩窝紧密结合,通过肩部用整个身体承受武器后坐力。

塌:胸部稍挺起,身体稍前跟,上体正直自然下塌。下塌后,枪身不得前移,两肘压力相同,枪托抵肩确实,腹部紧贴地面,两大腿内侧紧贴地面,头稍前倾,自然贴腮。

不耸也不拉:按上述要领据好枪后,不要有意识地向前耸肩,手不要有意识地向后拉,保持姿势稳固自然。

卧姿有依托据枪时,如果按要领据好枪后,应有"一正两紧三确实"的感觉。一正,枪身要正;两紧,两肘要撑紧,握把要握紧;三确实,抵肩要确实,上体下塌要确实,腹部着地要确实。

3. 瞄准

瞄准是准确射击的前提。正确的瞄准是:右眼通视缺口和准星,使准星尖位于觇孔的中央,再指向瞄准点。瞄准时应把主要精力集中在准星与觇孔的对正关系上。正确的瞄准景况是准星与觇孔的对正关系看得清楚,而目标看得较模糊。

瞄准时,瞄准线应自然指向瞄准点下方,上体下塌确实后,瞄准线应自然指向瞄准点,此时若未指向瞄准点,切忌用手或臂等局部力量调整或强扭枪身改变据枪动作进行修正。高低偏差过大时,应优先调整依托物的高低;高低偏差很小时,可上下稍稍调整抵肩的位置(或身体前后稍作移动)。方向偏差过大时,可左右移动两肘或整个身体;方向偏差很小时,只移动腹部即可。

瞄准口诀:左眼闭,右眼睁,通过觇孔看准星,准星觇孔对正好,指向目标下部或中部。

4. 击发

击发是准确射击的关键。击发时,用右手食指第一节均匀正直地向后扣压扳机(食指内侧与枪应有不大的空隙),余指握握把和右手腕用力保持不变。击发时,食指的用力与呼吸的控制要配合好。当瞄准线接近瞄准点时,应慢慢地预压扳机,并减缓呼吸;当瞄准线指向瞄准点时,应自然地停止呼吸,并继续增加对扳机的压力,直至击发。当瞄准线偏离瞄准点或不能继续停止呼吸时,应保持扣扳机的力量不变,待修正或换气后,再继续扣压扳机,直至击发。击发时注意力应保持正确的瞄准。

击发口诀:食指均匀正直压,余指力量不增加,扳机到底即松开,贴腮要正头不歪。

八、实弹射击的组织与实施

实弹射击是射击训练的重要组成部分。它包括实弹射击的有关规则与要求、实弹击的准备工作、实弹射击的组织与实施、实弹射击的成绩评定等内容。

(一)实弹射击的有关规则与要求

射击规则与要求是指射击人员在轻武器射击时应遵循的组织原则。

1. 对射击指挥员的要求

(1)从实战需要出发,从难、从严要求,注意锻炼射手独立自主地完成射击任务的能力。

(2)依照《军事训练大纲》和有关要求,严格按规定的条件和标准具体组织实施。

(3)对射手进行武器常识、射击学理、射击动作训练之后方可组织实施实弹射击。

(4)必须进行周密、细致的准备工作。

(5)严格按组织程序办事。

2. 组织实弹射击的一般规定

实施实弹射击的一般规定,是指实弹射击前,根据实弹射击的客观需要制定的各种行动标准和规则。其内容包括:

(1)实弹射击前,对射击用枪组织擦拭检查,酌情进行射效矫正,保证武器有良好的射击精度和使用状态。

(2)组织实弹射击时,当第一组射手在出发地线后3~5米处完成列队时,指挥员令发弹员发给射手子弹。射手进到出发地线后,指挥员发出准备射击的信号,待靶壕竖起红旗或用其他规定的方法发出可以射击的信号后,下达"向射击地线前进"的口令。射手进入射击地线后,下达"卧姿装子弹"口令,并开始计时,射手自行射击。射击完毕退子弹起立后,立即向靶壕指挥员下达"检靶"指令,并在原地组织验枪。验枪完毕,指挥射手向1号位靠拢,再由1号位射手下口令带到指定位置。

(3)射击中,规定时间一到,指挥员应立即下达"停止射击"的口令,射手应立即停止射击。

(4)射击中若发生故障,如属射手操作原因,应自行排除后继续射击;如属武器弹药或目标等原因,扣除排除故障的时间,补发弹药后继续射击;如条件允许,也可重新射击。

(5)全场射击完毕,发出射击结束的信号,召回警戒人员。指挥员进行小结讲评,依据射击成绩评价训练效果。

3. 射击场安全规则

(1)确定实弹射击场地时,必须要有可靠的靶挡,有安全的靶壕和掩蔽部,并应避开高压线。

(2)实弹射击前,应仔细搜索靶场警戒区,派出警戒,在警戒区域和警戒线上插上警戒旗。

(3)实弹射击前,射击场指挥员必须向全体人员明确规定各种信(记)号以及警戒、观察人员的联络方法,并要求全体人员严格执行信(记)号规定。

(4)实弹射击后,必须组织验枪。

(5)示靶人员听(看)到准备射击的信(记)号后,应迅速隐蔽,未经射击场指挥员许可不得随便走出靶壕。若靶壕内发生特殊情况,需要立即停止射击时,应出示白旗或用其他规定的方法向指挥员报告。

(6)射击场应标示出发地线和射击地线,无关人员不得越过出发地线。

(二)实弹射击的准备工作

1. 射击场人员组成与职责

射击场人员应由射击场指挥员、地段指挥员、靶壕指挥员和警戒、信号(观察)、示靶、发弹、记录、修械、医务等人员组成。

射击场指挥员:负责组织场地设置,派遣勤务,组织指挥射击,监督全体组织人员遵守射击场的安全规则和各项规定,处理有关问题。

地段指挥员:位于射击地线后2~3米处。在射击场指挥员的领导下,负责本地段的射击指挥。

靶壕指挥员:在射击场指挥员的领导下,负责组织设靶、示靶、报靶、补靶及处理有关问题。全场射击结束后,组织示靶人员整理与撤收靶壕地段的器材。

警戒人员:负责全场的警戒,严禁任何人员和牲畜进入警戒区,发现险情,应立即发出信号并向射击场指挥员报告。

信号(观察)员:根据射击场指挥员的命令发出各种信号。负责警戒区内的观察,发现险情立即报告。

示靶员:在靶壕指挥员领导下,负责设靶、示靶、报靶、补靶、撤收器材等工作。

发弹员:根据指挥员的命令,按规定弹数发给射手子弹;收缴剩余子弹。射击结束后,负责清理剩余子弹并进行登记。

记录员:负责记录射手的成绩和统计单位成绩。射击结束后在记录表上签字,并交射击场指挥员签字。

修械员:负责排除枪支故障。

医务人员:负责射击场医务保障。

2. 射击场地的设置和要求

射击场应根据实弹射击条件进行设置。基本射击场地应设置出发地线、射击地线和指挥员、发弹员、记录员、信号(观察)员、修械员、医务人员的位置。

(1)目标设置。根据射击条件和射击编组的人数,确定相应的目标和数量。目标的序号应按从右至左的顺序排列,靶子右上角编写序号(或设置靶号牌)。

(2)设置出发地线和射击地线。出发地线距离射击地线应在20米以上,并设置出发地线标志牌。射击地线按规定的距离,确定在与靶壕平行的一线上。射击位置的地形要平坦,并按靶子的序号设置靶位牌。在射击地线的中间应设置射击地线标示牌。

(3)标示射击指挥员和勤务人员的位置,并设置标示牌。信号(观察员)的位置,设有红、白旗各一面,红旗以示开始射击,白旗以示停止射击。

3. 各类勤务人员的培训

勤务人员的培训对象主要是警戒、信号(观察)和示靶人员。

培训警戒人员。要明确规定信号和任务,确定警戒区域和警戒重点,指定警戒人员的隐蔽位置;规定发现险情与指挥员联络报告的方法,必要时可到现场预演。

培训信号(观察)员。讲清联络、指挥信号以及传递使用观察信号的方法;明确观察地域、方向以及重点部位和地域,规定联络报告的方法。

培训勤务人员。根据实际需要确定各种勤务的人数,并进行分工。组织精度射击时,要教会示靶员示、报靶方法,明确有关规定,而后组织示靶人员进行实际演练。

4. 其他准备工作

(1)熟悉有关情况。指挥员应组织有关人员熟悉《军事训练大纲》和相关规定的内容,明确本次实弹射击的条件和有关规定。

(2)准备武器弹药。实弹射击前应组织检查武器是否符合射击要求,必要时,应进行试枪和矫正射效,并根据射击条件和参加实弹射击的总人数,确定枪支弹药数量,包括信号枪(弹)。

(3)准备靶场器材。根据射击条件和每组射击人数,拟定所需器材计划。器材通常包括:靶板、靶纸、示靶杆;靶号牌、分段旗、靶位牌、出发(射击)地线标示牌;指挥员及各类勤务标示牌,待(已)考区标示牌;开始及停止射击信号旗(大红、白旗)、警戒旗(大红旗)、靶壕地段旗;指挥员及各类勤务人员袖标或胸章;对讲机、秒表、成绩登记表;桌椅、遮阳伞等。

(4)射击编组。根据参加射击的人数和靶位数,进行射击编组,确定各组人员名单,各组的第一号射手为组长。

(三)实弹射击的组织与实施

1. 实弹射击前

拟定所需器材清单,提前1~2天将所需枪支、弹药、靶型、靶纸和相关器材的规格与数量及送达靶场的时间等,以表格形式报首长机关批准,并通知装备和器材保障部门按要求做好保障工作。

指挥员应做好下列工作:清点人数,检查着装和装具携带情况;下达课目,提出要求,宣布射击条件。宣布实弹射击开始,令各类勤务人员就位;令信号员发出"开始射击"的信号并竖起红旗,指挥第一组射手进至出发地线。

2. 实弹射击中

当第一组射手进至出发地线后,下达"发弹员,发给每个射手××发子弹"的口令,射手领到子弹后清点数量;听到"装填弹匣"的口令后,将子弹装入弹匣,再将实弹匣装入子弹袋内并扣好。必要时,可发给射手已装好的实弹匣,指挥员只下达"发子弹"的口令。从第二组开始,射手进入出发地线后,指挥员不再下达发弹的口令,发弹员自行发弹,依此类推。

射手进入射击地线后,下达"卧姿装子弹"的口令,并开始计时。规定的射击时间一到,立即下达"停止射击"的口令,而后下达"退子弹起立"(靶壕指挥员听到此口令后,即令示靶员换靶)、"验枪""验枪完毕""向1号位射手——靠拢""带回"的口令。射手听到"向1号位射手——靠拢"的口令时,先向右转,然后跑步靠拢;听到"带回"的口令时,1号位射手按规定路线将本组射手带到指定位置。其余各组按上述程序依次进行,直到全场射击结束。

3. 实弹射击结束

射击结束后,组织射手验枪,收缴剩余子弹;发出射击结束的信(记)号,召回警戒人员;清理现场,收拢器材,检查武器、装备和器材;提出擦拭武器的要求;及时向上级报告实弹射击情况。

(四)实弹射击的成绩评定

实弹射击成绩评定,严格按有关规定实施。评定标准详见表7-2

表7-2 实弹射击评定标准

课目	轻武器实弹射击
使用枪种	自动步枪
使用弹数	5发
目标性质	胸环靶
射击条件	100米固定目标,卧姿有依托
成绩评定	优秀:命中45环以上 良好:命中35~44环 及格:命中30~34环 不及格:命中30环以下
有关事项	1. 自下达装子弹的口令起,3分钟内射击完毕; 2. 可指示弹着点

第二节 战 术

战术是指进行战斗的方法。每一名军人必须掌握基本的战斗技能,包括单兵战术基础动作、部(分)队战术行动。本节主要介绍单兵战术基础动作。

一、单兵战术基础动作

单兵战术基础动作是单兵遂行战斗任务的基本技能,是单兵战术训练的基础。

(一)战斗持枪

持枪是指单兵在战斗携带枪支的动作和方法。在不同的地形和距离条件下,单兵应根据敌情和任务灵活采用不同的持枪动作,力求做到便于运动、观察和射击。战斗中持枪的方法可分为单手持枪、双手持枪、单手擎枪、双手擎枪。

1. 单手持枪

单手持枪通常是在距敌较远、敌火威胁较小以及需要快速运动等情况时采用。

口令:单手持枪。

动作要领:右臂微屈,右手提握把,拇指压住背带。以右手的握力将枪固定,枪身轴线与地面略呈水平,背带压于拇指下。枪身距身体右侧约10厘米。左臂自然下垂,运动时自然摆动(见图7-17)。

2. 单手擎枪

单手擎枪通常在敌情不明或者有敌情顾虑等情况下,为保持一定的战斗戒备而采取的一种携带枪的方式和动作。

口令:单手擎枪。

动作要领:右手正握握把,食指微接扳机,将枪置于身体的右侧,枪口向上,上护盖末端略低于肩,枪身微向前倾,枪面向后,右大臂里合,枪托贴于右胁,背带自然下垂,目视前方,左手自然下垂或攀扶,运动时自然摆动(见图7-18)。

图7-17 单手持枪

图7-18 单手擎枪

3. 双手持枪

双手持枪通常在距敌较近,敌情威胁较大以及需要快速处置突发情况而采取的一种携带枪的方式和动作。

口令:双手持枪。

动作要领:左手托握下护盖,右手握握把,食指微接扳机,将枪身置于胸前,枪口向前稍向左,枪身略成水平,背带自然下垂或挂在后颈上(见图7-19)。

4. 双手擎枪

双手擎枪通常在距敌较近,敌情顾虑较大,为保持高度戒备状态而采取的一种携带枪的方式和动作(见图7-20)。

口令:双手擎枪。

动作要领:在单手擎枪的基础上,左手托握下护盖,枪身略低,枪口向前上方,背带自然下垂或压于左手下,身体与射向略成30°。

图 7-19 双手持枪

图 7-20 双手擎枪

(二)卧倒、起立

卧倒是单兵在战场上隐蔽身体、防敌火力杀伤的一种战斗动作,可分为徒手卧倒、单(双)手持枪卧倒和反身卧倒;起立是隐蔽或射击完毕后前进时的发起动作。这里仅介绍单(双)手持枪卧倒起立。

1. 单手持枪卧倒与起立

口令:单手持枪——卧倒、起立。

动作要领:左脚向前迈出一大步,左腿弯曲,上体前倾,两眼注视前方,左手顺左脚方向伸出,按手、膝、肘的顺序着地,迅速卧倒。此时,右腿伸直,左腿弯屈,左大臂支撑身体,两眼目视前方。转体时,右手将枪向目标方向送出,左手接握下护盖,同时蹬直左腿,全身伏地,右手移握大握把,打开保险,成据枪射击姿势。

听到"起立"的口令后,关闭保险,移握提把,收枪的同时转为侧身,屈回左腿,收回左小臂;而后以左臂和两腿的撑力将身体撑起,右脚向前一大步,左脚再向前大半步,同时左手抓背带交于右手,右脚靠拢左脚的同时成单手持枪姿势。

2. 双手持枪卧倒与起立

口令:双手持枪——卧倒、起立。

动作要领:听到"卧倒"的口令后,左脚向右脚前迈出一大步,左腿弯屈,上体前倾,两眼注视前方,右手握握把,左手松开下护盖顺左脚方向伸出,掌心向下稍向右,按左手、左膝、左肘的顺序着地,成侧卧。此时,右腿伸直,左腿弯曲,左大臂支撑身体。转体时,右手将枪向目标方向送出,左手接握下护盖,左手顺势打开保险,移握小握把,全身伏地,据枪射击姿势(见图 7-21)。

听到"起立"的口令后,左手关保险,右手将枪收回的同时转为侧身,屈回左腿,收回左小臂;而后以左臂和两腿的撑力将身体撑起,右脚向前一大步,左脚再向前大半步,左手接握下盖,右脚靠拢左脚的同时成双手持枪姿势。

(三)战斗运动

战斗运动是士兵在战场上运动的基本方法,有直身前进、屈身前进、匍匐前进和滚进

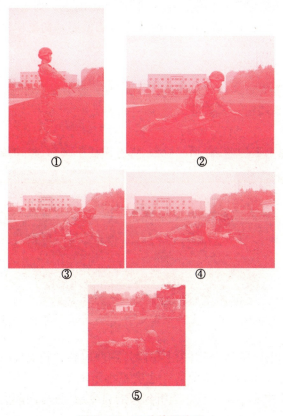

图 7-21 双手持枪卧倒

等动作。这里仅介绍匍匐前进和滚进。

1. 匍匐前进

匍匐前进有低姿匍匐、高姿匍匐和侧身匍匐三种。

1）低姿匍匐

口令：向××，低姿匍匐——前进。

动作要领：

携枪方法：携 95 式自动步枪的方法有两种：一种是右手握握把和背带或右手掌心向上托握机匣，枪面向右置于右小臂内侧；另一种是左手握护盖，右手握枪颈，将枪横托于胸前，枪身离地（见图 7-22）。

图 7-22 低姿匍匐

前进方法：当听到前进的口令后，关上保险，右手携枪，身体紧贴地面，头稍微抬起，屈回右腿，伸出左手，用右脚的蹬力和左手的扒力使身体前移，然后再屈回左腿，伸出右手，用左脚的蹬力和右手的扒力使身体继续前移,依次交替前进。前进中姿势要低,速度不小于 0.8 米/秒。当听到停的口令后,将枪向前方送出。低姿匍匐是以低为主,要求做到"低中求快"。

2）高姿匍匐

高姿匍匐是在遮蔽物高约 60 厘米时采用的一种运动方法(见图 7-23)。

口令:向××,高姿匍匐——前进。

动作要领:

携枪方法:左手握上下护盖,右手握枪颈,将枪横托于胸前,枪口离地。有时也可采取低姿匍匐的携枪方法。

图 7-23　高姿匍匐

前进方法:当听到前进的口令后,关上保险。用两肘和两膝支撑身体,然后,依次前移左肘和右膝、右肘和左膝,如此交替前移。速度不小于 1 米/秒。注意前进中臀部不得超过头部,运动时腿臂动作要协调一致。当听到停的口令后,将枪向前方送出。

3）侧身匍匐

侧身匍匐是在遮蔽物高约 60 厘米时采用的一种运动方法。特点是运动的速度稍快(见图 7-24)。当遮蔽物高 80~100 厘米时,还可采用高姿侧身匍匐。

枪面向左

枪面向右

图 7-24　侧身匍匐

口令：向××，侧身匍匐——前进。

动作要领：

携枪方法：握握把将枪收回，使枪面向左稍向上，也可向右稍向上，将枪置于右小臂内侧。

前进方法：当听到前进的口令后，关上保险。身体左侧及左小臂着地，左大臂向前倾斜支撑身体，左腿弯曲，右脚收回靠近臀部着地，以左小臂的扒力和右脚的蹬力使身体前移。前进中应注意保持方向，速度不小于1.2米/秒。侧身匍匐以快为主，要求做到"快中求低"。当听到停的口令后，将枪向前方送出。

2. 跃进、滚进

跃进是在敌火下迅速通过开阔地时采用的运动方法。滚进是为避开敌人观察、射击而通过地形棱线或横向变换射击位置时采用的战斗运动方法。滚进分为停止时滚进和前进时滚进。

1）跃进

跃进时要做到跃起快、前进快、卧倒快。跃进前，应先观察前方地形、敌情，选择好前进路线和暂停位置，而后，迅速突然地前进。

单手持枪（筒）跃进单手持枪（筒）跃进，通常在距敌较远，地形平坦时采用。

口令：向××，跃进。

动作要领：卧姿跃起时，可先向左（右）移（滚）动，以迷惑敌人。尔后迅速收枪，同时屈左腿于右腿下，右手提枪，以左手、左膝、左脚的撑力将身体支起，右脚向前一大步，左脚再向前一大步的同时，左手挑起背带，压于右手拇指内侧，出右脚迅速前进。跃进距离和速度应根据敌火威胁程度、地形特点而定。每次跃进的距离通常为15～30米。当进到暂停位置或遭敌猛烈射击时，应迅速隐蔽或卧倒，并准备射击。

双手持枪跃进，通常在距敌较近或通过复杂地段时采用。

口令：向××，跃进。

动作要领：卧姿时，可先向左（右）移（滚）动，以迷惑敌人。而后两小臂撑地，迅速收腹，同时收回左腿。左膝跪地，利用两小臂、左膝将身体撑起，右脚向前一步，同时端枪迅速前进。跪姿、立姿时，应迅速利用两脚的蹬力跃起前进。前进时，左肘稍离开身体，左小臂略平，左手虎口正对枪面。右手握握把，枪托轻贴右胯，并与身体后侧取齐，枪身与地面约成45°，枪面稍向左，两腿弯曲，上体前倾，收腹含胸，屈身快跑。

2）滚进

口令：向××，滚进。

（1）停止时滚进。

动作要领：在卧倒的情况下滚进时，将枪关上保险，右手握握把，将枪挽于小臂内侧，枪面向右，置于胸前，两脚交叉或并拢，左手向左（右）推出的同时，全身协力向预定方向滚动。（见图7-25）。

（2）前进时滚进。

屈身前进的情况下，可在卧倒的同时向移动方向滚进。

动作要领：左（右）脚向前一大步，左手在左（右）脚前着地，身体尽量下塌，右手将枪挽于小臂内，枪面向右。在右（左）肩、臂着地同时，向右（左）滚动。滚进时，右（左）腿伸

图 7-25 停止时的滚进动作

直,左(右)腿微屈,滚进距离长时可两腿夹紧。

要诀:向(右滚进)前进左脚一大步,手在脚前先着地。右手挽枪小臂内,右肩着地开始滚(见图 7-26)。

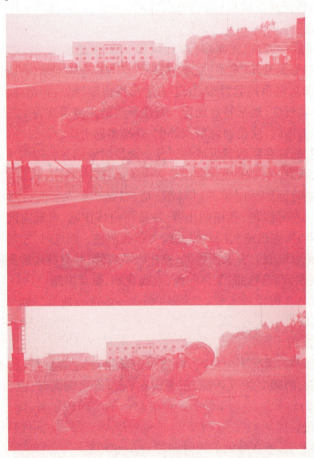

图 7-26 前进时的滚进动作

(四)利用地形

利用地形是单兵必须掌握的基本技能。战场上只有灵活巧妙地利用地形,才能有效地保存自己、消灭敌人。士兵利用地形时通常按照接近、占领和离开三个环节实施。

1. 对堤坎、田埂的利用

堤坎、田埂有横向、纵向和斜向之分。对横向堤坎、田埂,通常利用其背敌斜面隐蔽身体,对纵向和斜向堤坎、田埂,通常利用其弯曲部或顶端一侧。通常以其顶部做射击依托;根据堤坎、田埂的高低可采用卧、跪、立三种不同的射击姿势,堤坎、田埂高于人体时应挖踏脚孔或阶梯,不便于利用时应加以改造。利用堤坎、田埂对空射击时,通常利用其顶部,并根据其高度取立姿或仰姿对空射击。

2. 对土(弹)坑、沟渠的利用

土(弹)坑、沟渠等属于凹入地面的地物。应根据敌情、坑的大小及深浅,以跳入、跨入、滚入、匍匐进入等方法进入。利用时,无射击任务可不出枪,充分隐蔽身体,防敌火力杀伤。通常利用其前沿(纵向沟渠利用其弯曲部)隐蔽身体,以前沿做射击依托。对空射击时,以坑沿做依托,或背靠坑壁进行射击。

3. 对土堆(坟包)的利用

土堆(坟包)与堤坎、田埂同属于凸出地面的地物,士兵在利用时要明确其相同点与不同点。土堆(坟包)有独立土堆、双土堆和集团土堆。对独立土堆(坟包)通常利用其右侧,当右侧视界、射界受到限制或有敌火力威胁时也可利用左侧或顶端;对双土堆(坟包)通常利用其鞍部;对集团土堆(坟包)通常利用靠近敌方边沿的一个。不便于利用时应加以改造。对空射击时通常利用土堆后侧或顶端,取仰姿或跪姿对空射击。

4. 对树木的利用

利用树木也是按接近、占领、离开三个环节进行。士兵在利用树木时,通常根据树木的大小取适当的姿势,利用其右侧背敌一面。树干粗(直径50厘米以上)可采取立、跪、卧三种姿势,树干较细(直径在50厘米以下)通常取卧姿。采取立、跪姿对空射击时,可将左小臂抬高或身体左后侧紧靠树干进行射击(如树冠较大、树干较低应利用冠外沿射击)。

5. 对墙壁、墙角、门窗的利用

利用墙壁、墙角、门窗时,其接近、占领和离开的动作与对堤坎的利用基本相同,要求动作敏捷、迅速,接近姿势灵活多变,并注意全面观察,防敌尾随。

利用墙壁按其高度取适当姿势。矮墙可利用顶端或残缺部。墙高于人体时,可将脚垫高或挖射击孔。对空射击时,通常利用其顶端作依托或背靠墙壁,依其高度取不同姿势。墙角通常利用右侧,左小臂紧靠墙角,取适当姿势。接近后应注意观察,另一侧无敌人再利用,如另一侧有敌人,应以手榴弹、抵近射击、刺刀将其消灭。

利用门窗时,接近观察的要领和利用墙角基本相同,不同的是先利用门的左(右)侧,观察门内右(左)侧,而后再转到门的另一侧观察。从一侧转移到另一侧时,以左(右)脚为轴,身体向内侧旋转的同时,左(右)脚向前(左)跨步并转体,迅速转移到另一侧观察。若发现敌人,可以投弹或抵近射击将其消灭,还可趁烟幕冲入室内将其消灭。

窗户通常利用左下角或左侧,根据窗台的高低,采取适当的姿势。如发现敌人,可采取射击或投弹将其消灭。需要转移时身体要低于窗台,以免被敌发现。

二、分队战术

分队战术的研究对象是营以下分队战斗,是战斗的最基本的组织形式。分队战斗的战斗范围空间小、战斗时间短,作战形式单一。本教材主要介绍步兵班(组)战术的基本知识。

(一)班(组)进攻战斗

步兵班在进攻战斗中,通常在排的编成内担负突击班,有时担任连(排)预备队,根据情况还可担任侦察战斗队、障碍扫残队,以及渗透袭击和指示目标等任务。

1. 主要任务

(1)担任突击班时,主要任务是消灭冲击目标之敌,向指定方向发展进攻,或增强突击力量、扩张战果,或应付意外情况。

(2)担任预备队时,班随连(排)行动,随时准备投入战斗,以增强突击力量,扩大战果,抗击敌人反冲击或应付意外情况。

(3)担任侦察战斗队时,主要负责侦察、搜索,查明敌防御前沿虚实,诱敌暴露,引导攻击。

(4)担任障碍扫残队时,主要负责在开辟的通路中扫除残存障碍,并标示通路位置。

(5)担任渗透袭击任务时,主要是对敌纵深目标实施侦察、袭击,控制有利地形,分割、打乱敌人部署,配合主力歼灭敌人。

(6)担任目标指示任务时,利用激光末制导、双星定位和通信器材等,对敌纵深内重要目标实施引导打击。

2. 战斗队形

班的基本战斗队形通常有一字队形、一(二)路队形、前(后)三角队形、左(右)梯形队形、楔形队形等。班长通常位于先头组之后的适当位置,班配属的火器组位于班长的翼侧便于指挥和发扬火力的适当位置。一字队形,通常在通过敌火控制的开阔地或冲击时采用。一(二)路队形,通常在距敌较远、地形较隐蔽、敌火对我威胁不大或通过狭窄地段时采用。

三角队形,通常在通过开阔地、密集火制区或向敌冲击时采用。梯形队形,通常在翼侧有敌情顾虑或斜方向利用地形时采用。

楔形队形就是班成箭头形状,班长或中间一名士兵在前,其余士兵向左后和右后成斜方向散开,取适当间隔依次排列而成的队形。

3. 战斗行动

班(组)进攻战斗时,通常实施以下行动:

一是机动。机动通常采取地面、空中、水上(下)等方式机动。机动过程中应做到"一隐、二快、三奇"。

二是破袭。破袭应坚持以破为主的思想,贯彻"声东击西、突然破袭,多路逼近、向心破袭,小群多路、同时破袭"的战法原则,尽量抵近目标,抓住有利时机,以突然勇猛的行动,速战速决。

三是撤出战斗。组织撤出战斗,应根据敌情、地形特点、任务等情况,正确选择撤离的路线和方法,准确把握撤离的时机,周密组织各种保障,灵活机动地处置情况。

(二)班(组)防御战斗

步兵班在防御战斗中,通常在排的编成内,防守排或连支撑点的一段阵地,有时也可单独防守一个阵地。

1. 主要任务

担任坚守任务时,主要任务是依托阵地抗击敌步兵、装甲目标的连续冲击,坚守阵地。

担任连的预备队时,主要任务是支援前沿战斗;实施反冲击;坚守纵深支撑点;抗击敌人向纵深发展进攻。

担任警戒、袭扰任务时,占领警戒阵地,或以袭扰行动,防止敌侦察、渗透,迫敌过早展开,为主力歼敌创造条件。

2. 战斗队形

防御战斗中,当班防守排或连支撑点的一段阵地时,通常成一线配置,有时也可成三角或梯次队形配置。

当独立防守一个阵地时,应当形成环形防御。根据地形特点,可成后三角配置,也可成前三角配置。翼侧暴露时,还可成左(右)梯形配置。

3. 战斗行动

班(组)进攻战斗时,通常实施以下行动。

一是抗敌攻击。步兵班在防御战斗中,要充分利用工事、地形和障碍,防敌各种侦察和火力袭击,打击开辟通路之敌,抗击敌人步兵、坦克和步兵战斗车的连续冲击,迟滞、消耗、歼灭敌人。

二是抗敌冲击。当敌人发起冲击时,班长应指挥全班迅速占领阵地,充分利用地形,依托工事,结合障碍,在上级火力支援下,充分发挥火器和爆破器材的威力,灵活运用防、抗、阻、打、反的战术手段,粉碎敌冲击行动。

三是阵内歼敌。对突入我防御阵地内的敌坦克、步兵战斗车、步兵,步兵班应当依托阵地,灵活机动,综合防、抗、阻、打、反的各种战术手段,坚决扼守阵地,消灭突入阵地之敌。

思考与练习

1. 自动步枪的主要机件有哪些?
2. 外界对射击的影响因素有哪些?如何克服?
3. 单兵战术动作主要有哪些?其使用时机是什么?
4. 对各种地形地物如何利用?
5. 分队战斗行动的任务有哪些?如何根据任务选择队形?

第八章

防卫技能与战时防护训练

学习目标

了解格斗、防护的基本知识,熟悉卫生、救护基本要领,掌握战场自救互救的技能,提高个人安全防护能力。

第一节 格斗基础

自古以来,作为国家与人民的守护者,军人往往都拥有最强的战斗力。军人的强大并不只单单局限于先进武器的应用,一名优秀的军人所具备的也不可能完全只有武器使用的技巧。由于战争种类的多样化,即使是军人也不可能在身边随时携带着武器,但是尽管赤手空拳,他们往往也可以非常轻易地击败甚至击杀敌人。这除了要依靠日常的身体素质训练之外,还在于他们掌握着一种千百年来由战争中演化出的技能——军事格斗。

一、格斗常识

(一)军事格斗的概念

格斗,是人与人之间徒手或持器械进行的激烈的对抗。它的实施对象是人,它的形式包括徒手格斗和器械格斗两种,它的本质是对抗。

军事格斗,是在战场上由军事人员为遂行作战任务而进行的一种格斗对抗形式。军事格斗的主体对象是军事人员,目的是杀死、杀伤敌人,完成遂行作战任务,实施场所是战场。为区别军事战争中的格斗与民间竞技、健身运动、自卫防身、警察缉捕罪犯等练习形式与目的的不同,特称为"军事格斗",以明确区分它们之间的差异。

(二)军事格斗的特点

1. 无规则限制

军事格斗不同于竞技格斗,它是应用于战场,为完成作战任务,和敌人进行的生死对抗。为达到战胜敌人的目的,可以运用一切可以利用的手段,最终的目的就是将敌人置于死地,同时有效地保护自己不受伤害。

2. 对抗激烈

军事格斗在战场上要面对的是穷凶极恶的敌人,你在想将敌人置于死地的同时,敌人也在尽最大的努力要将你置于死地,它不同于一般健身竞技的格斗对抗,对抗时点到为止,它是你死我活的较量,它的残酷性决定着它的对抗非常激烈,在对抗时一定要全力以赴,全身心地投入,不能有一丝一毫的疏忽大意,因为一个疏忽就可能导致自己生命的丧失。

3. 可致死致伤敌人

在战场上同敌进行格斗时,就是要攻击敌人的最致命处,致死致伤敌人,使敌人失去抵抗力,不能再对你发起攻击,这一点同竞技格斗有很大的区别。竞技格斗从安全性的角度,规定对抗时不能攻击对手的要害部位,尽可能地保障选手的安全,避免伤害事故的发生;而军事格斗的性质决定要想在战场上有效地保护自己,就要用最大的威力去攻击敌人最薄弱的部位,通过致死致伤敌人而取得胜利。

(三)军事格斗的基本要求

1. 简洁

进行军事格斗训练的目的就是学会用自己的双手如何在最短的时间内,以最快的速度、最凶狠的力度杀死敌人或使其致残,失去反抗能力。在白热化的徒手格斗中,动作简练非常关键。因此掌握一些简单易学的动作,并花费大量的时间、精力重点练习若干个在格斗中容易靠本能就用得上的基本招式是非常必要的。

要做到简洁、明快,还务必明白对方身体的哪些部位是自己要攻击的目标;知道自己身体的哪些部位可用作攻击的武器——特别是能够运用自如的身体武器,这类武器,包括拳、掌、指、肘、膝、脚、头等;要学会如何运用自己的身体武器,在击打、踢踹、砍击对手要害部位等动作手段中,给予对方以尽可能大的伤害;也要掌握如何保持平衡、如何倒地和滚爬、如何出击和阻挡、如何将敌人制服于地以及如何窒息敌人。

2. 实用

军事格斗的指导思想是一切为作战服务。若想使所学到的技术确实能有某种实用价值,训练过程中必需强调实用主义。一切以实用为本,这才是格斗的真谛。动作好看是没有用的,盲目贪多求全,把精力放在追求招式的数量上,越多越好,多多益善,认为谁掌握的动作越多,谁的功夫越好,是一种错误的认识。在实战中真正有价值的,能打倒敌人的只有经过自己长期训练所掌握的几式,甚至合而为"一式"。

二、格斗基本功

格斗基本功是由拳打、脚踢、摔打、夺刀等搏击和散打的基本动作组成的。练习格斗能使全身各部位得到比较全面的活动,各关节的灵活性和柔韧性都得到提高,还有自卫和制敌的作用。掌握格斗进攻防守技术,首先要了解和掌握手型、步型、实战姿势和步法等基本动作。

(一)手型和步型

1. 手型

1)拳

四指并拢卷握,拇指紧扣食指和中指的第二指关节。拳心向下为平拳,拳眼向上为立拳。拳的击打力点主要是拳面、拳背、拳轮。用于击打要害部位。

要点:拳心握实,拳面要平,手腕要直。

2)掌

(1)立掌。四指并拢伸直,拇指内扣、弯曲,紧贴于虎口处,手掌与小臂略成直角。用于推、切、砍。

(2)插掌。四指并拢伸直,拇指弯曲紧贴于虎口处,手腕内收。用于插、戳。

(3)八字掌。四指伸直,拇指向外分开。用于挡、抓、卡、拉、压。

2. 步型

1)马步

两脚平行开立(约本人脚长3~4倍),脚尖正对前方,屈膝半蹲,膝部不超过脚尖,大腿接近水平,全脚掌着地,身体重心落于两腿之间,挺胸、塌腰,两拳握于腰间,拳心向上(见图8-1)。

要点:挺胸、塌腰、脚跟外蹬。

2)弓步

两拳抱于腰间,拳心向上,左(右)脚向前一步,左(右)腿屈膝半蹲,右(左)腿在后挺直,脚尖里扣(见图8-2)。左脚在前为左弓步,右脚在前为右弓步。

要点:前腿弓,后腿绷;挺胸、塌腰、沉髋;前后脚成一直线。

图8-1 马步

图8-2 弓步

3）虚步

右腿屈膝半蹲,左脚向前,脚跟离地,脚尖稍内扣,虚点地面,膝微屈,重心落于后腿,两手握拳收于腰际,两眼平视(见图8-3)。左脚在前为左虚步,右脚在前为右虚步。

要点:挺胸、塌腰、虚实分明。

4）仆步

两脚左右开立,右腿屈膝全蹲,大腿和小腿靠紧,臀部接近小腿,全脚掌着地,脚和膝外展,左腿挺直仆平,脚尖里扣,全脚掌着地。左掌立于右胸前,右手握拳收于腰间,眼向左方平视(见图8-4)。仆左脚为左仆步,仆右脚为右仆步。

要点:挺胸、塌腰、沉髋。

图8-3 虚步

图8-4 仆步

（二）实战姿势

实战姿势(简称格斗势)是根据人体运动的基本规律和格斗的特点,从实践经验中总结形成的,是实战时完成进攻和防守的最佳预备姿势,其特点是:重心稳固,暴露面小,便于步法移动,利于进攻和防守。

以左式为例,在立正的基础上,右脚后撤一步,身体稍向右转,膝微屈,脚尖外斜45°,脚跟稍提起;左脚尖稍里扣,膝微屈,重心落于两脚之间;两手握拳前后拉开,拳眼均朝上,左臂弯曲,肘关节夹角为90°～110°,肘尖下垂,左拳与鼻同高;右臂弯曲、肘关节夹角小于90°,大臂贴于右侧肋部;身体侧立,下颌微收,闭嘴合齿,收腹含胸,目视前方(见图8-5)。

要点:松肩、垂肘、扣髋、扣膝、收下颌,保持重心平稳。

（三）步法

1. 进步

在格斗势的基础上,左脚向前上半步,右脚迅速跟上半步,保持格斗势(见图8-6)。

图8-5 实战姿势(左式)

图8-6 进步

要点：两脚擦地而进，重心平稳，保持两脚间距。

用途：用于快速接近对手，以便有效地打击对手。

2. 退步

在格斗势的基础上，右脚向后退半步，左脚迅速退回半步，保持格斗势（见图8-7）。

要点：两脚擦地而退，动作迅速，重心平稳。

用途：多用于避开对手的有效进攻，防守或防守反击。

3. 垫步

在格斗势的基础上，右脚擦地向前落于左脚内侧，同时前脚屈膝向前抬起，左脚落地后保持格斗势（见图8-8）。

要点：动作迅速，抬左脚一定要快，视情况决定步幅的大小，身体前移时不能向上腾空。

用途：多用于前腿的进攻，以及快速接近对手。

图8-7 退步

图8-8 垫步

4. 闪步

在格斗势的基础上，左（右）脚向左（右）滑动一步，右（左）脚迅速跟进，保持格斗势（见图8-9）。

要点：步法轻灵，闪身灵活敏捷。

用途：避开对方的进攻或反击。

图8-9 闪步

5. 跃步

在格斗势的基础上，左脚掌蹬地，右脚先向后跃起，左脚迅速撤回成格斗势（见图 8-10、图 8-11）。

要点：步子起动要快，重心起伏不要太大。

用途：主要用于防守对方的进攻。

图 8-10　跃步（一）　　　图 8-11　跃步（二）

三、捕俘拳

捕俘拳是军事格斗的一种常用套路，就是将基本功和捕俘基本动作巧妙地组合到一起，形成方便操作、易于掌握的整套动作。通过套路的练习，可以帮助巩固基本动作，提高制敌技能。

捕俘拳一般由 16 个动作组成。

预备姿势：当听到"捕俘拳——预备"的口令后，在立正的基础上，两脚迅速并拢，同时两手握拳，两臂微曲，拳眼向里，距胯约 10 厘米，头向左甩，目视左方。

（一）挡击冲拳

要领：起右脚原地猛力下踏，左脚向左侧跨出一步，右拳提到腰际，拳心向上，在左转身同时，左臂上挡，拳心向前，右拳从腰际旋转冲击，拳心向下，左拳位于额前约 20 厘米，成左弓步（见图 8-12）。

要求：落脚时全脚掌着地，要有爆发力。

图 8-12　挡击冲拳

（二）削臂绊腿

要领：左拳变掌向前击右拳背，右拳收回腰际，右脚前扫（见图 8-13）；左手挡、抓、拧、拉收回腰际，同时右脚后绊，右拳猛力旋转冲击（见图 8-14）。

要求：前扫、后绊要协调有力，重心要稳。

图 8-13　前扫　　　　　　图 8-14　后绊

(三) 叉掌踢裆

要领：上右脚成右弓步，同时两拳变掌沿小腹向上架掌护头（见图 8-15）；两掌变钩猛向后击，同时起左脚，大腿抬平脚尖绷直，猛力向前弹踢，并迅速收回。

要求：两大臂夹紧，猛力后击，猛踢快收，重心要稳。

(四) 下砸上挑

要领：两手变拳，左拳由上猛力下砸，与膝同高，同时左脚向前跨步，成左弓步；右拳由裆前上挑护头，拳心向前，起右脚大腿抬平，脚尖绷直，头向左甩（见图 8-16）。

要求：起身要快，重心要稳。

图 8-15　架掌护头　　　　　　图 8-16　上挑

(五) 下蹲侧踹

要领：上体正直下蹲，右脚猛力下踏，两小臂上下置于胸前，左臂在上；掌心向下，右臂在下，掌心向上，迅速起身，两拳交错外格，起左脚大腿抬平，脚尖里勾，向左猛踹，迅速收回(见图8-17)。

要求:踏脚要有爆发力,下蹲、起身要快。

图8-17 侧踹

(六)顺手牵羊

要领:左脚向前方落地屈膝,两拳变掌在左前方成抓拉姿势(见图8-18);两手向右后猛拉,同时右脚前扫(见图8-19)。

要求:后拉、前扫要协调有力,重心要稳。

图8-18 顺手牵羊(一)

图8-19 顺手牵羊(二)

(七)上挡抱膝

要领:右脚向前落地的同时,左手变拳,小臂上挡(见图8-20),左转身屈膝下蹲,两手变掌合力后抱,掌心相对,略低于膝,右肩前顶,成右弓步(见图8-21)。

要求:转体、合抱要协调一致。

图 8-20　上挡　　　　　图 8-21　抱膝

（八）插裆扛摔

要领：左手向上挡抓，右手前插，掌心向上（见图 8-22），左手向右下拧拉，大臂贴肋，小臂略平，拳心向上；同时右臂上挑，右肩上扛，身体稍向右转，右拳与头同高，掌心向前，重心大部分落于右脚，成右弓步（见图 8-23）。

要求：下拉、上挑、转身要协调一致。

图 8-22　插裆扛摔（一）　　　　　图 8-23　插裆扛摔（二）

（九）下拨勾拳

要领：左拳下拨后摆，左转身，同时右拳由后向前猛力上击，拳心向内，与下颌同高，同时右脚向右自然移动，成左弓步（见图 8-24）。

要求：转身要快，勾拳要猛。

（十）卡脖掼耳

要领：右脚垫步，左脚抬起，脚掌与地面平行（见图 8-25），在左脚落地的同时，右脚上步成右弓步，左拳变八

图 8-24　下拨勾拳

字掌置于胸前,右拳后摆;向左转体成左弓步的同时,左手下按,右拳由后向前下猛力横击(见图8-26)。

要求:垫步有力,转身、卡脖、拳击要协调一致。

图8-25 卡脖掼耳(一)　　图8-26 卡脖掼耳(二)

(十一)内外绊腿

要领:在起身的同时,左脚向右垫步,右脚前扫,两手合掌于右肩前(见图8-27);两手猛力向左肩前拧拉,上体稍向左转,同时右脚后绊,成左弓步(见图8-28)。

要求:垫步、合掌、前扫要协调一致,重心要稳。

图8-27 内外绊腿(一)　　图8-28 内外绊腿(二)

(十二)踹膝锁喉

要领:右脚向右前方垫步,左脚向右跃起(见图8-29),起右脚,大腿抬平脚尖里勾,置于胸前,右掌在前,左掌在后,掌心向下;右脚侧踹,在落地同时,右手沿敌脖横插,左手抓握右手腕(见图8-30),右手变拳,猛力后拉、下压,成右弓步(见图8-31)。

要求:踹、锁要协调一致,重心要稳。

图8-29 踹膝锁喉(一)

图8-30 踹膝锁喉(二)

(十三)内拨冲拳

要领:上左脚右转身成右弓步,左臂顺势内拨护于腹前,右拳收于腰际,拳心向上;左拳里拨后摆,右拳向前以蹬腿、扭腰、送胯之合力旋转冲出,成左弓步(见图8-32)。

要求:冲拳要有爆发力。

(十四)抓手缠腕

要领:两拳变掌,左手抓右手腕(见图8-33),右掌上挑外拨,身体稍向右转,两臂用力后拉,猛扣压于腰际,成右弓步(见图8-34、图8-35)。

要求:抓握要快而有力。

图8-31 踹膝锁喉(三)

图8-32 内拨冲拳

图8-33 抓手缠腕(一)

图8-34 抓手缠腕(二)

图8-35 抓手缠腕(三)

(十五)砍脖提裆

要领:左手砍脖,右手抓裆,在右手后拉上提的同时左手猛力向前下推压,成左弓步(见图8-36)。

要求:上提、推压要协调一致。

图8-36 砍脖提裆

(十六)别臂下压

要领:右转身成右弓步的同时两手变掌,右小臂上挡;上左脚成左弓步的同时,左臂微屈,向前上方插掌(见图8-37),右手抓握左手腕,向右转体,两手下拉别压,成右弓步(见图8-38)。

要求:拉压、转体要协调一致。

结束姿势:左脚靠拢右脚,恢复立正姿势。

图8-37 别臂下压(一)

图8-38 别臂下压(二)

第二节 战场医疗救护

战场医疗救护,是战时对伤病员进行急救所必须掌握的基本知识,及时正确有效的救护,能减少战伤减员,提高部队战斗力,也是平时突发意外伤病情况下防止伤员病情恶化,为后续医疗救治赢得宝贵时间的重要保证。

一、意外伤的救护

意外伤是指人员在军事训练或体育活动、野外活动中发生的损伤。掌握意外伤的救护处理方法,不但能防止伤情恶化,减轻痛苦,还可以为进一步就医提供方便。

(一)挫伤

挫伤是外力直接作用身体所致的闭合性损伤。其症状特征是:皮肤无裂口,局部青紫、皮下淤血、肿胀、压痛,以四肢多见。轻度挫伤一般不做特殊处理,伤后早期予以冷敷,两天后做热敷。重度挫伤应用冰块处理并注意休息。

(二)扭伤

扭伤是由于外力使关节活动超过正常范围,造成关节附近的韧带部分纤维断裂,受伤部位肿胀、瘀斑、功能障碍、压痛。多发生于踝、腕、腰、膝等部位。早期应冷敷处理,局部可做理疗或热敷。

(三)擦伤

擦伤是指皮肤的表皮擦伤。轻者只涂少量的磺伏。当擦伤创面较重时,应由医生进行处理。

(四)刺伤

刺伤是指长而尖的器物刺入人体引起的损伤。伤口多为小而深。损伤器物较小、刺伤不靠近主要器官,当时可拔出异物,用碘伏或酒精消毒后,用纱布包扎好伤口;如果当时无把握判断是否刺伤主要器官,或刺入物较大,一般不要立即拔除,应到医院处理,以免发生危险。锈蚀钉子的刺伤,处理伤口后应注射破伤风抗毒素。

(五)肌肉拉伤

肌肉拉伤通常是由于肌肉过度拉紧导致肌纤维撕裂而引起。伤后局部肿胀、疼痛、肌肉紧张或痉挛、活动受限。损伤早期,可用冷敷、抬高伤肢等方法处理,疼痛较重者可进行理疗、按摩。4天后可进行适当的功能锻炼。

(六)脱臼

脱臼指关节脱位。伤后会出现关节周围肿胀、剧烈疼痛、关节变形、功能障碍。不论何处关节脱臼,均应固定,不可活动和揉搓,并急送就近医疗单位处理。

二、心肺复苏

心肺复苏是针对骤停的心脏和呼吸采取的应急抢救措施。心搏骤停一旦发生,如果得不到及时的抢救复苏,4~6分钟后会造成伤员脑和其他人体重要器官组织不可逆的损害。呼吸、心跳突然停止常在触电、溺水、中毒、窒息等情况下发生。当伤员突然昏迷,瞳孔散大,颈动脉摸不到搏动,心前区听不到心音,即是心跳停止的表现。如能及时给予正确的胸外心脏按压及人工呼吸,常可挽救伤员的生命。无论是战时还是平时,应掌握心肺复苏急救方法,做到有备无患。

(一)胸外心脏按压

(1)将伤员仰卧在平地或硬板床上。

(2)急救者以一手掌根部置于伤员胸部的中央,胸骨下半部上,将另一只手的掌根置于其上,双肘伸直,垂直向下用力按压。

(3)反复按压,直至心跳复苏。下压深度3~4厘米,每次按压之后应让胸廓充分回弹,按压频率为70~80次/分钟。

(4)在实施胸外按压的同时,配合人工呼吸。按压时按压位置要正确,偏低易引起肝破裂,偏高影响效果,偏向两侧易致肋骨骨折、气胸、心包积血等。按压用力要适度,以能扪及股动脉或瞳孔不散大为宜。

(二)人工呼吸法

(1)将伤员移到空气流通处,松解衣领及腰带,并清除伤员口腔内的异物、黏液及呕吐物等,以保持通畅和人工呼吸的有效性。

(2)伤员取仰卧位,有条件时以双层纱布盖于口上。急救者一手将伤员下颌托起,尽量使头部向后仰,解除舌后坠所致的呼吸道梗阻;另一手将鼻孔捏紧,以防气体由鼻孔逸出。

(3)急救者深吸一口气,紧贴伤员口部向口内吹气,直至胸部升起为止,吹气时用力要均匀,如伤员牙关紧闭,可松开鼻孔捏紧口唇对鼻吹气。

(4)吹气完毕,急救者头转向一侧,并立即松开捏鼻或捏口唇的手,让伤员的胸部自行回缩将气排出。如有回声,即表示气道通畅,可再吹气,以每分钟 12~16 次为宜,非经确诊伤员已死亡,人工呼吸不得停止。

三、战场自救互救

由于战伤使伤员大量流血、休克和死亡,因此,在救护中必须迅速进行止血、包扎、固定、搬运、通气及必要的基础生命支持才能有效抢救伤员。战场医疗救护除专业医疗卫生力量抢救伤员外,每个战斗人员都必须熟悉掌握战场自救和互救的方法。

(一)出血与止血

出血一般分为动脉出血、静脉出血、毛细血管出血。一个成人的血量为 5000~6000 毫升。如果失去血量的 1/4~1/3,就有生命危险。因此,当外伤大出血时,必须迅速采取止血措施。止血越及时,死亡的可能性越小。止血的方法主要有指压止血法、加压包扎止血法、止血带止血法三种。

1. 指压止血法

当较大的动脉出血时,临时用手指或手掌压迫近心端的动脉,将动脉压向深部的骨头上,阻断血流通,可达到临时止血的目的。下面结合图 8-39 讲解不同部位的止血方法和止血点。

头顶部出血:一侧顶部出血,用食指或拇指压迫同侧身体前方的颞浅动脉止血。

颜面部出血:一侧颜部出血,可用食指或拇指压迫同侧下颌骨下缘,下颌角前方约 3 厘米的面动脉止血。

头面部出血:可用拇指或其他四指压迫同侧气管外侧与胸锁乳突肌前缘中点之间的颈总动脉,将血管压向颈椎止血。

肩腋部出血:可用拇指或其他四指压迫同侧锁骨上窝中部的锁骨下动脉,将动脉压向深处的第一肋骨止血。

前臂出血:可用拇指或其他四指压迫上臂同侧肱二头肌与肱骨之间的肱动脉止血。

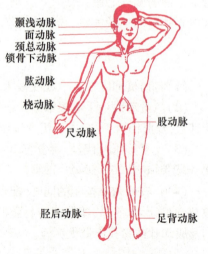

图 8-39　止血压迫点

手部出血:可用两手指或拇指分别压迫手腕横纹稍上处内外侧尺动脉、桡动脉止血。

大腿以下出血:自救时可用拇指重叠用力压迫大腿上端腹股沟中点稍下方的股动脉止血。

足部出血：可用两手指或拇指分别压迫足背部近脚腕处的胫前动脉和足跟内侧与内踝之间的胫后动脉止血。

指压止血法要领：熟悉血行线，牢记压迫点；手压近心端，压力向骨面；迅速找点位，千万莫迟延。

2. 加压包扎止血法

静脉毛细血管或小动脉出血时，先将敷料盖在伤口上，然后用三角巾或绷带用力包扎。

3. 止血带止血法

常用的止血带长约1米，一般是四肢大动脉出血，用其他方法无效时采用此法。方法：止血带左手拿，后头五寸要留下，右手拉紧环体扎，前头交左手，中、食二指夹，顺着肢体向下拉，前头环中插，保证不松垮。

使用止血带止血注意事项：一是止血带与皮肤之间要加垫，不能直接扎在皮肤上；二是止血带每隔1小时（冬季半小时）松开一次，每次2～3分钟，松开时要逐渐放松，如有出血应再用止血带，如不再出血，可改用三角巾压迫包扎伤口。

（二）战伤包扎

包扎可以止血，保护伤口，防止感染，扶托伤肢，固定夹板和敷料。包扎通常使用配发的急救包，也可用衣服等就便器材包扎。不同的部位有不同的包扎方法，有以下几种常见的包扎：

1. 头面部分的包扎

（1）风帽式包扎法。在三角巾顶角和底边中部各打一结，形成风帽，顶角结放在额前，底边结放于头后枕部处，包住全头，两底角分别拉紧，底边向外反折成带状包绕下颌，拉到头后枕部处打结固定。

（2）下颌包扎法。将三角巾由顶角折至底边呈三四横指宽，取1/3处放在下颌前方，长端经耳前拉到头顶部，绕至对侧耳前，与另一端交叉，两边分别经额部与枕部在另一侧打结。

（3）面部包扎法。将三角巾底角打一结兜住下颌，盖住面部，然后拉紧两底角，在头后交叉，绕至额前打结。包好后在眼、口、鼻的地方剪洞，露眼、口、鼻。

2. 四肢伤的包扎

（1）三角巾包扎上肢。将三角巾底角打结后套在伤侧手上，结之余头留长一些备用，另一底角沿手臂后侧拉至对侧肩上，顶角包裹伤肢，前臂曲于胸部，拉紧两底打结。

（2）三角巾包扎手（脚）。将手放在三角巾中央，手指朝向顶角，拉顶角盖住手背，两底角左右交叉压住顶角绕手腕打结。包扎脚部与此方法相同。

（3）三角巾包扎小腿和脚。脚趾朝向三角巾底边，把脚放在近一底角底边一侧，提起顶角与较长一侧的底角交叉包裹小腿打结，再将脚下底角折到脚背，绕脚腕与底边打钮扣结。

（4）三角巾包扎肘、膝。将三角巾折成适当宽度的带形，将带的中段斜放于伤部，取带两端分别压住上下两边，包绕肢体一周打结。

3. 胸(背)部分的包扎

对一般胸部轻伤包扎时,将三角巾的顶角放在伤侧部胸肩上,把左右两底角拉到背后打结,然后再和顶角相结,此法也适用于背部包扎。

4. 腹(腰)部分的包扎

把三角巾顶朝下,放在一侧大腿根稍下方,用一底角包绕大腿与顶角打结,另一底角提起围腰与底边打结。

(三)骨折与固定

固定是对伤员骨折部位采取的临时保护性措施,它对减轻疼痛、为后送医院救治有着不可替代的作用。骨折有两种:一种称为闭合性骨折,特点是皮肤没有伤口,断骨不与外界相通;另一种是骨头的断端穿出皮肤,有伤口,因此称为开放性骨折。

骨折时的处理方法:一是垫高患部,超过心脏,保持安静,不要移动患者,不要勉强走路。二是冷却患部。如果附近有河水,可用河水冷却患部,直到患部失去感觉为止。三是简易包扎固定。患部千万不要按摩,可用制式夹板或木板、木棍、树枝、竹片夹住患部,用绷带或绳子固定。骨折固定时,如伤口有出血,应先止血包扎后再固定;大腿和脊柱骨折时应就地固定,固定要牢固,松紧要适当,夹板与皮肤之间应垫衣服。

(四)搬运伤员

战场上为使伤员迅速得到救治,要将伤员转移到暂时隐蔽点。搬运方法要视当时战斗情况、地形条件和伤员的伤情,分别采取背、抱、侧姿、担架搬运等方法。搬运时动作要轻,对神志清醒伤员要做好心理疏导,确保伤员思想稳定。

第三节　核生化防护

一、核武器及其防护

核武器是利用原子瞬间释放出巨大的能量,起杀伤破坏作用的武器,包括原子弹、氢弹和中子弹等,是一种大规模杀伤破坏性武器,如图8-40所示。核武器的杀伤破坏因素有光辐射、冲击波、早期核辐射、核电磁脉冲和放射性污染等。前四种杀伤破坏因素在核爆炸最初的几十秒之内产生,又称瞬时杀伤破坏因素;放射性污染则可以持续几月、几年或更长时间。对核武器的防护,可以利用各种人防工事,以及水沟、矮墙、各种障碍物等有利地形。

1. 听到预警警报时

室内人员应迅速拉断电闸,熄灭炉火,关闭煤气、门窗,携带个人防护用具和生活必需品,按定人、定位、定路线的要求,迅速有秩序地进入人防工程。路上行人、车辆和公共场所的人员,听从指挥,迅速到指定地点隐蔽。

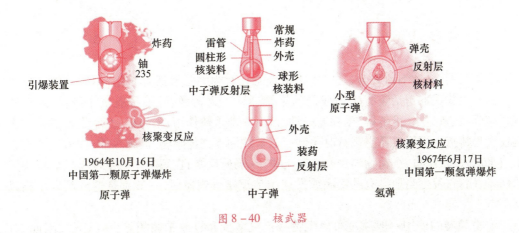

图 8-40 核武器

2. 看到核爆炸闪光时

看到核爆炸闪光时未能及时进入防护工程和其他隐蔽场所的室内外人员,应立即就近利用地形、地物采取防护动作。要领是:在广阔地带应背向爆心方向卧倒,双手交叉垫于胸下,脸部夹于两臂之间,闭眼、闭口,热浪到时暂停呼吸。遇到较大地形、地物时,横向爆心卧倒;地形、地物较小时,面向爆心卧倒。卧倒时要避开易倒塌的建筑物及易燃、易爆物品。

室内人员发现闪光后,应避开门窗,立即利用墙的拐角或墙根卧倒,最好在靠近墙角的桌下或床下卧倒。

3. 放射性灰尘沉降时

污染区人员要及时戴好防毒面具或口罩,也可用毛巾捂住鼻,扎好裤口、袖口、领口。用雨衣、塑料布、床单等简便器材把暴露的皮肤掩盖起来,转入安全地带。处于放射性物质沉降地区的居民,应关闭门窗,防止灰尘入内。

4. 人员在污染区时

当人员在污染区行动时,不要随便接触受污染物品,不要坐卧和脱下防护器材,按照标志避开污染严重的地区,不得长久停留。乘车时,除做好个人防护外,还要关闭车窗,盖严篷布,加大车距。车上人员不要随便下车,上下车尽量不接触车轮和挡泥板。

5. 清除放射性污染

当人员遭受污染后,要及时清除皮肤和服装上的放射性灰尘。清除服装上放射性灰尘,自己或互相拍打和抖拂服装。要领是:拍打和抖拂人员站在上风或侧上风方向,按照自上而下、先外后里的顺序拍打,抖拂30~40次。抖拂时,应抓住受污染服装的两肩或裤腰,按"上提要轻、下甩要重"的原则用力向下抖动。拍打、抖拂完毕,方可摘掉口罩、手套等。面部、耳窝、颈部和双手等处的污染灰尘,可用干布或湿毛巾擦拭。有条件时,再进行全身淋浴,并更换清洁衣服。

道路、地面污染灰尘,可用清水冲洗。密封包装的粮食,需对包装进行清除;包装不好的粮食,去除表皮和水洗。水果、蔬菜,用清水冲洗和剥皮;馒头等熟食剥掉表皮;饮用水用土壤净化过滤或吸附凝沉。处理后的粮食和水等应经检查合格后方可食用。误食了受污染的食物和水时,必须尽早处理。可采用催吐、洗胃、多喝水、利尿法排出。有条件时,可按医生要求服吸附剂、缓泻剂,加快放射性物质排出。

二、生物武器及其防护

生物武器,又称细菌武器,是以生物战剂杀伤有生力量和毁坏植物的各种武器、器材的总称。生物武器包括装有生物战剂的炮弹、航弹、火箭弹、导弹和航空布撒器、喷雾器等,具有面积效应大、可传染、生物专一性、没有立即杀伤作用、不易被发现、受自然条件影响较大等特点。当飞机低空飞行时尾部有云雾或洒下其他杂物;炸弹爆炸,弹坑周围有粉末或水珠残迹;昆虫、小动物出现的数量与季节、场所反常;在短时间内发现大批症状相同的病人、病畜;发生当地没有的疾病或发病季节反常等现象时,一般都是遭到敌人生物武器袭击。

生物武器的使用一般通过布撒生物战剂气溶剂和投放带菌的昆虫等途径,因此,对生物武器的防护,主要是针对生物战剂气溶液和投放昆虫的防护。凡能防护化学武器的措施,均能有效地防护生物战剂。生物战剂如图 8-41 所示。

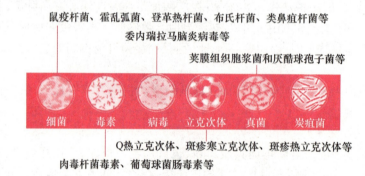

图 8-41 生物战剂

当在生物战剂污染区内行动时,要会识别污染区的标志,进行个人防护,遵守污染区内的行动规则;发现病人时,先进行隔离,报告医务人员妥善处理,尽量不与病人接触;对污染区内的房屋、器具和环境要彻底消毒;杀虫、灭鼠;有条件可转移到有滤毒通风的人防工事内;离开染毒区域后,脱去污染衣物,及时进行洗消;必要时应到医务部门检查或诊治。

三、化学武器及其防护

化学武器,是装有并能放出毒剂的武器、器材的总称,如装有毒剂的炮弹、航弹、火箭弹、导弹、飞机布撒器等。化学武器具有杀伤途径多、杀伤范围大、作用时间长等特点。通常情况下,当敌机在城市上空低飞并布撒大量烟雾,敌机通过后或炸弹爆炸后地面有大片均匀的油状斑点,多数人突然闻到异常气味或眼睛、呼吸道受到刺激;出现大量动植物异常变化时,一般多是遭受化学武器袭击。

1. 防护

防护措施有两种:集体防护,即进入有"三防"设施的民防工程掩蔽;个人防护,即戴防毒面具或用湿毛巾保护呼吸道和眼睛,穿防毒衣或简易器材保护身体。戴防毒面具时,先闭眼,左手握面具袋底部,将其转到身体的左前方,右手打开袋盖,取出面罩,抓住头带和罩体的上部,迅速把面罩移到胸前;用双手将头罩撑开,拇指在内,拉开头带,下巴微伸出,用面罩套住下巴,接着双手由下向上,由前至后移动头带,用力呼出一口气,睁开眼睛。脱面具时,左手大拇指插入头带垫,握导气管上端和通话器的下部,由后至前,由上至下脱下面罩,整理面罩,整理面具,装入面具袋内。

2. 消毒

当毒剂液滴溅到人员身体上时,应立即脱去染毒服装,由外向里用棉花吸去皮肤上的毒剂滴液,并用棉球蘸专用消毒药液擦拭消毒。没有专用消毒液时,可用碳酸氢钠溶液(俗称小苏打水)、肥皂水或大量清水冲洗。紧急情况下,可用大量清水或体积分数为2%的小苏打水冲洗眼睛。

对染毒服装,在远离居民区的下风方向,用纯碱煮沸1~2小时消毒。对暂时不用的衣物制品,可在下风方向吹晒,进行自然消毒。

对有包装的染毒罐头食品,只需对表面消毒后就可食用。没有包装的食品,一般应销毁。

当自来水系统被破坏后,在水中加入适量的漂白粉和混凝剂,然后搅拌,待沉淀后过滤并经检验后方可饮用。

3. 急救

先进行自救再开展互救。互救时,先把中毒伤员移出毒区或戴上防毒面具,并及时送往医院,或让医生前来救护。使用急救药物前应先确定毒剂种类。

第九章
战备基础与应用训练

> **学习目标**
>
> 战备是为应付可能发生的战争或军事突发事件而在平时进行的准备或戒备。战备训练是巩固官兵战备意识、打仗意识,锤炼和检验官兵实战化水平,提升部队在多样化环境下遂行多样化任务能力的必要途径。

第一节 战备规定

战备规定,主要规定了我军的日常战备秩序、战备制度和战备等级划分等。认真落实战备的各项规定,是部队圆满完成任务的重要保证。

一、日常战备

日常战备的内容较多,单兵应重点掌握战备教育、节日战备和"三分四定"等内容。

(一)战备教育

战备教育通常包括以下三项内容:一是进行马克思主义战争观、军队根本职能和新时代军队使命任务教育;二是进行形势任务教育、敌情社情教育和反渗透、反心战、反策反、反窃密教育及战备工作法规制度教育;三是进行爱国主义、革命英雄主义教育。

(二)节日战备

部队在元旦、春节、国庆节等节日时要组织节日战备。节日战备期间,要按规定保持人员在位率和装备完好率,加强战备值班、执勤、巡逻警戒和对重要目标的防卫。当担负战备值班任务时,要做好随时出动执行任务的准备。在节日战备结束后,要及时上报节日战备情况。

(三)做好"三分四定"

战备物资,应按照"三分四定"规定实施。"三分"即区分携行、运行、后留,并分别放置;"四定"即定人、定物、定车、定位。战备物资应结合日常训练、正常供应周转和重大战备行动,进行更新轮换,使其处于良好状态。

二、战备等级规定

战备等级是根据军队战备工作的轻、重、缓、急程度,按照一定标准进行的划分。战备等级分为三级战备、二级战备和一级战备。进入等级战备,通常逐级进入,必要时也可越级进入。

三、战备规定的基本要求

部队接到进入等级战备命令后,应按照规定保持装备完好和人员在位,保证可以随时遂行各种任务。一旦进入战备等级状态,所属人员必须做到以下几点:

(1)严格遵守保密规定,不泄露部队行动的秘密。
(2)外出探亲人员在接到上级的通知后要迅速归队。
(3)服从命令,听从指挥,按上级的命令完成各项工作。
(4)提高警惕,坚持在岗在位,保持良好的战备状态。
(5)进一步落实战备计划,随时做好出动准备。

第二节 紧急集合

紧急集合,是军队在紧急情况下迅速进行的集合。接到紧急集合的信号或命令,应立即按规定着装,迅速到达指定位置。

一、着装与装具携带

(一)着装

通常着作训服。昼间进行紧急集合时,一般按当时的训练着装进行,或按上级规定着装。夜间紧急集合时,指战员应迅速起床。按帽子(冬季戴皮、棉帽时,佩装后再戴)、上衣、裤子、袜子、鞋子(双层床上层的士兵打完背包后再穿鞋子)的顺序进行穿戴。

(二)打背包(背囊)

背包宽30~35厘米,竖捆两道,横压三道;米袋搁于背包上端或两侧;雨衣、大衣通常捆于背包上端,大衣袖子捆于背包两侧,鞋子横插在背包背面中央或竖插两侧,锹(镐)竖插在背包背面中央,头朝上。装备有背囊的分队,应按规定将需带的被装、器材装入背囊,扣扎结实,便于行动和携带。放置的顺序为垫被、被子、大衣(冬季)、小包、雨衣、米袋、制式挎包、脸盆等。背囊左上侧装布鞋,左下侧装水壶,右上侧装牙具、碗筷,右下侧装防毒面具。

(三)装具携带

全副武装:背挎包,右肩左胁;背水壶,右肩左胁;背防毒面具,左肩右胁;扎腰带;弹袋;背背包(囊);取枪和其他装备器材。

轻装:只是不背背囊(包),将锹(镐)头朝下背于右肩,系绳绕腰间与背绳系紧;米袋,右肩左胁;雨衣(冬季带大衣时,将大衣袖子留在外面卷紧捆好,再将袖口对接扎紧)左肩右胁;其他装具携带同全副武装。

二、紧急集合

紧急集合分为全副武装紧急集合和轻装紧急集合两种。全副武装紧急集合时,要带齐武器装备、装具和生活用品;轻装紧急集合时,通常不背背囊(背包)。

紧急集合一般根据上级的紧急战备号令,或者在下列情况下实行:
(1)发现和遭到敌人的突然袭击;
(2)受到火灾、水灾、地震、台风等自然灾害的威胁和袭击;
(3)上级赋予紧急任务或者发生重大意外情况。

第三节 行军拉练

行军是部队沿指定路线进行的有组织的移动。按方式,分为徒步行军、摩托化行军和履带行军;按时速和每日行程,分为常行军和强行军。

一、徒步行军

徒步行军是以步行方式实施的行军,是部队机动的基本手段。通常在行军距离较近、输送工具不足或没有输送工具,以及地形不便于实施摩托化行军时采用。徒步行军目标小,易指挥,组织简便,利于隐蔽,受地形限制小,但速度慢,体力消耗大。

(一)行军准备

行军前一般要进行思想动员,明确行军的目的、路线、注意事项等。还要进行组织准备,进行人员编组,安排侦察、警戒、收容、留守等。行军前还需要进行物资准备,主要包括武器、弹药、装具、给养、饮水和药品等。通常携行粮食3日份和必要的饮水,并准备好必备药品。

(二)行军实施

1. 行军

行军通常分为常行军和急行军。常行军每小时3~5千米,急行军每小时可达8~10千米。行军途中,应注意随时观察道路及周围情况,确保行军安全;及时调整呼吸和体力,保持好行军队形,匀速前进;发现脚底起泡、身体不适或体力不支时,应及时报告;发现走错路时,应首先确定站立点,而后选近路插向原定路线。如无把握应原路返回,选准方向再继续前进。

2. 休息

休息分小休息和大休息。徒步行军时,通常开始行军后约30分钟小休息一次,尔后每行进约50分钟休息一次,每次约10分钟(第一次小休息时间可稍长)。休息时,应靠道路右侧或两侧,面向路外,放下背包,解开鞋带使脚放松。大休息可以就餐,补充饮水,治疗脚伤,但武器、装具不能离身。

3. 注意事项

在徒步行军过程中,应掌握正确的行军要领,坚决服从指挥,灵活处置各种情况,确保按时迅速地到达目的地。

二、宿营

宿营是指部队离开驻地遂行任务中的临时住宿。目的是使部队得到休整,以便继续行军或做好战斗准备。

(一)宿营方式

宿营分为舍营和露营。

舍营指在房舍内的宿营,是宿营的主要方式。

露营指在房舍外的宿营,通常在不具备舍营条件时采用。露营具有条件简陋、环境复杂、居住分散、受敌威胁等特点。

(二)宿营地的选择

宿营地的选择应根据敌情、地形、任务和行军编成而定,通常应符合下列条件:

(1)符合战术要求,避开城镇、集市、车站、渡口、大的桥梁附近。

(2)避开洪水道、油库、高压电源和易崩塌的危险地点、疫区、传染病流行村落等。

(3)方便生活,有适当的地幅和良好的地形,便于疏散隐蔽配置和休息。

(4)尽量靠近水源,有较好的进出道路,便于机动和迅速投入战斗。

(5)夏季要尽量选择在比较干燥、地势较高、通风良好、蚊虫较少的地区,避开谷地、低地、洪水道和易于坍塌的地方;冬季应选在避风向阳处,土质较黏便于搭设简易帐篷或挖掘的地方。

(三)宿营准备

组织部队宿营前要与当地政府、武装部门取得联系,以得到他们的支持和帮助。设营人员要与乡、村领导取得联系,征得同意后方可设点。

1. 现地勘察

野外宿营前,应组织现地勘察,重点明确宿营地点、各分队的宿营区域、各级指挥所的位置、进出道路、通信联络的方法、各种信(记)号、完成宿营准备的时限,以及组织检查的时间、内容等。

2. 物资器材准备

宿营前,应认真检查个人的着装(衣服、被褥)。冬季宿营时要重点检查棉(皮)帽、棉(皮)手套、棉(皮)大衣、棉(皮)鞋的携带情况;夏季宿营时应重点检查雨衣(布)、蚊帐的携带情况。除携带装备的锹、镐外,还应准备必要的大镐、大锹、钢钎、麻袋等工具和物资。

(四)宿营实施

1. 组织侦察

部队到达宿营地域后,应立即向有敌情顾虑和而后行动的方向派出侦察,查明敌情和而后行军路线情况,了解有关敌情和社情。

2. 组织警戒

宿营警戒的组织应根据敌情、地形和宿营部署确定。同时,指定值班分队或火器,并派出直接警戒。

3. 组织防护

为防止敌人袭击,应周密组织观察警报配系,进行对空、防核化生袭击戒备。

4. 建立通信联络

宿营地域的通信联络,通常以有线电通信和移动通信为主,同时应充分利用地方既设线路。

5. 加强营地管理

营地管理是宿营组织实施工作的核心环节:一是做好教育管理工作,控制人员流动;二是坚持正规的生活秩序;三是改善伙食,确保吃好、休息好;四是严守群众纪律,尊重当地风俗,防止与群众发生纠纷。

6. 果断处置情况

对敌空袭、突然袭击、核生化武器袭击等,要按预定的方案进行处置,及时疏散隐蔽,利用各种器材进行防护。

(五)简易帐篷搭设介绍

简易帐篷具有架设简便、快速、用料方便等特点,搭设时可使用方块雨布、雨衣、军毯、帆布、降落伞等就便器材。

1. 屋顶型帐篷搭设

将绳子拴在两棵树之间,或用随身携带的工兵锹、十字镐作两个支柱,用背包带连接,两端固定在地上,然后将方块雨布搭在绳子或背包带上,底边用石块压牢即成,也可将数块雨布连接,构成4~8人用的大帐篷,这样的屋顶形帐篷适合各种地形。

2. 丛林遮棚搭设

搭设丛林遮棚,可利用树木、竹、藤、茅草、芭蕉叶并结合雨布蚊帐等就便器材。基本方法:先撑棚架后盖顶,围墙铺床同时行,最后挖出排水沟,铲除杂草把地平。丛林中露营,不要成片地砍伐树木,以免暴露目标。不要捣破蚂蚁窝、黄蜂窝,要清除营地四周杂草,周围挖一道排水沟,并且撒一些草木灰,以防蛇虫爬入。床铺应离开地面30~50厘米,若打地铺,可用树枝、树叶或细竹垫铺。临睡前先在地上敲打,清除爬上的昆虫。醒来时,应首先仔细地察看身体周围。注意保持遮棚的清洁,生活垃圾必须及时掩埋,不要用火烧鱼骨头,这种气味会把蛇引出来。

3. 利用洞穴

猫耳洞的防寒效果很好,通常洞内温度可比洞外高12~20℃。构筑时,在沟壕、土坡的侧壁掏一个可以栖身的洞,其形状与步兵防炮洞大致相仿,不过面积略大。洞口应开设在土质好的阳坡、背风处,尽量避开阴坡、风口。在雪地,也可构筑雪洞。睡觉前应用雨布(衣)、干草等隔潮材料铺设地铺。睡觉时,应注意避风和保暖。

在山地和海岸露营,可利用自然洞穴。如果找不到合适洞穴,选一个直立的岩壁,用两根木头靠着岩壁支起来,在两根木头之间绑上一些横木,再把草或树枝挂在横木上面。

第四节　野外生存

野外生存,是在食宿无着的特殊环境下生存与自救的活动。学会野外生存基本技能,有利于"保护自己、消灭敌人"。

一、野外取水

寻找饮用水,并进行净化处理,是野外生存中重要的行动。

(一)寻找水源

1. 根据野生植物寻找水源

在沙漠、戈壁地区:生长着怪柳等灌木丛植物的地方一般地面下6~7米深有地下水;有胡杨林生长的地方,则指示地下水位为5~10米;茭茭草指示地下水深为2米左右;茂盛的指示地下水位只有1米左右;马兰花植物,向下挖50厘米左右就能找到地下水。

2. 根据动物的活动规律寻找水源

动物的生长离不开水,蚂蚁、蜗牛、螃蟹等都喜欢在地下水较浅、泥土潮湿的地方做窝;冬天青蛙、蛇也喜欢在这样的地方冬眠。夏蚊虫聚集,且飞成圆柱形状的地方一般有水;燕子飞过的路线和衔泥筑巢的地方,都是有水源和地下水位较高的地方;这些也是判断水源的依据。

3. 根据地形特点寻找水源

寻找水源首选之地是山谷底部地区,要注意绿色植物的分布带。在干涸河床或沟渠下面很可能会发现泉眼,尤其是沙石地带。在高山地区寻水应沿着岩石裂缝去找。

(二)鉴别与制取

1. 鉴别

找到水源后,应先鉴别水质情况,在无检验设备的情况下,可根据水的色、味、温度、水迹、环境等来概略地鉴别水质好坏。纯净的水在水浅时是无色透明的,水深时呈浅蓝色,鉴别时,可以盛一杯水进行观察,通常水越清水质越好;反之,水质就越差。清洁的水一般是无味的,污染的水则带有一些异味。鉴别时,可以用一只干净的小瓶装半瓶水,摇荡数下,打开瓶塞后立即用鼻子闻,如有怪味则不能饮用。地下水的水温因气温的变化而变化。浅层地下水受气温影响较小,深层地下水水温低而恒定,如果水温突然升高,多是有机物污染所致。用一张白纸将水滴在上面鉴别水质,晾干后观察水迹,清洁的水是无斑迹的;反之,则说明水中杂质多,水质差。周围无任何绿色植物生长或者周围出现动物残骸的地方,对其附近水源要保持警惕。

2. 制取

1)凝结水

植物是靠根部从地下摄取水分的。挑选些粗壮、枝叶茂盛的嫩枝条,将口袋套在嫩枝条上,使口袋的一角朝下,利用叶面蒸腾作用凝结水。也可以将砍来的新鲜枝叶装进大的塑料袋里,当温度升高以后,便会产生凝结水。选用稍干净的石块垫在枝叶下,以方便收集所凝结的水液。再用石块绷紧袋子,用木棍支撑在袋子顶部,以防止枝叶触到袋子。同时,塑料袋应稍微倾斜,以便所凝结的水珠沿着内壁流入收集器皿中。当枝叶不再蒸腾出水分后,可换取一些新鲜枝叶。

2)制作太阳能蒸馏器

在潮湿的泥土地上挖一个直径60厘米、深90厘米的洞坑,同时在洞坑的中央挖一个小池以便放置水容器。尔后,在洞坑上面铺盖一块塑料布并用沙子、泥土、石头填埋固定好。

在塑料布中央放上一块石头。随着太阳的照射,洞坑里空气和土壤的整体温度会逐渐升高并产生蒸气。最后,水蒸气将在塑料布下面凝结成小水滴并滴落在事先准备好的盛水容器中。

3)植物取水

集水类植物 杯型植物和叶片呈中空形状的凤梨科植物,其叶片里通常都贮有水。竹类中空的节间也常存有水,尤其是那些年老的茎秆。在每一节的顶剖开一V形槽口,将竹竿倾斜就可倒出水来。

藤本植物 直径约为5厘米的粗皮藤本植物也能有效提供水源,但有些汁液是有毒的,有毒植物在茎被砍断时会产生浓的乳白色汁液。

仙人掌类植物 果实和茎干都蕴含丰富水分,从顶端向下切开,将茎皮剥去,内部切成片状,取出吮吸。或者将茎髓捣碎,吸取汁液。

3. 净化

饮用水的净化,通常有三种方法:一是使用配发的净水药品净化,如消毒片、漂白粉、明矾等;二是利用野生植物净化,如仙人掌、霸王鞭,将其捣烂,放入水中(1 桶放入 4 克)搅拌 3 分钟再静止 10 分钟,浑水即能澄清;三是煮沸,将收集的水煮沸 10 分钟即可。

二、采(捕)食物

野外生存获取食物的途径主要有两种:一是猎捕野生动物,二是采集野生植物。

(一)动物的猎捕、处理与食用

自然界中野生动物分布较广,易于捕捉,捕食野生动物既可解决缺粮的问题,又能增加热量,对恢复体力十分有益。

1. 猎捕

1)猎捕大型动物

猎捕大型动物,要理解动物的觅食习惯、栖息地,掌握动物的活动规律,掌握常用的捕猎方法。

压猎　压猎是一种较为原始的狩猎方法。将木板、石板、冻土块或冰板吊(支)起来,板下放置诱饵(食物),动物吃食时重板落下,将猎物压住,猎物即被捕捉。

套猎　用绳索、马尾、钢丝等制成套子,放置在动物的必经之路以及洞口里,当动物走动时钻入圈套即被捕捉。

坑猎　在动物的必经之路上挖陷阱,坑底埋着削尖的竹签,坑表面用树枝和乱草进行伪装,动物陷落后,即可捕获。

2)捕蛇

蛇的分布较广,活动也有规律,易于捕捉。如眼镜蛇捕食鼠类、蛙类,多在山坡、田间、沟边、屋边活动;银环蛇捕食黄鳝、泥鳅,常见于田边、水沟边或塘边;竹叶青蛇能捕食小鸟,常栖息在树上。

捕蛇常用的方法:

木叉法　用以捕捉较大的蛇,用树枝做一木叉,捕捉时,先叉住蛇的颈部,然后俯身一手抓颈,另一手抓尾,即可将其捕获。

泥压法　用以捕捉不大的蛇。用一块黏泥将蛇粘压在地上或石头上,使其无法逃走而将其捕捉。

索套法　用以捕捉翘起头,或盘绕在竹子、树丛上的蛇。将竹竿打个洞,穿一条具有一定硬度的绳子,做成一个活动圈套,从蛇的背后将套对准蛇的颈部,随即拉紧活扣,将蛇捕捉。

3)捕鱼

捕鱼时应先解决工具,如无制式钓具时,可利用蛇骨、木刺、针等代替鱼钩,用绳索或韧性较强的草做鱼线,用弹壳或石子做鱼坠,禽类的羽毛、竹子、木竿等做浮子。

钓鱼应掌握一定的方法。静水中钓鱼,应根据浮子的变化来判明鱼的大小。在流水中钓鱼,应在上游下钩,凭手感来判断鱼是否上钩,较大的鱼咬钩,手会有感觉,明显时可提钩。海上钓鱼较为容易,海鱼吃食猛,咬食后一般不易脱钩。鱼饵可用一些小昆虫及面团代替。在小而浅的池塘中,可以下水用脚或木棍将池底的污泥搅起"混水摸鱼"。等鱼浮到水面寻找清水时,用木棍敲击或用手捕捉。也可以将树枝弯成一个圆框,把汗衫缝在上面,把底扎紧,即成一个捞鱼的"鱼网"。

4) 捕捞贝类和海上浮游生物

在沿海崖滩有种类繁多的贝类动物。绝大多数贝类可供食用。如鲍鱼(内脏有毒不可食)是名贵的海味,还有红螺、田螺、香螺、泥蚶、贻贝、扇贝、牡蛎、文蛤等都可食用,营养丰富。

5) 捕昆虫

野外可食用的昆虫种类较多,较常见的有蜂蛹、白蚁、蚕蛹、蝼蛄等。可食昆虫含有高蛋白、高热量、高营养,食用昆虫前要注意煮熟烤透,以免昆虫体内的寄生虫进入人体。

2. 猎物的处理

野兽剥皮,禽类拔毛取内脏,鱼类去鳞、腮,取内脏,蛇去皮、内脏,昆虫挤去内脏。

3. 猎物的食用

为了生存和保存体力,必须将采集到的动物做熟食用,野外环境条件限制时,可通过简单的野炊方法实施。

煮 可用罐头盒、钢盔等烹煮,在野外可以用石头做支架,或用铁丝吊挂铁盒、钢盔等物,用火加热,烹煮食物。

烤 架火烤,将食物穿、插、缠、裹在铁丝或木棍上,放在火中或火边烧烤熟化。

烙 用小铁锹,石板或石块烫烙,用火在小铁锹底部加热,将切成薄片的食物在上面烙熟,也可用火将石板烧烫以后,将食物切成薄片放在上面烙熟食用。

烧 用黄泥裹烧,将和好的黄泥在地上摊成一个3厘米厚的泥饼,上面铺一层树叶,将食物去除内脏,不脱毛、不褪鳞,放在泥饼上,用泥饼将食物包裹成团,放在火中烧两个小时即可食用。

生食 无条件生火时采用(主要是鱼类、部分昆虫卵和幼虫)。

(二) 野生植物的采集与食用

野生植物的营养价值很高,含有多种维生素和微量元素。采食野生植物要首先辨别植物的可食性。有毒植物通常有特殊的形状和色彩;能分泌带有颜色的液体;具有不良的味觉或嗅觉。根据这些特点可以鉴别是否有毒,必要时可用动物来实验,以确保食用安全。

常见可食野生植物主要有野果、野菜、海藻等。

1. 野果的采集与食用

山野或灌木林中生长有许多可食野果。如无识别经验,可仔细观察鸟类和其他野生动物都选择哪些野果为食,一般来说,野生动物采食的野果对人体是无害的。

1) 水果类

山葡萄 分布于我国的东北地区。生长于山地的林缘地带。蔓性灌木,树皮常成片状剥离,互生叶序,叶柄较长,叶片为圆形,宽8~14厘米,花小而密,果实成熟后变黑。9

月成熟,果实生食。嫩条可解渴。

茅莓 分布于全国各地,生长在山坡灌木丛或路旁向阳处。7—8月成熟,果实、嫩叶可食。攀援状灌木,在枝和叶柄上有毛和钩状小刺,叶为羽状复叶,小叶多为3片,也有5片的,近圆形,顶端一片较侧生叶片大,边缘有不整齐的深齿缺口,下面呈白色,密生短绒毛。果实呈球形,红色,核有深窝孔。

沙棘 分布于河北、山西、陕西、甘肃、宁夏、青海、新疆、四川、云南等地,常成丛生长在河岸的沙地或沙滩上。有刺灌木。叶窄,线形或线状披针叶形,长2~3厘米,宽2~8毫米,上面呈绿色,下面为银白色。果实为核果,卵形或近圆形,多汁,长0.8~1厘米,直径5~6毫米,金黄色或橙黄色,许多个密生在一起,紧贴枝梢上。9—10月果实成熟,果实可生食,味微酸而甜。

胡颓子 分布于山东、辽宁、河南、江苏、福建、广东、湖南、湖北、四川等地。生长在山坡及空旷的地方。灌木,有刺,高2~4米,幼枝褐色;叶为椭圆形,前端稍尖,边缘波状,常卷皱。花为银白色,长约1厘米,1~3朵生于叶腋,常向下垂。果实先是褐色,成熟后微发红,有一椭圆形硬核,可生食。

野黑莓 分布于灌木丛林及野外荒山之中。叶带刺,花白色,有时为淡紫红色,茎上分布有倒刺。蔷薇果,成熟时紫黑色,味甘可口。带倒刺的茎条可用来从地洞中钩出多毛的小动物,如兔、鼠等。

野草莓 分布于树林草地之中,有些分布于高山上。小型匍生,果实类似栽培草莓小果。翻开叶片,会找到鲜嫩甘甜的浆果。浆果富含维生素C,新鲜洗净后生吃最好。

2) 坚果类

松子 分布于多数温带及其北部地区。常绿叶披针形,簇生于短枝上。成熟的松果中含有种子,可以生吃,不过烤熟更香,也便于贮存。幼嫩的松果煮沸后也可食用。嫩叶和树皮也可以食用。

山毛榉 多分布于阔叶林区。树型高大,伸展挺拔,树皮光滑发亮。角质叶尖卵形,具波纹,叶前端盾尖。坚果小,三角形。根据种类的差异,每个多毛外壳内有2~4个坚果不等。坚果仁富含蛋白质,可以生吃、烧烤或榨油。

毛栗 分布于山坡野地。高大灌木,卵形至心形革质叶,边缘锯齿。棕黄色果壳,富含营养的果实外披叶状多毛外壳。

核桃 分布于温带地区。高达30米,复叶对生,小叶狭长,多齿,树皮多皱褶。成熟坚果棕褐色,外披绿色厚壳。

另外,橡子、阿月浑子、热带椰子、木瓜等都属于野果类,是应急求生的优选食物。

2. 野菜的辨识与食用

野菜的食用方法:将采来的野菜择洗干净,用开水烫过后,加入调味品食用,也可炒食或做菜、汤,加入主食中做粥、馒头、包子等。

苦菜 别名苦苣菜,分布于全国各地。生长于山野路边,3—8月可采嫩茎叶生食,微有苦味。茎高0.6~1米,互生叶序,叶边大多分裂,周围有小短刺,近根处叶身较窄,色绿,表面呈灰白色,断面有白浆,茎叶平滑柔软。夏季开黄色花。

蕺菜 别名鱼腥草,分布于全国各地。野生于沟渠、池边及阴湿地。多年生草本植物,茎上有节,花小而密。茎和叶有腥味,又称"鱼腥草"。茎上部直立,下部匍匐,节上生须根并有褐色鳞片。叶为心脏形,前端渐尖,边全缘或呈波形,上面为绿色,下面带紫色。

马齿苋　别名马子菜,分布于全国各地。生长于田野、荒地、路边,叶片肥厚肉质呈瓜子形。茎多分枝,圆形,往往带紫红色,通常平铺在地面,全草可食,味平淡。通常在5—9月中旬采嫩茎,用开水烫软,将汁轻轻挤出,加入调料即可食用。

刺儿菜　别名七七芽,分布于全国各地。遍生于田野之中,多年生草本,茎直立,稍带紫色,有纵横纹,披白色细毛,高25～50厘米,叶互生,无柄,叶片呈椭圆形,全缘或微齿裂,两面都有绵毛,边缘有金黄色的小细刺,全株可食,味平淡。4—6月间,采其嫩叶,用开水烫过,炒食或做汤,一次不可多食,否则易引起腹泻。

荠菜　别名地米菜,分布于全国各地,生于田野、路边、沟旁,叶有根生叶和茎上叶两种。根生叶丛生,有柄,叶片羽状深裂,有时浅裂或不裂,茎生叶无柄,基部抱茎,边缘有齿,嫩叶有香气,嫩苗可食。3—4月采其全草,洗净炒食、做汤。

此外,菱角、莲子、水芹等也是可食植物。

(三)蘑菇的采集与食用

蘑菇分布较广,种类较多,是人们喜爱的一种菌类植物,可食的蘑菇有香菇、草菇、猴头菌、鸡枞、竹荪等。

香菇　子实体单生、丛生或群生,子实体中等大至稍大。菌盖直径5～12厘米,有时可达20厘米,幼时半球形,后呈扁平至稍扁平,表面菱色、浅褐色、深褐色至深肉桂色,中部往往有深色鳞片,而边缘常有污白色毛状或絮状鳞片。菌肉白色,稍厚或厚,细密,具香味。

猴头菌　别名刺猬菌,形如猴子的头,新鲜时呈白色,干燥后变为淡褐色,块状,直径3.5～10厘米,基部狭窄;除基部外,均布以肉质、针状的刺,刺直伸发达,下垂,长1～3厘米,分布于全国各地,多生于栎(俗称柞树)、胡桃等阔叶树种腐木或立木的受伤处。食前,洗净切碎,炒食或做汤。

鸡枞　别名鸡菌,雨后从地下面的白蚁窝中生出,出土时菌盖为圆锥形,伸展开后中央具一乳突(形如鸡嘴),直径3～20厘米大。潮湿时表面平滑有黏性,呈微黄色,菌肉、菌褶白色,褶宽5～15厘米,呈不规则形,菌褶白色至灰白色,地下部分呈褐色至黑色,表面平滑,肉质易于开裂,长约3～20厘米,直径1～2.5厘米,基部膨大处达3.5厘米,食法与猴头菇相同。

竹荪　形态奇特别致,海绵状的菌柄上生有洁白的网状菌裙,人们形象地称作"穿裙子的小姐"。

鸡油菌　杏黄或卵黄色漏斗形菌株,直径3～10厘米,外展折叠的菌褶也为黄色,集群生于树荫下,尤喜山毛榉林。

三、野外取火

野外取火是野战生存的一项基本技能,主要用于发送信号、烹调食物、照明取暖、驱赶野兽等,用火时要注意观察周围环境,控制火势范围,避免暴露自身位置。

(一)准备工作

生火所需材料分为三种：火绒、引火物和燃材。

火绒　火绒可以是任何一种低燃点易燃物，它通常由细薄而极干燥的纤维构成。火绒来源广泛：林木或灌木丛中的丝篓状的树皮，枯死植物上的碎纤维，纤细而干燥的木质刨花，秸秆和枯草，树脂状锯屑，鸟类或啮齿类动物巢穴的内层，种子，烧焦的布料，棉球或绷带，松树上干燥的粉末状树脂，纸张和泡沫乳胶。

引火物　引火物的燃点较高，待火绒烧着以后再添加。引火物要用于提升火焰温度，以便点燃燃点更高的物质。引火物包括枯死的细小干燥的小树枝、松果、松针以及蓬松的木料。

燃材　燃材并不需要很干燥，但是潮湿的木料燃烧会产生大量的烟雾，最佳的燃材是干燥木材或放倒的树木及较大的半干树枝。绿色的树木可劈开后再混与干燥的木料作为燃材。如果没有树木，可以把枯草拧起来作为燃材，枯死的仙人掌、干燥的泥煤和干燥的动物粪便也可以当作燃材。

(二)取火方式

取火方式有多种，主要由携带工具而定。

镜片取火　用放大镜、相机镜头等具有放大功能的镜片或玻璃瓶上的凸起部分将阳光聚焦在火绒之上，热量就会逐渐累积以至燃烧，此时轻轻吹气可以助燃。

电池取火　把一条绝缘导线的一端接于电池正极，另一条绝缘导线的一端接于负极，将剩余两端分别接至一条非绝缘导线的两端，这条非绝缘导线就会发热变烫，可用于点燃引燃物。

弓钻取火　首先用一块较直的硬木做一根木杆，长30～45厘米，直径约2厘米。将木杆一端磨圆，另一端做成钝头形，把圆木端插入木槽的空洞处。用一根约90厘米长、直径约2.5厘米的大树枝做成一个弓架，在弓架上绑一根皮筋或细绳。引火板用软木制成，约30厘米长、2厘米厚、7.5～10厘米宽。在引火板上刻一个小洞，在板边缘凿一个V形缺口，V形缺口尖端与空洞相接，这样木杆能够将小洞钻深，当木杆向下钻时就会发热，产生出热的木炭屑，轻吹可引燃火绒。

(三)生火的步骤

选择火塘位置　要快速生起一堆火，而且长时间维持火势，火塘位置的选择非常关键：选择在能避风挡雨的位置；便于控制火势，火堆周围没有易燃的东西，如草堆、枯树枝堆等；火塘附近有便于收集的燃火材料；靠近人活动的区域便于取暖，但要有一定的安全距离。

挖坑造火塘　挖一个浅坑，周围围上大石块，在火坑底部交叉构架几根粗一些的木头，让火堆底部有较好的通风性，便于维持火势。当火堆顶部木头燃尽时，添加木材，往火炭高温区吹入空气，火势便很快恢复。

收集生火材料　生火前要收集三类生火材料：火绒，细小的干树枝、干草、干树叶、干的地衣、干树皮、松针，或者柏树枝叶；引火物，手指粗细的干树枝、干松果等；燃材，较粗的干树枝、木块等。

点火加材 将点火材料放在火塘底部干燥的石头上,或者一块干树皮上点燃,当火苗稳定后,慢慢地加入细的树枝,等火苗渐旺把小树枝烧透的时候,开始添加大块木头。

第五节 识图用图

地形作为作战行动的载体和依托,是构成作战活动的基本要素,正确地认识判定地形、能动地利用地形是制胜的关键因素。

一、地图与地形图

地图是按照一定的法则,在平面上有选择地表示地球自然表面若干要素与现象的图形。地形图是按一定的比例尺,表示地物、地貌平面位置和高程的正射投影图,即比例尺大于1∶100万的普通地图。

(一)地形图的分类和用途

1. 地形图的分类

地形图是军事上的主要用图,现行我国军用地形图比例尺系列为1∶1万、1∶2.5万、1∶5万、1∶10万、1∶25万、1∶50万和1∶100万七种。

2. 地形图的用途

为军事指挥员提供战区全局的地形信息资料;为技术兵器效能的发挥提供所需的参数;为军事标图提供底图。

(二)地图比例尺

1. 地图比例尺的概念

地图比例尺是指图上某线段的长与相应实地水平距离之比,即:

$$地图比例尺 = 图上线段长/相应实地的水平距离$$

地图比例尺越大,图上显示的地形就越详细,精度越高,同一幅面所包含的实地范围就越小;反之,图上显示的地形就越粗略,精度越低,同一幅面所包含的实地范围就越大。

2. 比例尺的表示形式

根据用图和测图的需要,地图比例尺表示形式有数字式、文字式、图解式三种。

3. 图上距离量算

1)点间直线距离的量算

(1)用直尺量算。实地距离 = 图上长 × 比例尺分母。即用直尺量得图上两点的长度,然后依据比例尺进行换算。

(2)在直线比例尺上比量。其方法是:量、比、读(见图9-1)。图上用两脚规量得甲至乙的水平距离1250米。

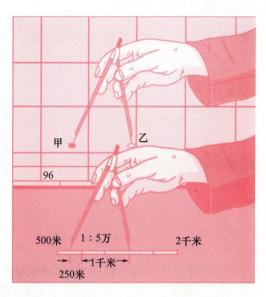

图9-1　用两脚规量读图上直线距离

2）点间曲线距离的量读

当量取图上曲线距离时，通常使用指北针上的量程表来量读。里程表由表盘、指针和滚轮三部分组成（见图9-2）。

量读要领：指针归零，表盘对胸，垂直向下；匀速转动，遇弯变慢，千米分明（表盘上刻有1∶2.5万、1∶5万和1∶10万三个不同比例尺刻度值）。

图9-2　指北针上的里程表

3）图上距离的倾斜改正

从图上量算的距离都是实地水平距离，而实地往往是起伏不平的，制图时对道路微小弯曲又进行了综合，故图上量算的实地水平距离，都小于相应的实地实际距离。

为使图上量算的距离接近于实地实际距离，应将量算的实地水平距离加上坡度及弯曲改正系数。即：

实地距离 = 水平距离 + 水平距离 × 改正系数

改正系数见表9-1、表9-2。

表 9-1 坡度改正系数

坡度(α)	改正系数 +/%	坡度(α)	改正系数 +/%
5°	0.38	25°	10.34
10°	1.54	30°	15.47
15°	3.35	35°	22.08
20°	6.42	40°	30.54

表 9-2 坡度与弯曲改正系数

坡度(α)	改正系数 +/%	坡度(α)	改正系数 +/%
0°~4°	3	20°~24°	40
5°~9°	10	25°~29°	50
10°~14°	20	30°~34°	65
15°~19°	30	35°~40°	85

当量取的距离较长时,地形坡度变化可能比较频繁,影响求取的时间。因此,在实际应用中,根据地形类别采用经验数据进行改正:平原地形一般按 10%~14%、丘陵地按 15%~19%、山地按 20%~30% 进行改正。

(三)坐标网及其应用

地形图上用来确定点位坐标的网格,称为坐标网。它分地理坐标网和平面直角坐标网两种。

1. 地理坐标网及其应用

1)地理坐标网

根据选定的投影方法、按一定经差与纬差,在地形图上绘出的经、纬线网,称为地理坐标网。它用于由图上量取地面点在参考椭球面上的地理坐标或根据点的地理坐标,确定其在图上的位置。

地理坐标网通常在中小比例尺地形图上绘出,在比例尺大于或等于 1∶10 万的地形图上,则只以"分"(′)为单位,用短线在图廓线上标出,称为分度带。当需要时,再连接分度带的相应分划而构成地理坐标网(见图 9-3)。

2)地理坐标网的应用

(1)图上量取点的地理坐标。在 1∶2.5 万~1∶10 万大比例尺地形图上,若要量取图中某独立房屋的地理坐标(见图 9-3),可先在南北图廓和东西图廓间的分度带上,找出最接近但又小于该点的经度分划和纬度分划,并连以经、纬线;再量取该点到所连经、纬线的垂距,以及经、纬线分度带的分划长,然后按式:

$$秒值 = \frac{60'' \times 点至经(纬)线的垂距}{经(纬)线分度带的分划长}$$

计算不足 1 分的秒值;最后将所得秒值分别加在所连经、纬线的度、分值上,即得该点的地理坐标。图 9-3 中独立房屋的地理坐标为(N38°01′20″E114°17′20″)或(B38°01′20″L114°17′20″)。

在比例尺 1∶25 万~1∶100 万地形图上,绘有地理坐标网,在内图廓线和整度经、纬线上绘有小分划格。在图上量取目标点的地理坐标时,先用两脚规自目标点作至邻近左、

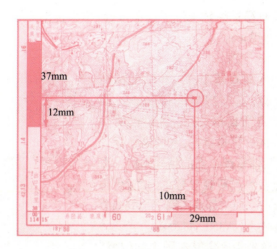

图 9-3 1∶2.5 万~1∶10 万的地形图地理坐标表示与量读

下方经、纬线的垂距;然后在内图廓线(或绘有小分划格线)上进行比量估读;再将估读值加在邻近左、下方经、纬线所注的经、纬度上,即得目标点的经纬度。应指出的是,军事上在读写经、纬度时,应遵从先纬度、后经度的顺序。

(2)按地理坐标确定点在图上的位置。如果已知某点的地理坐标,当需确定它在图上的位置时,可先在南北和东西分度带上,按经纬度秒(″)值确定出垂足,再将对应点连线,其交点即为目标点在图上位置。

2. 平面直角坐标网及其应用

1)平面直角坐标网

为便于从每幅地形图上量测任意点的坐标或计算面积,规定以每带的中央经线为 X 轴(纵轴),以赤道为 Y 轴(横轴),以整千米数为单位,等间距作平行于纵横轴的若干直线构成的网络(见图 9-4)。

为便于使用,规定将坐标原点西移 500 千米,即中央经线为 500 千米(见图 9-5)。

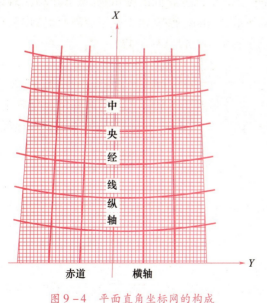

图 9-4 平面直角坐标网的构成

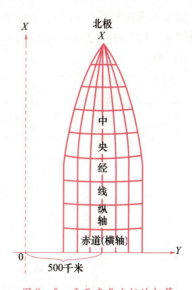

图 9-5 平面直角坐标的起算

自然坐标与通用坐标坐标纵轴未经平移的坐标，称为自然坐标。纵坐标轴平移后并冠以带号的坐标，称为通用坐标。

2）平面直角坐标网的应用

（1）量取地面点的平面直角坐标。在图上精确量取地面点的直角坐标，通常用坐标尺量读。以图9-6为例，欲量取A点的直角坐标。其量读要领为：一"查"，即查点所在的方里格坐标，本例纵坐标为87、横坐标为48；二"量"，即量读A点的精确坐标。纵边压纵线，横边通过点。本例精确坐标为X值约为450米、Y值约为200米；三"加"，即将图廓千米数加上米数尺边数。本例即得A点(87450，48200)。

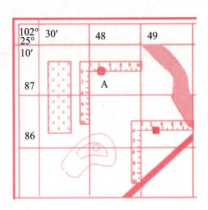

图9-6 用坐标尺量读点的坐标

（2）依地面点的直角坐标确定其在图上的位置。以上图为例，设某独立房屋的坐标为(86315，49250)求其在图上的位置。其方法为：先按给定的坐标，将坐标尺纵边与49坐标纵线重合，并使315米分划落在86坐标横线上；再沿坐标尺的横边找到250米的分划处，此点位即为该独立房屋在图上的位置。

（3）指示目标。利用直角坐标网指示目标的方法，随目标性质、精度要求和距离不同而有所区别。

方格指示法 以目标所在方里网格左下角纵、横坐标值指示目标位置的方法称为方格指示法，又称概略坐标法。一般情况下只取纵、横坐标值的末两位千米数，并规定先读（写）纵坐标，后读（写）横坐标。如图9-7中116.6高地，坐标(67,46)，其读（写）格式如下：

书写格式：指示物—坐标—目标性质。如116.6高地(67,46)，敌发射点1个。

口述格式：坐标—指示物—目标性质。如坐标(67,46)，116.6高地，敌发射点1个。

此种指示法适用于面状或图上易于查找指示物的目标。

井字格指示法 当图上同一个方格里有2个以上相同的指示物，按方里格法难以区分时，则将方里网格按井字形加密成9个小格，并由左至右、由上至下，顺时针方向将其编号（见图9-7）。图中2座公路桥的坐标分别为(66,47)、(66,47)。

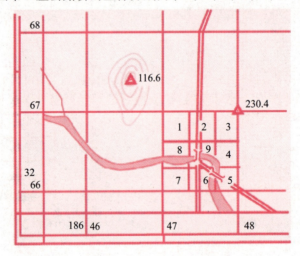

图9-7 用方格指示法、井字格法指示目标

精确坐标指示法　按图上0.1毫米相应的实地长为坐标精度,用以指示目标的方法称为精确坐标指示法。此方法适用于前两种无法指示的目标或精度要求较高的目标。图9-7中,116.6高地的精确坐标为(67450,46550)。

全值坐标指示法　为了解决跨带和精度要求较高目标的指示问题,必要时需在全值概略坐标的基础上加精确坐标的千米以下坐标值。图9-7中,116.6高地的全值概略坐标为(3267,18646),全值精确坐标为(3267450,18646550)。

(四)地物符号

地物符号是用以表示、判识地面固定性物体的地形符号。

1. 符号的图形特点

地物符号的图形,依其形状主要有以下三个特点(见表9-3)。

表9-3　符号的图形特点

图形特点	符号及其名称		
正形符号			
侧形符号			
象征符号			

1)图形与地物的平面形状相似

其图形是按实地地物平面轮廓绘制的。如居民地、湖泊、河流等。

2)图形与地物的侧面形状相近

其图形是按地物的侧面形状绘制的,一般用以表示实地较小的独立地物。如突出树、烟囱、水塔等。

3)图形与地物有关意义相应

其图形是按地物有关意义绘制的,具有形象和富有联想的特点,如变电所、矿井、气象站等。

2. 符号的分类

1)依比例尺符号表示的符号

依比例尺表示的符号是一种轮廓符号,主要用于表示实地面积较大的地物,如居民地、江河、湖泊等。图形是按比例尺缩绘的,在图上可以了解其分布和形状,量算出相应的实地长和宽。

2)半依比例尺表示的符号

半依比例尺的表示的符号是一种线状符号,主要用于表示实地狭长地物,如道路、通信线等,其宽度不按比例尺缩绘,而长度则按比例尺缩绘的。因此,从图上可以量取相应实地的长度,而不能量取其宽度。

3) 不依比例尺表示的符号

不依比例尺表示的符号是一种点状符号,主要用于表示实地上对部队作战行动有影响或方位意义的地物,如突出树、亭等,因其实地面积较小,不能按比例尺缩绘,只能用规定的符号表示。在图上可以了解其实地地物的性质和位置。

4) 说明和配置符号

主要用来补充说明上述不能表示的内容。说明符号是用以说明某种情况的。如表示街区的晕线、江河流向箭头等,实地并无此物。配置符号是用来表示某一区域范围内存在分布的某种地物,须和地界类符号配合使用。如草地、果园等。只表示实地地物的分布状况,并不表示地物的真实位置和数量。

5) 注记

由于符号只能表示地物的位置、大小、形状,不能说明其质量数量和名称,还必须采用一定方式来完善符号的意义,这种方式称为"注记"。注记包括地理名称、说明文字和数字注记等(见表9-4)。

表9-4 符号的注记形式

3. 符号的有关规定

1) 符号颜色的规定

为使地图内容层次分明,清晰易读,地物符号采用不同的颜色来区分地形的性质和类别(见表9-5)。

表9-5 颜色的规定

颜　　色	使　用　范　围
黑色	表示人工或部分自然地物等
绿色	表示与植被有关的物体等
棕色	表示地貌与土质、公路铺染等
蓝色	表示与水、冰雪有关的物体等

2) 定位点(线)的规定

定位点(线)是指符号中表示地物真实位置的部位(见表9-6、表9-7)。

表9-6 不依比例尺符号的定位点图

类　别	符　号　举　例
定向符号	三角点 △　　亭 ⌂　　水塔 ♁
真向符号	独立房　　窑洞　　山洞
变向符号	1里程碑；2路标　　1城门；2城楼

表9-7 半依比例尺符号的定位线的规定

类　别	定位线	符　号　举　例
对称符号	在中心线上	
不对称符号	在底线或边缘线上	

3）方向的规定

方向规定是对不依比例尺符号的图上走向所做的规定。此规定分为垂直南图廓线描绘的符号（又称直立符号）、按真实方向（真向）描绘的符号和变向（或依附性）符号三类（见表9-8）。

表9-8 定向、真向和变向符号及其表示

定位点	符　号　举　例		
图形中有一点在该点上	三角点	亭	窑
几何图形在该图形中心	储油罐	水车	发电厂
底部宽大的在底部中心	水塔	古塔	石碑
底部为直角在直角顶点	路标	突出树	风车
组合图形在主体中心	石油井	油泉	小面积树林
其他图形在图形中心	桥	矿井	水闸

（五）地貌的表示与识别

地球表面自然起伏的形态，称为地貌。地形图上主要用等高线法来表示。所谓等高线法，是等高线法是用等高线（由地面上高程相等的各点连成的闭合曲线）来表示地貌不同高度的方法。

1. 地貌的表示

1）等高线显示地貌的原理

设想用一组高差间隔相等的水平面去截割地貌，其截口必为大小不同的闭合曲线，并随着山背、山谷的形态不同而呈现不同的弯曲形状。将这些曲线垂直投影到平面，便形成了一圈套一圈的曲线，构成等高线图形（见图9-8）。

图9-8　等高线表示地貌的原理

2）等高线表示法的特点

（1）等高闭合。即在同一条等高线上各点的高程相等。

（2）多高少低。即在同一幅地形图上，等高线多，相应实地就高；等高线少，相应实地就低。

（3）密陡稀缓。即相邻等高线的水平间隔与地面坡度成反比。即相邻等高线的间隔越小，地面坡度越大；反之，则小。

（4）形似现地。即等高线弯曲形状与实地地貌保持相似关系。

3）等高距及其规定

相邻两条基本等高线间的实地垂直距离叫等高距。基本等高距通常规定为：比例尺分母×0.2毫米，特殊地区采用选用等高距。我国对基本比例尺地形图等高距大小有统一规定（见表9-9）。

表9-9　等高距的规定

比例尺	基本等高距（一般地区）	选用等高距（特殊地区）
1∶1万	2.5米	1米或5米
1∶2.5万	5米	10米
1∶5万	10米	20米
1∶10万	20米	40米
1∶25万	50米	100米

4）等高线的种类和作用

地形图上的等高线，按其作用不同可以分为首曲线、计曲线（加粗首曲线）、间曲线（1/2等高距）和助曲线（1/4等高距），其作用见表9-10所列。

表 9-10　等高线种类与作用

等高线种类		作　用	表　示　方　法
基本等高线	首曲线	显示地貌的基本形态	细实线(0.1mm)
	计曲线	显示地貌的基本形态数计等高线	加粗实线(0.2mm)(每隔4条加粗1条等高线)
辅助等高线	间曲线	显示首曲线无法显示的局部地区地貌形态	细长虚线
	助曲线	显示间曲线仍然无法显示的局部地区微小地貌形态	细短虚线

2. 地貌形态的识别

1) 山的各部形态识别

地貌由山顶、凹地、山背、山谷、鞍部和山脊等基本形态组成。

山顶　比周围地面突出隆起的部分称为山;山的最高部位称为山顶。山顶分为尖山顶、圆山顶和平山顶(见图9-9)。

凹地　四周高、中间低,无积水的地域称为凹地。大范围的凹地则称盆地。图上也用环圈形等高线来表示,但内环圈必须绘有示坡线(见图9-10所示)。

图9-9　山顶的表示

图9-10　凹地的表示

山背　从山顶到山脚的凸起部分,很像动物的脊背。在地形图上,山背是以山顶为准,用一组向外凸出的等高线表示(见图9-11)。

山谷　相邻两山背之间或相邻两山脊之间的低凹部分。在地形图,山谷以山顶或鞍部为准,一组向里凹入的等高线来表示(见图9-12)。

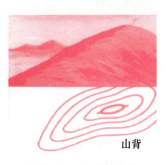

图9-11　山背的表示

图9-12　山谷的表示

鞍部　相邻且相连两山顶之间的凹下部分,其形如马鞍状,故称鞍部。在地形图上,鞍部用一对组表示山背和一对组表示山谷的等高线表示(见图9-13)。

山脊　山脊是由数个山顶、山背、鞍部相连所形成的凸棱部分。山脊最高顶点的连线称为山脊线(见图9-14)。

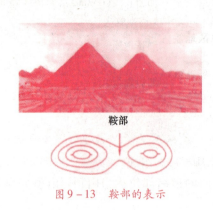

图9-13　鞍部的表示

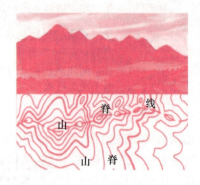

图9-14　山脊的表示

2)特殊地貌符号的识别

凡不能用等高线形象表示的地貌形态,称为特殊地貌。包括微型地貌符号(地貌形体较小,用特定符号放大表示的微型地貌符号);变形地符号(地表因外力作用改变了原有地貌形态的变形地貌符号);土质特征符号(构成地面的物质及其性质的土质特征符号)。

3. 方位角及偏角

判定方位、标定地图、指示目标、确定射向以及保持行进方向等,离不开方位角与偏角。

1)方位角

从某点的指北方向线起,依顺时针方向到目标方向线之间的水平夹角,称为该点的方位角(见图9-15)。通常用"密位"(即将一个圆周分为6000等分,每等分弧长所对应的圆心角为1密位,1密位(mil)=0.06°=0.001047…Rad)来表述。

在地形图上,任意点均有坐标纵线、真子午线和磁子午线三个指北方向线。

2)偏角

偏角是指三北方向线中坐标北、真北和磁北三者之间的夹角,又称三北方向角。三北方向角(或偏角图)通常绘在地形图南廓下方,用它可进行不同方位角的换算参考(见图9-16)。

图9-15　方位角示意图　　　　图9-16　偏角图示意图

二、现地用图

现地用图主要包括现地判定方位、现地标定地图、现地对照地形以及现地确定点位。

(一)现地判定方位

现地判定方位,就是在现地辨明东、南、西、北方向。

1. 利用指北针判定方位

指北针是利用磁针在磁场的作用下具有确定指向的特性制成的一种简单仪器,它集定向、测角和测距于一体。

指北针判定方位时,要避开高压输电设备、铁矿藏、钢筋水泥建筑物以及金属物体等,检查磁针是否灵敏,将指北针平放,待磁针稳定后,磁针涂有夜光剂一端所指的方向,就是现地的磁北方向。

2. 利用天体判定方位

可用于判定方位的天体有太阳、月亮、北极星等。在这里主要介绍几种常见的判定方法。

1)用太阳和钟表进行判定

判定要领:"时数折半对太阳,十二所指是北方。"也就是先用当地时间除以2,然后在表盘相应的数字上插上一根小棒,使太阳的阴影通过折半后的时间点和表盘心的连线,此时,钟表盘上"12"数字指向的就是北方(见图9-17)。应当注意该法以地方时为准,我国采用东经120°(北京时间)的地方时作为统一标准时,应当要换算成地方时。其换算公式为

$$地方时 = 北京时间 - (120° - 当地经度)/15°$$

图9-17 利用太阳和时表判定方位

2)北极星判定方位

利用北极星判定方位,是晴朗之夜概略判定方位的简便办法。北极星大约位于地轴向北延伸的方向线上,在北方星空,故可用来判定方位(见图9-18)。找到北极星后,面

向北极星,前方就是正北方向。

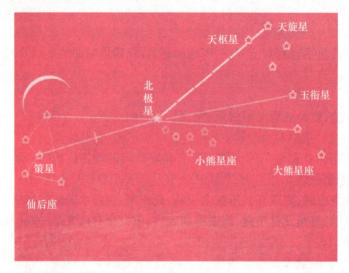

图 9-18 利用北极星判定方位

3. 利用自然特征判定方位

在自然界很多地物地貌都有方位意义。例如:树木枝叶茂密情况、树桩的年轮、房屋的朝向等。树桩上的年轮,北面间隔小,南面间隔大,即南稀北密。我国大部分地区,尤其是北方,为了解决采光和通风问题,正门多朝南开。

(二)现地标定地图

标定地图就是使地形图东、南、西、北与实地方位一致的过程。结合不同需要和实地情况,有以下标定地图的方法。

1. 概略标定

使地形图大致与实地方位一致的方法,称为概略标定。判定方位后,将地形图的上方对向现地的北方,地形图既已概略标定。这种方法简便迅速,是要求精度不高时的基本标定方法。

2. 利用指北针标定

使指北针有准星的一端朝向地图上方,并使其直尺边切准磁子午线,在保持指北针与地图相对位置不变的情况下,转动地图。使磁针北端对准度盘的"0"分划,地图即已标定。

3. 依直长物标定

先使地图与现地的关系位置概略一致,再转动地图,使图上的直线地物符号(如路段、沟渠、土堤等),与现地的相应地物方向一致(平行或重合),地图即已标定。

(三)现地对照地形

现地对照地形,指在实地把图上的地形符号与现地的地物、地貌进行对应判读的过程。一般包括三层意义:一是现地和图上都有的地形目标要对应找到;二是现地有而图上没有的目标要能确定其图上的位置;三是在图上有而现地没有了,应确定出原来的位置。

(四)现地确定点位

现地确定点位,指通过地形图与现地的对照,确定站立点、目标点的图上位置以及确定图上点在实地位置的过程。

1. 判定站立点在图上位置

1)地形位置关系法

根据站立点与已知点间由方向、距离、高程、特征和关系位置所构成的图形,在图上和实地间的相似关系,通过目估比较,确定站立点图上位置的方法。

2)交会法

所谓交会法,就是在站立点上,根据交会定点原理交绘出站立点图上位置的方法。这里主要介绍后方交会法。

后方交会法:在标定地图的基础上,将指北针直尺(或三棱尺)边分别切于图上两个地形点符号的定位点上;依次瞄准现地相应的地形点,然后分别沿直尺边向后画方向线;图上两方向线的交点,就是站立点的图上位置(见图9-19)。

图9-19 后方交会法

3)极距法

当便于测量站立点到已知点的距离时,可采用极距法确定站立点的图上位置。选择一个距离较近(或能较准确估测距离),在图上和现地都有的明显地形点。将指北针直尺边与图上该地形点符号的定位点相切,向现地明显地瞄准,沿直尺边画方向线。估测出从站立点到明显地形点的距离,并按比例尺在方向线上定出一点,该点即为站立点在图上的位置(见图9-20)。

2. 判定目标点在图上的位置

在确定站立点的基础上,常需确定各种现地目标和战术目标的图上位置,以供射击、指示目标之用。在这里主要介绍前方交会法。

前方交会法的操作要领是:在图上选择两个与目标通视的已知点作为站立点,如图9-21所示的甲、乙两点。先在甲站立点上标定地图后,用指北针的直尺边切准图上甲

图 9-20 极距法

站立点,并照准待测点(沿直尺边向目标点)画方向线。然后,机动至乙站立点,同样的方法画出第二条方向线。两直线的交点即为目标点在图上的位置。

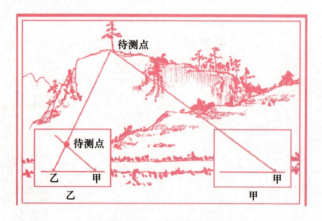

图 9-21 前方交会法

三、按图行进

按图行进,就是利用地图选定的行进路线,通过地图与现地对照,保证按选定路线及指定时间到达预定地点的行进方法。

(一)行进前的准备

1. 选择行进路线

根据受领的任务、敌情、地形和部队装备等情况,以所需行进时间最短为基本要求,选择最佳行进路线。要注意综合考虑道路的宽度、铺面材料、最大坡度、最小曲率半径等对装备运动的影响;道路上的桥梁、渡口和徒涉场的状况以及沿线居民地的情况等。

线路选定后,应在行进路线沿途选择一些明显、突出、不易变化的目标作为方位物,以便行进途中随时判定站立点,保持正确的行进方向。

2. 标绘行进路线

标绘行进路线,就是将选定的行进路线(起点、转折点和终点)及方位物,用彩色笔醒目地标绘在图上。

3. 量取里程和计算行进时间

在图上量取里程,应量取全程或各段的实地水平距离。当行进路线上地貌起伏较大时,应将水平距离换算成实地距离。根据预定行进速度换算为行进时间,并将里程和时间注记在地图上。

4. 记忆行进路线

记忆行进路线,就是将行进路线的有关特征尽量记在脑子里,做到胸中有图,未到先知。记忆的方法:由总到分,掌握特征,从始至终,顺序记忆。

(二)按图行进的要领

1. 徒步沿道路行进

在出发点上,先标定地图,对照周围地形,确定出发点在图上的位置,确定行进方向和道路,看准下一个必经点或附近的方位点,准确无误后记时出发。

行进中,应不断记忆沿途的地形情况,根据记忆与当前位置上对地形的观察,将地图与现地对照。为保证行进方向和路线正确,行进时要不断地确定站立点的图上位置。

2. 乘车行进

乘车行进的要领与徒步沿道路行进基本相同。但乘车行进速度快,观察视界、时间受限,容易疏忽出错。为避免走错路对行进造成影响,必须提前对照方位物,不断地进行地图与现地的对照,确定站立点的图上位置。做到"人在车上坐,心在图前移"。

3. 越野行进

越野行进在道路稀少地区,或因任务需要不能沿道路行进时,通常采用徒步方式进行,因地面起伏不平、障碍物多,实地情况复杂而难以保持行进方向,故多采用按地图与按方位角相结合的方法进行。

参 考 文 献

[1] 蒋百里. 国防论[M]. 西安:陕西师范大学出版社,2023.
[2] 中华人民共和国国务院新闻办公室. 新时代的中国国防[M]. 北京:人民出版社,2019.
[3] 中国法制出版社. 国家安全法律法规学习汇编[M].2 版. 北京:中国法制出版社,2024.
[4] 国防大学大学生军训教研室. 军事理论教程[M]. 北京:人民邮电出版社,2015.
[5] 刘继贤. 国防与军队建设[M]. 北京:中国大百科全书出版社,2011.
[6] 《中国人民解放军军史》编写组. 中国人民解放军军史:第一卷[M]. 北京:军事科学出版社,2010.
[7] 《中国人民解放军军史》编写组. 中国人民解放军军史:第二卷[M]. 北京:军事科学出版社,2010.
[8] 《中国人民解放军军史》编写组. 中国人民解放军军史:第三卷[M]. 北京:军事科学出版社,2010.
[9] 李占峰. 中国军事百科全书[M]. 天津:天津教育出版社,2009.
[10] 武国卿. 中国战争史[M]. 北京:人民出版社,2017.
[11] 刘明福. 新时代中国强军梦:建设世界一流军队[M]. 北京:中共中央党校出版社,2020.
[12] 中华人民共和国国防法[M]. 北京:法律出版社,2021.
[13] 中华人民共和国国防教育法[M]. 北京:中国法制出版社,2018.
[14] 中华人民共和国预备役人员法[M]. 北京:法律出版社,2022.
[15] 李超民. 新中国国防经济思想史[M]. 上海:上海三联书店,2010.
[16] 中国现代国际关系研究院. 国际战略与安全形势评估:2023 – 2024[M]. 北京:时事出版社,2023.
[17] 中国现代国际关系研究院. 国际战略与安全形势评估:2022 – 2023[M]. 北京:时事出版社,2022.